21世纪高等职业教育精品教材 · 金融类

国际结算

（第四版）

石月华 主编 | 唐心智 副主编

GUOJI
JIESUAN

东北财经大学出版社
Dongbei University of Finance & Economics Press
大连

图书在版编目（CIP）数据

国际结算 / 石月华主编．—4版．—大连：东北财经大学出版社，2021.12
（21世纪高等职业教育精品教材·金融类）
ISBN 978-7-5654-4267-4

Ⅰ．国…　Ⅱ．石…　Ⅲ．国际结算-高等职业教育-教材　Ⅳ．F830.73

中国版本图书馆CIP数据核字（2021）第140984号

东北财经大学出版社出版
（大连市黑石礁尖山街217号　邮政编码　116025）
网　　址：http://www.dufep.cn
读者信箱：dufep@dufe.edu.cn
大连图腾彩色印刷有限公司印刷　东北财经大学出版社发行

幅面尺寸：185mm×260mm　字数：331千字　印张：14.25
2021年12月第4版　2021年12月第1次印刷

责任编辑：李丽娟　韩敌非　责任校对：齐　力
封面设计：冀贵收　版式设计：钟福建

定价：36.00元

教学支持　售后服务　联系电话：（0411）84710309

如有印装质量问题，请联系营销部：（0411）84710711

第四版前言

本次修订以习近平新时代中国特色社会主义思想为指导，满足课程思政教学的需要，贯彻教育部等九部门印发的《职业教育提质培优行动计划（2020—2023年）》文件精神，即建立真实应用驱动教学改革机制，职业院校要按照真学、真做、掌握真本领的要求开展教学活动，对教材内容、教学素材进行了补充和完善，并结合当前我国国际金融业务发展的实践，更新数据，补充了一些新内容。

本次修订仍坚持第一版的编写思路，即围绕高等职业教育人才培养规格、以理论够用为度，把培养学生的基本能力、核心能力、关键能力作为重点，把职业素质、职业认知、职业能力、职业道德等知识涵盖在知识点的阐述和业务处理的讲解中。本次修订保留了第三版的特色，即依据高职学生认知规律和认知能力，按照工作过程系统化的思路，依照学中做、做中学的教学模式，利用深圳智盛国际结算教学实训平台的操作内容，更好地满足高等职业教育教学中对于“理实一体化”的要求。

为了更好地满足真学、真做、掌握真本领的教学需要，便于创设逼真的教学情境，本书把教学内容梳理成9个教学模块，在每一教学模块中开篇设定了学习的知识目标和技能目标以引导教学，在模块结尾设置了要点导图、知识检测和技能训练供学生复习和检测学习效果。

本书第四版由石月华任主编，唐心智任副主编，由石月华负责全书的修订统稿工作。在编写和修订中，作者参阅了许多有关专家、学者的文献资料，在此深表感谢！本书的编写与修订得到了多家银行工作人员和朋友的帮助，他们提供了宝贵资料和建议，还得到了深圳智盛信息技术股份有限公司的大力支持，在此对他们表示诚挚的谢意！

选用本教材的教师可以免费获得深圳智盛信息技术股份有限公司提供的试用账号，并可进行教材中“模拟操作”栏目的模拟实训操作及相关教学活动，详情请咨询电话0755-82792471。

在修订过程中，尽管本着认真、谨慎之态度，但疏漏在所难免，敬请各位读者批评指正。

石月华

2021年6月

目 录

模块一 认知国际结算

学习目标

知识目标：

1. 了解国际结算的发展过程和主要货币的清算系统；
2. 掌握国际结算的概念、国际结算的特点。

技能目标：

领会票据结算取代现金结算实现的过程。

引例 国际结算有风险，处理业务需谨慎

加拿大渥太华甲银行拟凭中国香港A银行开立的、以甲银行为受益人的备用信用证，向D客户提供100万美元的贷款。由于甲银行不是A银行的往来银行，没有其印鉴本，因此向A银行的加拿大渥太华分行核对预留印鉴。A银行加拿大渥太华分行的两名职员核对预留印鉴后出具了“与预留印鉴相符”的意见，并签字。甲银行据此借款给D客户。借款到期日，D客户无力归还甲银行贷款，甲银行要求A银行代偿，但A银行声称该备用信用证是伪造的，以没有开立过此备用信用证为由，拒绝代偿。甲银行向法院提起诉讼，经法院鉴定该备用信用证确属伪造，判决甲银行胜诉。

分析：在本案例中提到了备用信用证、凭备用信用证贷款、向其他行往来行核对预留印鉴，这都是国内结算中不会遇到的业务，但却是国际结算中常见的业务。国际结算与国内结算相比，风险因素更多，处理业务更须谨慎。

在本例中甲银行按国际惯例向A银行的分行核对了印鉴，其分行出具了与预留印鉴相符的意见，因此甲银行是没有过错的，A银行必须按照备用信用证条款向其支付100万美元的本息。

任务一 国际结算的定义和发展过程

一、国际结算的定义

国际结算（International Settlement）通常是指以货币作为支付手段的结算。它是为了结清居民与非居民之间的债权债务而进行的货币收付行为或实现资金转移的一种经济行为。从产生债权债务的原因来看，国际结算分为贸易结算和非贸易结算。

案例分析1-1 如何选择支付货币

中国某重型机械公司出口机械设备到孟加拉国，双方商定用英镑结算。但在实际支付货款时，发现两国的银行在英国没有共同账户行，在支付过程中收款延误了很长时间，中国出口公司在8个月后才收到货款。

分析：在国际结算中使用货币的选择一般有三种：出口国货币、进口国货币和第三国货币。使用进出口国货币前提是两国货币自由兑换，否则就变成了双边结算，进出口结余不能用于对其他国支付。目前我国人民币虽然不是完全自由兑换货币，但在跨境贸易结算中是可以使用人民币的，中国进出口商在贸易谈判中应争取采用人民币结算以消除汇率风险。使用进出口国中某一国的货币的情况下，如果进出口国在对方国家设立了银行分支机构，会比较便于清算，资金到账速度也较快。在使用第三国货币的情况下，如果进出口双方银行在第三国有共同账户行也会便于清算，可使汇款路线变短，到账速度加快。

二、国际结算的产生及演变过程

早期的国际结算起源于国际贸易往来。起初国家间进行易货贸易，没有形成债权和债务关系，不存在国际结算。随着国际商品交换的扩大，由物物交换发展到商品流通，国际结算也应运而生。

国际结算是国际金融业务的重要组成部分，它是随着国际贸易和国际金融业务的发展而不断发展的，随着国际贸易和国际金融业务的变革而不断变革。国际结算的历史发展过程经历了四大变革，即现金结算演变为票据结算、凭货付款演变为凭单付款、直接结算演变为转账结算、人工结算演变为以电子结算为主。

（一）现金结算演变为票据结算

早期的国际结算是现金结算，即通过输送黄金或白银清偿债权债务。在前资本主义时期，随着地中海沿岸国际商品交换的种类和范围以及交易量不断扩大，在货币兑换业的基础上产生了以票据为支付手段的结算方式。当时意大利各城邦商业发达、贸易繁荣、集市兴旺，在经营汇票和远距离贸易中，发现了用一个方向所欠的债务冲销另一方向所欠债务，可减少以货易货、当面清账或减少支付现金的麻烦。

拓展思考1-1 如何使用商业票据完成结算？

意大利佛罗伦萨的A商从比利时布鲁塞尔的甲商处购买了100万里拉的商品，佛罗伦萨的B商又销售100万里拉的商品给布鲁塞尔的乙商。试想如果不用黄金结算，该怎样结清债务？

答：A商通过兑换经纪人购买一张由B商开出的命令乙付款的汇票，用以支付给甲商，由甲商持票向乙商申请付款，这样就可减少现金运送和以货易货。

从此例中看出：国际债权债务清偿演变为国内债权债务的结算，减少了国际现金流动。

16—17世纪，票据在欧洲大陆被广泛使用，这种票据是以商业信用为基础的汇票，是一种光票。这类票据的广泛使用，在一定程度上代替了现金结算。

（二）凭货付款演变为凭单付款、直接结算演变为转账结算

到了18世纪，银行业、航运业、保险业得到了很大发展，提单、保险单相继问世，海运提单从一般性的货物收据演变为可以背书转让的物权凭证，保险单也发展成可以转让的单据，为凭货付款演变为凭单付款提供了前提条件。同时，高利贷银行演变为承担支付中介和信用中介的资本主义现代银行。特别是到了19世纪末20世纪初，国际金融业务发展迅速，许多银行在海外设立了分支机构和代理机构，它们迅速发展成为国际性的信用中介和支付中介。银行国际业务的开展使银行成为国际结算中心，即商人之间的直接结算被以银行为中心的转账结算所取代。银行经办结算业务，使凭单付款方式日益完善，在一定范围内国际商品买卖被单据买卖所取代，由商人之间直接完成的收付款转变为银行转账，完成了凭货付款到凭单付款、直接结算到转账结算的演变。这极大地提高了结算效率，促进了国际贸易的开展。

（三）人工结算演变为以电子结算为主

20世纪中叶后期，随着科学技术的发展，国际银行业普遍采用先进的计算机技术，建立了多种联机网络和高效的信息系统，使得手工操作时代形成的世界范围内银行间的资金往来、汇兑和资金结算业务，在瞬间即可完成，大大减少了纸质单据的使用，极大地缩短了国际结算的时间，提高了货币的周转速度和资金利用率。

三、国际结算的主要特点

（一）国际惯例的准法律性

在国际贸易结算的长期实践中，形成了一套系统的理论和成熟的习惯做法，并为各国银行、国际贸易、国际货运及法律等各界人士所公认和遵循，我们称之为国际惯例。这些国际惯例具有准法律特征，可以用来规范当事人的行为。常用的国际惯例有：《托收统一规则》（Uniform Rules for Collection），最新的《托收统一规则》是国际商会（ICC）在1995年修订的，是国际商会第522号出版物，简称URC522；《跟单信用证统一惯例》（Uniform Customs and Practice for Documentary Credits），最新的《跟单信用证统一惯例》是国际商会在2007年修订的，是国际商会第600号出版物，简称UCP 600；《见索即付合约保函统一规则》（Uniform Rules for Demand Guarantees），最新版本是国际商会在2010年修订的，是国际商会第758号出版物，简称URDG758或ICC758；《国际备用证惯例》（International Standby Practices），是1998年国际商会银行技术委员会与国际银行法律和惯例学会联合印发的国际商会第590号出版物，一般简称ISP98；《跟单信用证项下银行间偿付统一规则》（Uniform Rules for Bank-to-bank Reimbursement under Documentary Credits），是国际商会第725号出版物，简称URR725；《审核跟单信用证项下单据的国际标准银行实务》（International Standard Banking Practice for the Examination of Documents under Documentary Credits），简称ISBP，最新惯例是2007年修订的国际商会第681号出版物，适用于UCP 600；《跟单票据争议解决专家意见规则》（ICC Rules for Documentary Instruments Dispute Resolution Expertise），简称ICC DOCDEX Rules，最新惯例是2002年国际商会第811号出版物，适用于解决UCP600和URR725使用中出现的争端；《汇票与本票统一法公约》（Convention Providing a Uniform Law for Bills of Exchange and Promissory Note）和《支票统一法公约》（Convention Providing a Uniform Law for Cheques）。

知识链接1-1 《国际贸易术语解释通则2010》于2011年1月1日起全球实施

国际商会重新编写的《国际贸易术语解释通则2010》(简称《INCOTERMS 2010》)于2011年1月1日开始在全球实施。2010年新通则较2000年版本更准确地标明了各方承担货物运输风险和费用的责任条款,令船舶管理公司更易于理解货物买卖双方在支付各种收费时担任的角色,有助于避免现时经常出现的码头处理费(THC)纠纷。为了让买卖双方、保险人及其他涉及交易的人士更准确地使用新通则,新通则增加了大量的指导性解释和图示、电子交易程序适用方式及适用贸易术语的建议等内容。

《INCOTERMS》是目前全球被广泛采纳的国际贸易术语的解释通则,以各种贸易术语说明货物买卖双方在交易中应尽的义务及双方责任、费用和风险划分,自1936年发布,此后约每10年修订一次。《INCOTERMS 2000》自2000年开始使用,包含4大组(C、D、E和F组)13种贸易术语。《INCOTERMS 2010》主要在两个方面进行了修订:

1.贸易术语减至11个

新通则最大的变化是将原来的13个贸易术语减至11个,国际商会创设DAT和DAP两个新术语,取代DAF、DES、DEQ和DDU。由2000年规则中的4组术语减为新规则中的两组用语,即适用于所有运输方式的用语EXW、FCA、CPT、CIP、DAT、DAP、DDP和适用于水路运输的用语FAS、FOB、CFR、CIF。

新用语DAT即Delivered at Terminal,该术语类似于DEQ术语,指卖方在指定目的地(包括港口)卸货后将货物交给买方处置,即完成交货,而卖方承担将货物运至指定的目的地的一切风险和费用(除进口费用外)。该术语适用于任何运输方式或多式联运。

新用语DAP即Delivered at Place,该术语类似于DAF、DES和DDU术语,指卖方在指定的目的地(包括港口)交货,只需做好卸货准备无须卸货,即完成交货,而卖方应承担将货物运至指定的目的地的一切风险和费用(除进口费用外),亦适用于任何运输方式、多式联运及海运。

业内人士称,新术语有助于船舶管理公司弄清码头处理费的责任方。因为现在经常有买方在货物到港后,投诉被要求双重交付码头处理费,一是来自卖方,二是来自船舶公司,而新通则会明确标明货物买卖方支付码头处理费的责任。

2.电子文件取代纸质文件

在《INCOTERMS 2010》的指导性解释下,货物的买方、卖方和运输承包商有义务为各方提供相关资讯,涉及货物在运输过程中能否满足安检要求,此举将帮助船舶管理公司了解船舶运载的货物是否触犯危险品条例,防止在未能提供相关安全文件的情况下,船舶货柜中藏有违禁品。新通则还顺应国际贸易市场的电子货运趋势,指明在货物买卖双方同意的情况下,电子文件可取代纸质文件。

资料来源 佚名.《国际贸易术语解释通则2010》元旦全球实施[EB/OL].[2010-12-22]. http://news.sol.com.cn/html/2010-12-22/A6D1E1514D297C0D2.shtml.

(二)国际结算的规模和范围越来越大

国际分工的日益加深,使国际商品贸易和服务贸易不断扩大,也使国际结算需求越来越大。一方面发展中国家的经济发展,使其参与国际贸易与国际分工的能力增强,扩大了国际贸易结算的需求；另一方面非贸易结算迅猛增长，以服务贸易为背景的金融交易量迅速扩张，无论是发生的业务笔数还是交易金额都几十倍于商品贸易，使非贸易结算占国际结算的比重越来越大。

（三）国际结算与贸易融资密不可分

国际贸易竞争日益加剧，结算方式的选择以及结算中的融资已经成为取得竞争优势的重要手段。进出口企业需要充足的运营资金和对收付货款进行风险控制，金融机构为满足企业融资和风险控制需求，不断开拓新业务，一方面在使用传统结算方式时拓展融资服务业务；另一方面创新国际结算方式，推出了结算与贸易融资相结合的国际融资结算方式，如国际保理和福费廷业务。在中国，规模较大的商业银行都先后加入了国际保理商联合会（FCI），还有一些规模较小的银行和非银行金融机构加入了国际保理组织（IFG），使得在国际商品市场演变为买方市场的情况下，国际上广泛采用的国际保理方式在我国也得到推广和应用，提高了中国出口企业的竞争力。但进出口企业以及银行在国际结算过程中做贸易融资时，必须加强风险防范。

案例分析1-2　以信用证为抵押骗贷，开证行受损

王某曾任中国银行深圳某分行国际业务部信用证组组长；朱某（在逃）在深圳和美国洛杉矶注册了两家贸易公司，且为这两家公司的法定代表人。20××年5月至12月，朱某请求王某为其公司开具信用证，以其为法定代表人的美国洛杉矶某公司为受益人，并允诺给予其所开信用证金额2.5%的报酬。虽然王某明知朱某的公司在中行授信额度不足，并且该公司也不能提供足额保证金，不符合开立信用证的条件，但他利用工作之便，使用其工作代码和操作密码，盗用国际业务部主管的授权密码，为朱某开立了30张信用证。朱某将其中5张信用证作为抵押，申请银行出口贷款，造成开证银行中行深圳某分行损失1 500万美元。王某因收受朱某人民币1 000多万元，被依法判处死刑。

分析：此案例表明国际结算业务存在操作风险和信用风险。操作风险演变成渎职罪，信用风险演变成诈骗犯罪。银行工作人员还犯有受贿罪，而且数额巨大。该案例告诉我们，银行工作人员要有职业操守，在业务处理过程中，一定要严格按照工作程序操作，落实内控制度，防止被他人盗用操作密码、授权密码，防止给银行造成损失。

（四）国际担保融入国际结算

20世纪40年代至50年代后期，资本货物买卖、劳务输出、技术和专利转让成为重要的国际交易内容，其共同特点是金额大、手续多，比较适合采用国际担保；同时国际金融组织如世界银行、亚洲开发银行以及各国政府贷款一般都以担保为前提条件；此外，出口信贷也必须由当地银行提供担保，因此，担保在国际结算中发挥着重要的作用。20世纪60年代至70年代以来，国际担保广泛应用于国际结算，使担保和结算融为一体，创造出新的国际结算方式，如银行保函和国际备用证。

（五）国际结算中商业信用占比加大

由于跨国公司在全球范围内进行直接投资，在母公司控制下的子公司之间的贸易往来或母公司与子公司之间的贸易往来成为国际经济活动中的普遍现象，国际贸易演变为公司内部贸易。买卖双方不存在信用风险，在结算中采用“记账”方式，即买方收到卖方直接寄来的单据后，立即将货款汇入卖方账户，而不通过银行采取托收和信用证结算方式，可以省去银行的手续费用。在国际结算方式中，商业信用开始挑战银行信用，因为很多涉外企业逐步建立了稳定的、有信用保证的国际客户网，在商业信用可靠的情况下，尽量避免或减少银行费用支出，适当采用建立在商业信用基础上的国际汇付方式结算。

（六）国际结算电子化、无纸化、标准化趋势明显

SWIFT被广泛用于国际结算中。SWIFT是环球同业银行金融电信协会（Society for Worldwide Interbank Financial Telecommunications）的缩写，它成立于1973年5月，是一个国际银行同业间的非营利性的国际合作组织，总部设在比利时首都布鲁塞尔。SWIFT把银行业务分为九大类型：①客户汇款；②银行间头寸调拨；③外汇业务；④托收业务；⑤证券业务；⑥贵金属和银团贷款业务；⑦信用证和银行保函；⑧旅行支票；⑨银行账单处理。SWIFT网络通信的特点是标准化、快捷。

EDI（Electrical Data Interchange）在我国译为电子数据交换系统，是为适应国际结算中对单证种类多功能化、项目内容简单化、项目格式标准化、单证处理自动化以及将资金运行形成的货币票据流转换成电子信息流的需要而产生的。它是指在两个或两个以上用户之间，按照协议将一定结构特征的标准经济信息经数据通信网络在电子计算机系统之间进行交换和自动化处理，是“无纸化技术”，能够为客户提供快捷准确的国际结算服务。

任务二 主要的国际清算系统

拓展思考1-2 国际结算与国际清算有什么不同？

甲出口商与乙进口商建立了长期的合作关系，双方一直合作良好。近日，甲向乙出口价值50万美元的货物，商定通过先货后款、汇款方式结清货款。汇出行为A银行，汇入行为B银行。说说国际结算与国际清算有何不同？

答：国际结算通常是指不同经济体的债权人与债务人之间用货币结清债权与债务，在这里是指甲出口商与乙进口商之间用货币结清债权和债务；清算是指一个经济体与另一个经济体之间或银行与银行之间由于办理结算业务形成的债权债务的结清，在这里A银行与B银行之间债权债务的结清就是清算。

一、美元清算系统

清算所同业支付系统（Clearing House Interbank Payment System，CHIPS）建立于1970年，是纽约清算协会拥有并运行的私营支付系统，是当前最重要的国际美元网络支付清算系统。CHIPS的会员行可以是商业银行、纽约州银行法所定义的投资公司或者在纽约设立办事处的商业金融机构的附属机构。加入CHIPS的银行都有一个美国银行公会号码（American Bankers Association Number），即ABA号码，是每个CHIPS会员行所属客户在该行的账户；还有一个由清算所发给通用认证号码（Universal Identification Number），即UID号码，作为收款人或收款行的代号。CHIPS的付款方和收款方必须都是CHIPS会员银行，才能通过CHIPS直接清算。通过CHIPS进行的每笔收付均由付款方发起，即由付款方的CHIPS会员银行主动通过CHIPS终端机发出付款指示，注明账户行ABA号码和收款

行UID号码，经电脑中心传递给另一家会员行，到其客户的账户上。

现在CHIPS美元清算采用网上即时电子支付系统，包括资金头寸划拨转账清算，同时包括美国国际交易资金清算中心功能，承担着全世界各国95%的美元结算。CHIPS具有很高的可靠性，达到99.99%。它维护着两个数据中心，两者之间通过光纤电缆连接，可以在5分钟内从主系统切换到备份系统，保证支付指令和数据的存储与备份安全。CHIPS还支持EDI，每次付款的同时还可以向客户提供客户编码、发票号、折扣等信息。这不仅减少了信息传送错误，而且提高了效率，促进了相互间的合作关系。

拓展思考1-3　如何使用CHIPS完成清算？

甲公司出口货物，结算货币为美元。货物运出后，甲公司将全套商业单据送达A银行，指定B银行为代收行。A银行与B银行都是CHIPS的会员行，但A、B两银行间没有账户关系，B银行与A银行的纽约分行有账户关系。如何使用CHIPS完成清算？

答：A银行在给B银行的委托收款指示中写：When collected，please remit the sum to our New York branch via CHIPS（ABA：×××）for credit of our account（UID：×××）with them。

B银行收妥款项后，通过CHIPS发出付款指示，收款行为A银行的纽约分行，并注明A银行纽约分行的ABA号码和UID号码。A银行的纽约分行再通过CHIPS将款项划给A银行。

当A银行收妥款项后，贷记出口商账户。

二、英镑清算系统

交换银行自动收付系统（Clearing House Automated Payment System，CHAPS）是英国伦敦票据交换所银行同业支付系统，成立于1984年。它是银行间即日电子支付系统，与英格兰银行合作提供收付和清算服务。它是世界上最大的全国性清算系统之一，1999年1月起在运行原有英镑清算系统的同时，开始运行欧元清算系统。

CHAPS是伦敦的主要大额支付清算系统，提供以英镑计值和以欧元计值两种独立清算服务，即CHAPS由CHAPS英镑系统和与TARGET（泛欧实时全额结算系统，它将各国的实时全额结算系统RTGS联网，实现欧盟区内跨境支付的实时全额结算）连接的CHAPS欧元系统组成，两个系统共享同一平台。CHAPS的成员可以在同一个平台上办理国内英镑支付和跨国欧元支付，确保了英镑和欧元在伦敦金融市场交易中具有同等的计值地位。CHAPS目前有13个CHAPS英镑系统的参与者、19个CHAPS欧元系统的参与者。CHAPS的运营时间与TARGET一致，从周一到周五，每天6：00—17：00GMT（格林尼治标准时间）。银行提交的电子支付指令采用SWIFT格式。结算通过参与者在英格兰银行的账户完成。

三、欧元清算系统

欧元自动拨付与清算系统（Trans-European Automated Real-time Gross Settlement Express Transfer System，TARGET）位于德国法兰克福欧洲中央银行总部，于1999年1月开始运行，由15个欧盟成员国的全国实时清算系统和欧洲中央银行的支付系统组成，提供公共平台，便于各成员国之间进行跨境支付。

四、人民币跨境清算系统

人民币跨境支付业务清算系统（Cross-border Inter-bank Payment System，CIPS）主要进行跨境人民币与美元交易清算的系统。

CIPS有四项功能：一是连接境内、境外直接参与者，处理人民币贸易类、投资类等跨境支付业务；二是采用国际通行报文标准，支持传输包括中文、英文在内的报文信息；三是覆盖主要时区人民币结算需求；四是提供通用和专线两种接入方式，让参与者自行选择。

CIPS业务处理时间和业务类型均独立于人民币大额支付系统CNAPS（China National Advanced Payment System），但CIPS接入CNAPS。CNAPS主要为境内银行业金融机构和金融市场参与者提供跨行人民币资金清算服务，是境内跨行人民币资金汇划的主渠道，实时处理国内大额资金划拨。CIPS系统接入CNAPS，其成员银行可以在CIPS上记账，每天由CIPS归总净进出额之后，在CNAPS系统上进行最终的款项划拨，即CNAPS为CIPS提供最终资金清算。

根据国际金融信息机构SWIFT的数据显示，2020年9月人民币在全球支付中所占份额为1.97%，继续保持全球第五大活跃货币的地位。前四位分别是美元、欧元、英镑和日元。

随着我国从现金支付时代快速跨越到移动支付时代，第三方跨境支付以其快速、便捷、安全性高等特点，为跨境电子商务、境外线下商务的交易双方广泛采用。近年来，区块链等技术逐步落地，为第三方跨境支付行业带来巨大发展空间。

要点导图

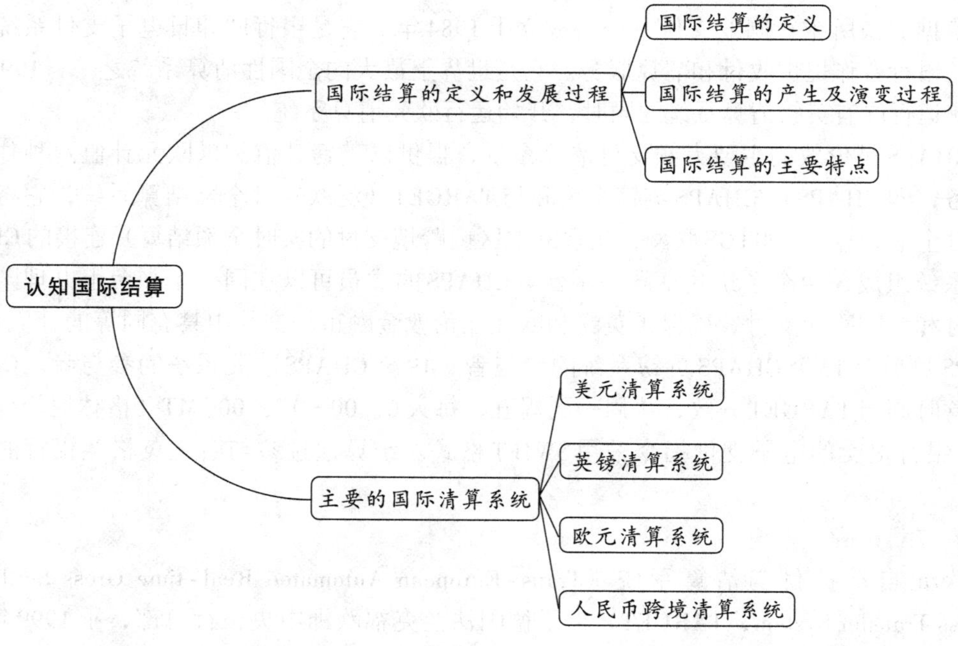

知识检测

1.简答题

（1）什么是国际结算？

（2）简述国际结算的特点。

（3）国际上常用的主要清算体系有哪些？

2.填空题

（1）国际结算包括________和________两大部分内容。

（2）国际结算采用了大量国际惯例，如《国际贸易术语解释通则》《托收统一规则》（简称________）和2007年开始使用的跟单信用证结算惯例《跟单信用证统一惯例》（简称________）等。

（3）SWIFT的含义是________，具有的特点是________、________。

（4）SWIFT把银行业务分为九大类型：________、________、外汇业务、________、证券业务、贵金属、银团贷款业务、________、旅行支票、银行账单处理。

3.单项选择题

（1）最初的贸易方式是（　　）。

A.售定　B.跟单托收　C.信用证　D.易货贸易

（2）属于国际贸易结算范围的有（　　）。

A.商品进出口货款结算　B.金融交易类结算

C.侨汇业务　D.记账贸易结算

（3）引起跨国货币收付的原因中，属于国际贸易结算范畴的是（　　）。

A.劳务输出　B.商品贸易

C.服务贸易　D.对外投资与外汇买卖

（4）现代国际结算的中心是（　　）。

A.买卖双方　B.买方　C.银行　D.票据

（5）国际贸易结算是指由（　　）带来的结算。

A.商品贸易　B.服务贸易　C.国际经济交易　D.票据交易

（6）由（　　）引起的结算被归入国际非贸易结算中。

A.国际运输、成套设备输出、国际旅游

B.有形贸易、无形贸易、国际文化交流

C.侨民的汇款、国际商品贸易、国际技术贸易

D.国际金融服务、侨民的汇款、国际旅游

（7）美元电子支付渠道是（　　）。

A.CHAPS　B.SWIFT

C.纽约银行本行内部转账　D.CHIPS

（8）跨境人民币支付系统简称是（　　）。

A.CHAPS　B. CNAPS　C. CIPS　D.CHIPS

4.多项选择题

（1）非贸易结算包括国际政治、文体交流等活动引起的货币收付活动，属于非贸易结

算范围的有（　　）。

A.侨汇　　B.国际资本流动　　C.国际运输　　D.国际技术转让

（2）引起跨国货币收付的原因中，不属于国际贸易结算范畴的有（　　）。

A.劳务输出　　B.商品贸易　　C.服务贸易

D.对外投资　　E.外汇买卖

5.判断题

（1）单据的应用是银行成为国际贸易结算中心的重要条件。（　　）

（2）国际非贸易结算规模大于贸易结算规模。（　　）

（3）国际结算主要是贸易结算。（　　）

技能训练

案例分析

17世纪，一位意大利商人A从英国商人B处进口一些机织布匹，此时虽然已经开始使用汇票，但还没有跨国银行机构，所以他们之间必须直接结清贸易形成的债权债务。请你为其设计一种非现金结算方案（画出示意图），并指出实施该结算方案的前提条件。

模块二　国际票据

学习目标

知识目标：

1. 掌握汇票的出票、背书、承兑、提示、付款等票据行为；
2. 掌握支票的付款和支票止付条件；
3. 了解和领会汇票、本票、支票的定义。

技能目标：

1. 能够出票、背书、承兑、提示、付款；
2. 能够对支票付款和止付。

引例　　旭光公司应向谁追索票据款

A公司开出一张金额为5万美元、见票3个月后付款的汇票，以B为收款人，S为付款人。B因采购商品欠乙公司8万美元，双方约定由B用A签发的5万美元汇票和3万美元的货物抵付欠乙的欠款。后来乙又将此汇票转让给了D公司。在汇票有效期内，D向S提示承兑汇票，S因生意不景气而避债在外，X公司闻讯表示愿参加承兑。经D同意，X在汇票上指定为B的付款信誉担保。到付款日S仍无音讯，X付款后可以向谁行使追索权？X参加承兑要承担怎样的法律责任？在这个案例中提到了哪些票据行为？

分析：这一案例中涉及汇票的关系人、汇票行为以及法律后果。在本章中，我们将以汇票为例，讲述在国际结算中如何运用汇票、本票、支票这些结算工具。

任务一　汇票业务处理

知识链接2-1　　票据基本知识

票据有广义和狭义之分，广义票据（Bills）是指所有在商业活动中作为权利凭证的单据（Document of Title），如商业发票、仓单、提单、资金票据。狭义票据仅指资金单据（Financial Document），即出票人依据票据法签发和流通的，无条件约定，由自己或委托他人在一定日期支付一定金额为目的的有价证券，包括汇票、本票和支票。在国际结算中使用资金单据时主要依据英美法系和日内瓦公约两大法系。

英国《1882年票据法》是英美法系国家票据法的蓝本。英国于1882年颁布施行票据法，美国及大部分英联邦成员国如加拿大、印度等都以此为参照制定本国的票据法。美国在1952年制定《统一商法法典》，其中第3章商业证券是关于票据的法律规定，也就是美国的票据法，它在英美法系国家的票据法中也具有一定的代表性和影响力。美国和其他英联邦国家的票据法虽在具体法律条文上与英国票据法有所不同，但总体说来，英美法系国家的票据法基本上是统一的，这种统一是建立在英国票据法的基础上的。其特点是强调票据的流通作用和信用功能，保护正当持票人的利益。其具体表现在把票据关系与票据基础关系严格区别开来，即不问对价关系或资金关系如何，凡善意的票据受让人都受到法律保护。票据统一法是指在1930年，法国、德国、瑞士、意大利、日本、拉美国家等二十多个国家在瑞士日内瓦召开国际票据法统一会议，签订了《统一汇票和本票法公约》；次年，又签订了《统一支票法公约》。日内瓦公约的签订逐步消除了大陆法系各国在票据法上的分歧。但由于英美等国拒绝参加日内瓦公约，便形成了日内瓦公约与英美法系并存的两大法系。

票据的特性主要有流通性、无因性、要式性、文义性、提示性、返还性。

（1）流通性是指票据的流通转让，多数国家票据法中规定票据仅凭交付或适当背书即可转让，无须通知债务人。流通转让是票据的基本特性。一张票据尽管经过多次转让，几易其主，但最后的持票人仍有权要求票据上的债务人向其清偿，票据债务人不得以没有接到转让通知为理由拒绝清偿。在英美法系中，转让有三种类型：让与（Assignment）、转让（Transfer）与流通转让（Negotiation）。三个法律术语的含义不同。①让与是指一般债权的让与，如合同的转让。这种债权让与必须以通知原债务人为条件，受让人的权利受到转让人权利缺陷的影响。比如A与B签订了一份贸易合同，A是卖方，他将应收货款转让给了C。如果A的货物有问题或者根本没有交货，B可以对C拒付货款。②转让是指物权凭证的转让。这种物权凭证如提单、保险单、仓单等，可以仅凭交付或加上适当背书而转让，无须通知债务人。但是，受让人的权利不能优于出让人。如果出让人的权利有缺陷，则受让人所取得的也只是一种有缺陷的权利。比如甲窃取了乙的一份提单，并把它转让给丙，即使丙是善意的、是支付了对价的受让人，但由于甲对该提单无合法的权利，因此丙也不能对该提单取得合法权利。一旦乙发现被窃，有权要求丙返还提单。③流通转让是票据的基本特性。许多国家在票据法中都规定，票据仅凭交付或适当背书即可转让，无须通知债务人。善意的、付了对价的受让人可以取得优于其前手的权利，不受其前手的权利缺陷的影响。比如A将从B处偷来的票据转让给了C，C因不知情且为获取票据支付了对价，B就不能以A是以偷窃方式获得此票据为理由，要求C归还票据。这是票据的流通转让与民法上的债权的让与和转让的一个重大区别。

（2）无因性是指票据受让人无须调查出票、转让原因，只要票据记载合格，其就能取得票据文义载明的权利，即票据本身与其基础关系相分离。所谓票据的基础关系包括出票人与付款人之间的权利义务关系和出票人与收款人、背书人与被背书人之间的对价关系。各国票据法都认为，票据上的权利义务关系一经成立，即与原因关系相脱离，无论其原因关系是否有效、是否存在，都不影响票据的效力。票据的无因性使票据得以流通。

(3) 要式性是指票据必须符合法定的形式要求，即其形式和内容必须完全符合票据法。票据上面记载的必要项目必须齐全，各项必要项目以及票据形式必须符合规定，否则就不能产生效力。各国法律对于票据所必须具备的形式和内容都做了具体的规定，当事人不能随意变更。

(4) 文义性是指票据当事人的责任和权利完全根据票据上记载的文义来解释。票据的债权人可依据票据文义行使权利，票据债务人也仅对文义负责。任何人不得以票据文义之外的事情改变票据权利和义务。背书人更改票据法定事项，也只对其后手有效，而不能让其前手按更改以后的文义承担票据责任。

(5) 提示性是指票据上的债权人请求债务人履行票据义务时，必须向付款人提示票据。如果持票人不提示票据，付款人就没有履行付款的义务。因此，票据法规定了票据的提示期限，超过期限则丧失票据权利。

(6) 返还性是指票据的持票人领到支付的票款时，应将签收的票据交还给付款人，从而结束票据的流通。

资料来源 根据编者教案整理而成。

一、汇票基本知识

（一）汇票的定义

英国《1882年票据法》第3条关于汇票的定义是：A bill of exchange is an unconditional order in writing, addressed by one person to another, signed by the person giving it, requiring the person to whom it is addressed to pay on demand or at a fixed or determinable future time a sum certain in money to the order or specified person or to bearer（汇票是由出票人向另一人签发的，要求即期、定期或在可以确定的将来的时间，向某人或其指定人或来人无条件地支付一定金额的书面命令）。

（二）汇票的必要项目

按照日内瓦《统一汇票和本票法公约》的规定，汇票应具备以下几个必要项目：写明其为“汇票”字样、无条件支付命令、出票地点和日期、出票人名称和签字、付款期限、一定金额的货币、付款人名称、付款地点、收款人名称。

1.必须写明“汇票”字样

“汇票”字样可用多个同义词表达，如Bill of Exchange、Exchange、Draft等，目的是区别于其他票据。

2.无条件支付命令

汇票是出票人指定付款人支付款项给收款人的无条件支付命令，所以支付不能受到限制，也不能附带任何条件，即付款不能以某一事件的发生或某些情况的出现或某一行为的履行作为先决条件。

拓展思考2-1 以下是无条件支付命令吗？

①“如果甲公司交付的货物符合合同规定，即支付其金额50 000美元。”

②“Pay to S Co. FOUR THOUSAND USD providing the goods in compliance with S/C No.546.”

③“如蒙付款我们将不胜感激。”

答：它们都不是无条件支付命令。

3.出票日期和出票地点

汇票上应注明出票日期及地点。如果汇票上没有注明出票地点，则以出票人名称后所附地点为出票地点。如果未注明出票日期，持票人可以补加一个合理的出票日期。

出票地点的法律意义在于汇票适用法律的选择。汇票适用法律一般采用行为地法的原则，特别是有关汇票的形式及有效性问题，一般是以出票地国家的法律来确定。

出票日期的法律意义重大，它不仅决定着汇票的提示期限和付款到期日（出票日后定期付款汇票），而且还决定着汇票的有效性。如果在出票日期出票人具有行为能力，则该汇票有效；否则无效。如出票人在出票日已破产，则该汇票是无效汇票。

4.出票人签名

出票人是签发汇票、创设票据债权的人，票据必须由出票人签字才能成立。出票人一旦在汇票上签了字，就确定了其主债务人的地位，要承担票据付款责任。出票人如果是受委托而签字的，应在签名前做出说明，即加上“for，on behalf，for and on behalf of”等字样，例如约翰·布朗主任代表纽约M有限责任公司出票签字：

For M Co. Ltd. New York

John Brown Director

这种出票人签名，说明约翰·布朗是代表公司出票，不是个人出票。

5.付款期限

付款期限又称付款到期日（Tenor）。汇票上应当记载付款时间，如果未记载，则被视同为见票即付，这一点在很多国家都一样。

（1）付款期限常见的表达方式。见票即付（Bill Payable at Sight）的汇票被称为即期汇票，这种汇票无须单独提示承兑，持票人提示汇票当天为付款到期日。未记载付款期限的汇票即为即期汇票。定日付款（at Fixed Date）是在出票时，记载在某个日期付款。这种汇票一般需单独提示承兑。出票日后定期付款（at...Days after Date）、提单日后定期付款（at...Days after B/L）分别是指从出票日起算，以出票日后的一定时期为付款到期日和从提单日起算，以提单日后的一定时期为付款到期日。这类汇票一般需单独提示承兑。见票后定期付款（at...Days after Sight），即从持票人提示汇票后起算，以提示后的一定时期为付款到期日。这种汇票也必须单独提示承兑。

（2）付款到期日的计算方法。见票/出票日后若干天付款（at...Days after Sight/Date）：不包括所述日期，即从该日的第二日起，按日历天数算，如果付款到期日是非营业日，则顺延到下一个营业日。从说明日起若干天付款（from Stated Date to the Date of Payment）：包括说明日，即从该日起，按日历天数算，如果到期日是非营业日，则顺延到下一营业日。见票/出票日/说明日以后若干月付款（at...month(s) after Sight/Date/Stated Date）：付款到期日为应该付款之月的相应日期。有一种特例需要特别注意：如果没有相应日期，则以该月最后一日为到期日。

拓展思考2-2 付款到期日应是哪天?

如果出票日为3月31日，出票后1个月付款，则付款到期日为4月30日，但如果4月30日为非营业日，则付款到期日为该月最后一个营业日。

如果出票日为2月28日，出票后3个月付款，则付款到期日应为5月31日，但如果5月31日为非营业日，则付款到期日为该月最后一个营业日。

6.一定金额

汇票上必须以一定的货币表明一个确定的金额，如USD10 000.00。不能写模棱两可的数字，如“about one thousand”“six or seven thousand”。此外还应注意：带有利息时，应当注明利息数额，否则汇票利息条款无效。但假如注明利息率及利息起算日期，虽未注明具体利息金额，仍为有效。汇票金额要分别用数字小写（Amount in Figures）和文字大写（Amount in Words）表明。在“Exchange for”后填写小写金额，一般要求汇票金额使用货币缩写和用阿拉伯数字表示金额小写数字。在“The Sum of”后填写大写金额，先填写货币全称，再填写金额的数目文字，句尾加“only”相当于中文的“整”字。汇票金额大小写应一致。

7.付款人名称

出票人可以指定银行或其他受托人为付款人。付款人姓名或商号名必须写全称而不能用简称，还要写上详细地址，不能省略。付款人是汇票付款委托的接受者，但并不一定付款，因为可以拒付。付款人一般与出票人不为同一人，如果为同一人，有些国家法律规定可将其视作本票，有些国家法律则认为它仍是一种汇票。

8.付款地点

付款地点是指持票人提示票据的地点。如果汇票上未注明付款地点，那么附在付款人名称后面的地址就作为付款地，也为提示地点。

9.收款人名称

收款人名称，通常称为“抬头”，是汇票的主债权人。英美法系准许汇票不记载收款人名称，我国票据法规定不记载收款人名称的汇票是无效的。

汇票抬头有三种写法：

（1）指示性抬头，如“Pay to ABC Co.”（支付给ABC公司）；“Pay to the order of ABC Co.”（支付给ABC公司指定的人）；“Pay to ××× Bank or order”（付给某银行或其指定的人）。指示性抬头的汇票可用背书和交付的方法流通转让。

（2）限制性抬头，如“Pay to John Williams only”（仅付给约翰·威廉姆斯）；“Pay to ABC Co. only”（仅支付给ABC公司）；“Pay to the order of ABC Co.only”（仅支付给ABC公司指定的人）；“Pay to ××× Bank or order only”（仅付给某银行或其指定的人）。限制性抬头汇票不得转让他人。

（3）来人抬头，来人抬头也称空白抬头，如“Pay to bearer”。来人抬头汇票仅凭交付即可转让，无须背书。

汇票的常见样式见样式2-1，（1）至（9）代表的含义与汇票的必要项目对应内容一致。

样式2-1 汇票

Bill of Exchange	No.
Exchange for USD 1 805.15 (1) 116 Sun Street Los Angeles Calf. USA Sept. 19, 2013 (3)	
At 60 days after sight (5) of this First of Exchange（second of the same tenor and date unpaid）	
Pay to the order of (2) Standard Chartered Bank (9)	
The sum of USD ONE THOUSAND EIGHT HUNDRED and FIVE CENT FIFTEEN ONLY (6)	
Drawn under L/C NO.20132103	
Issued by STANDARD CHARTERED BANK Ltd. London dated Aug.10，2013	
To Standard Chartered Bank Ltd. (7) London (8)	
For Los Angeles Textiles Manufacturing company，Los Angeles Calf. USA John Brown Manager (4)	

（三）汇票的其他记载项目

汇票除以上9个必要项目外，还有其他记载项目，当事人如果没有记载这些项目，不会因此影响汇票的法律效力。其主要有：

1.付一不付二或付二不付一

商业汇票通常是一套两张，只需对其中之一付款即可。正本汇票写明“First of Exchange”或“Original”，副本汇票写明“Second of Exchange”或“Duplicate”。在正本、副本汇票上分别写明“付一不付二”或“付二不付一”，即“Second（First）unpaid”或“Second（First）of the same tenor and date unpaid”。

2.预备付款人

汇票可以指定在付款地的第三人为预备付款人。在付款人拒绝承兑或拒绝付款时，持票人可以向预备付款人请求参加承兑或参加付款。

3.免做拒绝证书和免做拒付通知

如果票据上记载有“protest waived”，则持票人在票据拒付时无须做拒绝证书，追索时也不需出示拒绝证书。如果票据上记载有“notice of dishonor excused”，则持票人在遭到拒付时无须做拒付通知。

4.免于追索

在汇票上记载“without recourse me”（免于追索），根据英国票据法的规定，出票人和背书人均可使用此文句来免除在票据被拒绝承兑或拒付时受追索的责任。但《日内瓦统一票据法》认为，出票人只能免除担保承兑的责任，而不能免除担保付款的责任，因此免除出票人担保付款责任的记载无效。

（四）汇票的当事人

1.出票人（Drawer）

出票人是开立汇票、发出付款命令的人，即签发和交付汇票的人。在进出口贸易中，汇票的出票人一般是卖方。在汇票承兑前，出票人是主债务人；汇票承兑后，出票人是从属债务人。

2.付款人（Drawee）

付款人又称为受票人，也是接受支付命令的人。承兑前，因付款人未在汇票上签名，因此他不是汇票债务人，不承担汇票的付款责任；当付款人对汇票做成承兑后，付款人成为承兑人，是汇票的主债务人。此时付款人承担的责任是按照承兑义务保证付款。

3.收款人（Payee）

收款人是有权取得汇票款项的人，是第一持票人、第一背书人。收款人占有票据，依法享有票据权利，既可以凭票取款，也可以转让他人。

上述三个当事人称为基本当事人。

4.背书人（Endorser）

背书人是指收款人或持票人不凭票取款，而以背书的方法转让（卖给他人）或转出（委托收款）汇票的人。

如果汇票背书，则汇票记载的收款人是第一背书人。随着汇票的转让，还会有第二、第三……背书人，他们都是汇票的债务人。前一个背书人是后一个背书人的前手。背书人对汇票付款承担责任，即向被背书人保证汇票经提示会按文义承兑和付款，同时保证如果汇票遭到退票，会偿付票款给被背书人。

5.被背书人（Endorsee）

被背书人即接受背书的人，是汇票的债权人。

6.承兑人（Acceptor）

付款人或接受付款人委托的人同意按出票人的命令在汇票上做出承兑，即被称为承兑人。承兑人是汇票的主债务人。

7.参加承兑人（Acceptor for Honour）

参加承兑人是非汇票债务人在得到持票人同意后，对遭到拒绝承兑或无法获得承兑的汇票进行承兑的人。参加承兑人在汇票上签名，成为汇票的债务人。当汇票到了付款日而付款人拒不付款时，参加承兑人要承担付款责任。

8.参加付款人（Drawee for Honour）

参加付款人是汇票付款人和担当付款人以外的第三人，需出具书面声明表示愿意参加付款。被参加付款人可以是参加付款人指定的任意票据的债务人。参加承兑人是理所当然的参加付款人，但参加付款人不一定是参加承兑人。

9.持票人（Holder）

持票人即占有票据的人，一般是票据的权利人。收款人、被背书人都可以成为持票人。

正当持票人（Holder in Due Course）也称善意持票人，是因经过转让而持有汇票的人。正当持票人应符合以下几个条件：汇票要式合格；取得汇票时在有效期内；背书是连续的；不知道汇票曾被退票；不知道转让人的权利有任何缺陷；自己支付对价，善意地取得汇票。正当持票人享有票据权利并且其权利优于前手。受让付过对价的票据，其票据权利等同于前手。

商业汇票正背面

10.保证人（Guarantor）

保证人是对出票人、背书人、承兑人等做出保证行为的人。保证人与被保证人负相同的责任。

（五）汇票的种类

1.按照汇票出票人和付款人的不同分为银行汇票、商业汇票

银行汇票正背面

银行汇票（Bank Draft）是以一家银行为出票人而以另一家银行为付款人的汇票。商业汇票（Trade Bill）是出票人是公司、商号或个人，付款人是商号、公司、个人或银行的汇票。

2.按照汇票付款时间的不同分为即期汇票、远期汇票

即期汇票（Bill on Demand）是在提示或见票时立即付款的汇票。远期汇票（Time Bill）是指在一定期限或未来特定日期付款的汇票。

3.按照汇票是否附有货运单据分为跟单汇票和光票

商号承兑汇票

跟单汇票（Documentary Bill）是指汇票后附货运单据的汇票。跟单汇票一般为商业汇票。光票（Clean Bill）是指不附带货运单据的汇票。银行汇票一般为光票。

4.按照汇票承兑人的不同分为商号承兑汇票、银行承兑汇票。商号承兑汇票是由企业或个人承兑的汇票，是建立在商业信用基础上的。银行承兑汇票是由银行或其他金融机构承兑的汇票，是建立在银行信用基础上的。

二、汇票的业务处理

银行承兑汇票

汇票的票据行为过程就是汇票业务处理过程，票据行为内容即业务处理内容。狭义的票据行为是以承担票据上的债务为目的所做的必要形式的法律行为，包括出票、背书、承兑、参加承兑和保证等。广义的票据行为还包括提示、付款、参加付款、拒付、追索。

（一）出票（Draw）

1.出票的定义

出票是指出票人签发票据并将汇票交给收款人的票据行为。它包括两个动作，即写成和交付。汇票的出票行为是各项票据行为的开端，是基本的汇票行为，对汇票的其他行为，称为附属汇票行为。

2.出票的法律效力

（1）对出票人而言，其出票签字意味着：担保该汇票将得到承兑；担保该汇票将得到付款。因此，在汇票得到付款人的承兑前，出票人就是该汇票的主债务人。

（2）对持票人而言，取得票据上一切权利，包括付款请求权和退票时追索权。

（3）对付款人而言，汇票是一项付款命令，但付款人并不因为汇票的签发而必然成为票据的债务人。因为汇票仅是出票人的行为，在付款人承兑前，他并无付款责任。在出票环节，付款人处于可为出票人付款的地位，取得这一地位后，只有经过承兑，才构成付款人的付款责任，即成为票据关系中的主债务人。

我国票据法规定，汇票的出票人必须与付款人具有真实的委托付款关系，并具有支付汇票金额的可靠资金来源；不得签发无对价的汇票来骗取他人资金。

案例分析2-1 **汇票出票**

根据下列资料，签发一张汇票。

Drawer：Zhang Jiang，manager，Tianjin Textile Export and Import Co. Ltd.，Xinhua Building，No.12，Nanjing Road（east），Tianjin，China

Drawee：Simon & Schuster Inc.，1128 Avenue of the Americas，New York，NY10030，USA

Payee：Bank of China，Tianjin

Sum：$12 000.00

Tenor：at 48 days after sight

Date：Aug.31，2020

根据资料所签发的汇票：

Bill of Exchange No.
Exchange for USD 12 000.00 Aug. 31，2020，Tianjin，China
At 48 days after sight of this Exchange
Pay to the order of Bank of China，Tianjin
The sum of USD TWELVE THOUSAND ONLY
To Simon & Schuster Inc.，1128 Avenue of the Americas，New York，NY10030，USA
For Tianjin Textile Export and Import Co. Ltd.，Xinhua Building，No.12，Nanjing Road（east），Tianjin，China
Zhang Jiang Manager

（二）背书（Endorse）

1.背书的定义及法律效力

背书是指持票人在汇票的背面签名和记载有关事项，并把汇票交付给被背书人的行为。背书的动作包括写成背书和交付。经过背书，汇票的权利由背书人转给被背书人。

背书产生三种法律效力：①转移效力。背书人通过背书将票据权利转让给被背书人。背书权利的转让具有不可分性，即必须转让汇票的全部金额并且受让人是唯一的。②担保效力。背书人对其后手有担保票据承兑和付款的责任，当票据遭到拒付时，承担向其后手偿还票据款的义务。③权利证明效力。持票人可以依据票据背书的连续性来行使票据权利，而无须证明其实质权利。

2.背书的种类

背书可以分为以转让票据为目的的背书、限制性背书和托收背书三类。

（1）以转让票据为目的的背书。以转让票据为目的的背书可以分为完全背书、空白背书和有条件背书。①完全背书又称记名背书或特别背书，它是指记载了背书人和被背书人双方名称的背书，这是最正规的一种转让背书。②空白背书又称略式背书，是指背书人不记载被背书人的名称，仅自己签名的背书。③有条件背书是指背书人在汇票背面加列诸如免做拒绝证书、免做拒付通知或其他条件的背书。但我国法律规定，背书不得附有条件，所附条件不具有汇票上的效力。国外可以有条件背书，但这仅对背书人与被背书人起作用。

（2）限制性背书。限制性背书即背书人在票据上写明限定转让给某人或禁止新的背书字样的背书。做限制性背书后，该汇票就不能再转让了。

（3）托收背书。托收背书也称委托收款背书，它是常见的非转让背书。非转让背书是除转让票据权利以外的背书。委托收款背书是持票人以委托收款为目的所做的一种背书，在实践中也被称为代理背书。这种背书的背书人就是代理权授予人，也就是被代理人，被背书人就是代理人。

3.背书的写法

（1）完全背书有如下几种写法：

①Pay to the order of A Co.

For B Co.，London

John Brown Director

②Pay to A Co.

For B Co.，London

John Brown Director

③Pay to the order or A Co.

For B Co.，London

John Brown Director

完全背书的汇票可以继续完全背书或以其他形式背书转让。

（2）空白背书写法。在背书时，只做背书人签名，如：

For B Co.，London

John Brown Director

做空白背书后，可以进行交付转让，也可以以其他方式背书转让。

（3）限制性背书可以有如下几种写法：

①Pay to the order of A Co. only

For B Co.，London

John Brown Director

②Pay to A Co. only

For B Co.，London

John Brown Director

③Pay to the order or A Co. only

For B Co.，London

John Brown Director

（4）托收背书的写法。通常的格式为：

“Pay to the order of ××× Bank for collection”

背书人再写上自己的签名。

（三）提示（Present）

提示是指持票人将汇票提交付款人，要求承兑或要求付款的行为。提示分为提示承兑和提示付款两种。

1.提示承兑

提示承兑是对远期汇票而言的，即只有远期汇票才需要提示承兑。远期汇票的付款日分为出票后定期、定日和见票后定期三种。

（1）提示承兑的几种情况。见票后定期付款的远期汇票必须提示承兑，因为提示承兑即付款人见票，这样才能确定付款到期日。出票后定期和定日付款汇票，是否提示承兑分三种情况：一是汇票上记载应当提示承兑字样的汇票，即出票人或背书人在汇票上记载了应向付款人提示承兑，那么持票人必须提示承兑，其目的是让付款人做好承兑和付款的准备。二是汇票记载了在指定日期前禁止提示承兑，即持票人需在禁止提示承兑日后提示承兑。记载禁止指定日期前提示承兑的目的是防止提示时付款人拒绝承兑。例如在出票人委托付款人付款时，需要把资金划入付款人账户，在资金未划入之前，付款人会拒绝承兑，所以出票人在汇票上做出提示承兑的时间规定。三是没有任何关于承兑字样的汇票。持票人可以提示承兑，也可不提示。一般情况下，提示承兑是持票人的一项权利，在没有限制的情况下，行使权利有利而无害，经过承兑的汇票，其信用增强，流动性更好。

（2）提示承兑的期限。远期汇票的有效期是指提示承兑的有效期，提示承兑必须在规定的期限内进行。英国票据法规定必须在合理的期限内提示承兑才有效，只要不是故意拖延即为合理；日内瓦统一法规定出票人可以在出票日后一年内将该法定的提示期限予以延长或缩短，背书人也可将该法定时间延长或缩短。如果持票人违反法定的提示承兑期限，则丧失对其所有前手的追索权。一般对应提示承兑或可提示承兑的汇票，原则上持票人在付款到期日前提示承兑，但若出票人或背书人在汇票上记载了提示承兑终止期限，那么持票人必须服从。如果持票人违反这一约定，就丧失了对做出该提示承兑终止期限的出票人或背书人的追索权。

（3）提示承兑的地点。提示承兑需要在合理的地点进行，合理的地点通常是指汇票载明的付款地点。如果汇票没有载明，则付款地点为付款人的营业场所或居所。

2.提示付款

（1）提示付款的时限。它因汇票种类不同而不同。对于见票即付的汇票，在汇票上没有约定付款期限，为避免持票人长期不提示付款，日内瓦统一法规定自出票之日起一年内，出票人可以缩短或延长期限，背书人可以缩短期限；英美票据法规定为“合理时间”；我国票据法规定为一个月。即期汇票的有效期为提示付款的有效期。

对于远期汇票，日内瓦统一法规定为到期日或其后的两个营业日内；英国票据法规定必须在到期日提示；我国票据法规定为自到期日起10日内提示。

（2）提示付款的地点。提示付款的地点为汇票上载明的付款地；未载明的应为承兑人或付款人的营业场所或居所。

即期汇票只需提示一次，即提示付款；远期汇票一般有两次提示，即提示承兑和提示付款。

（四）承兑（Accept）

1.承兑的定义及法律效力

承兑是指远期汇票的付款人明确表示同意按出票人的指示，于汇票到期日付款给持票人的行为。承兑包括两个动作：写“承兑”字样加签字，并交付。

承兑的法律效力。对于付款人来说，承兑就是承诺了付款责任，付款人成为主债务人，出票人开始处于从属债务人地位。对于持票人来说，由于付款人做了承诺，他的债权得到了承兑人确定的付款保证。

2.承兑的时限

英国票据法规定持票人向付款人做承兑提示，付款人必须在“习惯时间内”即24小时内承兑；日内瓦统一法规定持票人第一次提示汇票时，付款人可以不承兑而要求他第二天再提示，持票人第二天提示时，付款人就必须做出是否承兑的决定；我国票据法规定为3日内承兑。汇票没在规定的时间内承兑，就被视为拒付。

3.承兑的种类

承兑分为普通承兑和保留性承兑两种。

（1）普通承兑是指汇票付款人或付款人委托的人对汇票的内容一概接受，而不做任何保留。

（2）保留性承兑。保留性承兑也称限制性承兑，是在普通承兑内容外附加了对票据文义的修改。承兑应当是无条件的，因此，持票人可以拒绝接受限制性承兑。但持票人放弃接受限制性承兑，必须征得出票人和其前手同意，否则，出票人和其前手可以解除对汇票所承担的义务。

4.承兑写成后交付给收款人或持票人

（1）普通承兑。其写法有：①仅有承兑人签字；②“承兑”字样加承兑人签字；③“承兑”字样、承兑人签字和承兑日期。

（2）保留性承兑的写法常见的有：①有条件承兑，如“Accepted payable providing goods in order”加承兑人签名；②修改付款期限的承兑，如汇票规定付款日是见票后60天，承兑时改为见票后80天；③部分承兑，如汇票金额是100英镑，“Accepted for £80.00 only”加承兑人签名；④地方性承兑，如“Accepted payable at Lloyds Bank International，London only”加承兑人签名。

（五）付款（Payment）

1.付款的定义及付款人需履行的责任

付款是指持票人在规定的时效内，在规定的地点向付款人做付款提示，付款人支付票款以消除票据关系的行为。

付款时，付款人要承担如下责任：①对汇票权利人付款。付款人在付款时必须做到两点：一是出于善意，即不知道持票人权利的缺陷，实务中无相反证明都算善意；二是鉴定背书是否连续。付款符合上述两个条件，付款人可以免除付款责任，也称正当付款。②支付金钱。票据权利就是金钱权利，因此付款人必须支付金钱。③到期日付款。如果付款人在远期汇票未到期就付款，要承担相应的后果。如果远期汇票遗失，提前付款，容易被人冒领票据款。

只有付款人履行了付款责任才产生付款的法律效力。付款的法律效力表现为：汇票记载的付款人做正当付款后，不仅解除了付款人的付款义务，而且票据所有债务人的债务也因此被消除。付款人付款后，一般要求收款人在汇票背面签字作为收款证明并收回汇票，注上“付讫”（Paid）字样，汇票就可以注销了。

2.付款时限

当持票人按规定向付款人做付款提示时，付款人应当立即付款。英国票据法规定在“习惯时间内”付款，即在24小时内付款。

3.部分付款

日内瓦统一法规定如付款人只支付汇票金额的一部分，持票人不得拒绝接受，否则就丧失追索权。英国票据法规定对于部分付款，持票人可以接受，也可以拒绝。

接受部分付款时，因为债务并未完全了结，因此持票人仍需要保留汇票。付款人应在汇票上记明已付金额，并要求持票人出具收据，持票人则应将未付金额做成拒绝证书，以行使追索权。

（六）拒付（Dishonour）

拒付也叫“退票”，包括提示承兑时遭到拒绝承兑，或提示付款时遭到拒绝付款。拒付发生后，持票人可以行使追索权。此外，如承兑的人或做承兑的付款人破产、死亡，持票人可根据票据法规定免除提示票据责任而直接行使追索权。

（七）追索（Recourse）

1.追索的定义

追索是指汇票遭到拒付时，持票人向其前手或出票人请求偿还汇票金额等行为。

2.行使追索权的条件

（1）持有合格票据。一是必须占有票据；二是票据记载和背书的连续性两方面都合格。

（2）尽责。持票人必须按票据法的规定提示票据，并且只要汇票上没有“免做拒付通知”的记载，发生退票时，持票人就应做成拒绝证书，同时应将退票的事实和原因通知前手。拒绝证书是由拒付地点的公证人和法院做出的证明拒付事实的文件。

（3）守时。持票人做承兑提示或付款提示、做成拒绝证书以及将拒付事实通知其前手都必须在法定的时间内完成。英国票据法规定外国汇票遇到付款人退票时，持票人需在退票后一个营业日内做成拒绝证书。同时规定，如果前手在同地，持票人必须在第二天通知到；如果前手在异地，持票人必须在第二天发出通知。前手背书人在接到通知后，也必须根据上述原则通知其前手。

3.追索的时效

根据行使追索权的主体标准，追索可分为最初追索和再追索。持票人第一次行使的追索权为最初追索；清偿了汇票债务的被追索人可以向其他汇票债务人请求支付已清偿的全部金额，称作再追索。

英国票据法规定追索的时效为自债权成立之日起6年，过期后，出票人、承兑人的债务都被解除；日内瓦统一法规定承兑人作为票据的债务人，对票据的责任是从到期日起算3年，持票人向前手追索时效为从拒绝证书做成之日起1年，免做拒绝证书的则从到期日起1年。背书人向前手追索的时效是从他清偿票款之日起6个月。

4.追索的金额

持票人可以向前手要求赔偿票据金钱权利的损失和因拒付而发生的额外费用。这包括汇票金额、到期日至付款日的利息、做拒绝证书和发出拒付通知的费用。

5.追索的对象

（1）对于未承兑的汇票，向出票人提示付款后拒付，开始行使追索权。持票人追索对象有如下选择：汇票记载的收款人（第一背书人）；持票人的任何一个前手。

（2）对于承兑后的汇票，向承兑人提示付款后拒付，开始行使追索权。持票人的追索对象为出票人、汇票记载的收款人（第一背书人）、持票人的任何一个前手。

6.被追索者的权利

（1）要求追索者交出汇票，并出具收据和追索款项的计算书；

（2）要求追索者交出拒绝证书；

（3）涂销自己的背书；

（4）向前手追索。

（八）保证（Guarantee）

1.保证的定义

保证是指非票据债务人对于出票、背书、承兑、付款等所发生的债务予以偿付担保的票据行为。保证人所负的票据上的责任与被保证人相同。保证使汇票的付款信誉增加，便于其流通。保证行为是保证写成后交付给汇票权利人。

2.保证的写法

（1）“保证”字样；

（2）保证人名称和住址；

（3）被保证人的名称；

（4）保证日期；

（5）保证人签字。

（九）参加承兑（Acceptance for Honour）

参加承兑是汇票被拒绝承兑时，非汇票债务人在征得持票人同意下，对被拒绝承兑的汇票进行承兑的一种附属票据行为。参加承兑者称为参加承兑人，被担保到期付款的汇票债务人称为被参加承兑人。日内瓦统一法规定，凡参加承兑时没有记载被参加承兑人的，则应视出票人为被参加承兑人。英国票据法规定，被参加承兑人的全体后手将因此而免除票据责任。持票人同意第三者参加承兑后，不得于汇票到期日以前向出票人和各前手行使追索权。因此，参加承兑行为使追索行为推迟，从而维护了出票人和背书人的信誉。

参加承兑应记载的事项：①参加承兑的意愿；②被参加承兑人名称；③参加承兑日期；④参加承兑人签字。

（十）参加付款（Payment for Honour）

参加付款是指汇票遭拒付、持票人可以行使追索权时，其他人要求代为履行汇票的付款责任的行为。参加付款人可以是任何人，不强调非汇票债务人；参加付款也不必征得持票人的同意。

参加付款的时效为：在持票人可以行使追索权时，就可以进行参加付款。因此，参加付款可以发生在汇票到期日后，也可发生在汇票到期日前。参加付款的金额是汇票金额加上做拒绝证书的费用。参加付款人在参加付款时应记录参加付款的事实和被参加付款人，如果漏记，根据日内瓦统一法的规定，出票人即被认为是参加付款人。参加付款人付款后，可要求持票人交出汇票以及拒绝证书，还可以要求持票人交出收据，之后可以向被参加人及其前手追索。

任务二　本票业务处理

一、本票的定义

英国票据法关于本票的定义是：本票是一人向另一人签发的，保证即期或定期或在可以确定的将来时间，对某个人或其指定人或持票人支付一定金额的无条件的书面承诺（A promissory note is an unconditional promise in writing made by one person to another signed by the maker engaging to pay on demand or at a fixed or determinable future time a sum certain in money to or to the order of a specified person or to bearer）。

二、本票的必要项目

本票必须记载的项目包括：①“本票”字样；②无条件支付承诺；③收款人或其指定人；④出票人签字；⑤出票日期和地点；⑥付款期限；⑦一定金额；⑧付款地点。

对于未记载付款期限的，视同见票即付；未记载付款地的，视出票人的营业场所为付款地；未记载出票地的，视出票人的营业场所为出票地。

三、本票应记载的项目

本票应记载的项目包括：①担当付款人；②利息及利率；③不能转让的记载；④关于见票和提示付款期限延长或缩短的特约记载；⑤免做拒绝证书的记载；⑥免做拒付通知的记载。

本票的样式不统一，根据业务情况，内容也不尽相同。

拓展思考2-3　本票与汇票有什么不同？

答：本票是无条件支付的承诺。本票是由出票人自己付款的票据，在出票人完成出票行为后，即负绝对的付款责任。本票出票作为付款承诺，不需要承兑。汇票的付款人只有在承兑之后，才负绝对的付款责任，除非是汇票载明不需要承兑的汇票。本票有两个基本当事人，即出票人和收款人。汇票的基本当事人有三个，即出票人、付款人和收款人。本票的出票人就是付款人，它是出票人保证自己付款的一种承诺，而汇票是出票人要求付款人付款的委托或命令。

四、本票的业务处理

大多数国家的票据法都是以汇票为中心，对于本票，除非由于其特性而需特殊规定外，其余如出票、背书、保证、到期日、付款时间、付款、参加付款、遭遇拒付时的追索等行为的规定，均适用汇票的规定。

1.出票

本票是自付证券，出票人有付款的义务。一经出票，出票人即为本票的主债务人。持票人没有在规定的期限进行付款提示、见票提示或做成拒绝证书，在本票时效内，并不免除出票人的付款责任。出票人的付款义务是最终的，一旦出票人履行付款义务后，本票上的权利义务便随之消失。

如果本票出票人委托往来银行担当付款人，那么出票人应在本票到期提示付款前，保证有足够支付本票金额的款项存在该银行。如果担当付款人不付款，持票人仍可向出票人请求付款，即担当付款人的存在并不会影响出票人付款义务。

2.见票

见票是指本票持票人向出票人提示票据，出票人在本票上记载见票字样及日期并签名的行为。由于本票没有承兑制度，见票是专门针对见票后定期付款的本票特设的行为。见票后定期付款本票的到期日，应由持票人向出票人做见票提示。因为出票后定期付款本票和定日付款本票在出票时就已经确定了付款到期日。

当持票人提示见票时，如果出票人拒绝做有关记载和签名，持票人则应在见票提示期限内，做成见票拒绝证书，之后便可直接向前手行使追索权。持票人见票提示是保全追索权的要件。

任务三　支票业务处理

一、支票的定义

英国票据法关于支票的定义是：支票是以银行为付款人的即期汇票（A cheque is a bill of exchange drawn on a banker，payable on demand）。具体来说：支票是银行存款户对其开立账户的银行签发的，授权该银行对某人或其指定人或持票来人即期支付一定金额的无条件书面支付命令（A cheque is an unconditional order in writing addressed by the customer to a bank by that customer authorizing the bank to pay on demand a sum certain in money to or to the order of a specified person or to bearer）。

二、支票的必要项目

支票的必要记载项目包括：①“支票”字样；②无条件支付命令；③付款银行名称和地点；④出票人名称和签字；⑤一定金额；⑥出票日期；⑦写明“即期”字样，如未写明即期者，仍视为见票即付。支票还可记载收款人或其指定人、出票地和付款地等。

支票的常见样式见样式2-2，①至⑥代表的含义与支票的必要记载项目对应一致。

样式2-2　　支票

Cheque for　£ 10 000.00　　　　London 30th Nov.,2013
①　　⑤　　　　⑥

Pay to the order of ABC CO. the sum of TEN THOUSAND POUNDS
②　　　　⑤

TO: Midland Bank Ltd. London
③

For John Brown Director
(Signed)
④

三、划线支票和保付支票

1.划线支票

（1）划线支票的定义。在支票正面画有两条平行线的支票称为划线支票。

划线是一种附属的支票行为，可以由出票人、背书人或持票人划线，其目的是支票款项只能通过银行或金融机构受领，持票人不能提取现款。

（2）划线支票的种类。它分为普通划线和特别划线两种。

①普通划线。普通划线是在支票正面的适当位置画两条平行线，在平行线中不注明收款银行的名称，收款人可通过任何一家银行代收票款。一般有四种形式：只有两条平行线，如图2-1所示；在平行线中注明“not negotiable”（不可流通），如图2-2所示；在平行线中加“A/C payee”（记入收款人账户）字样，如图2-3所示；在平行线中加“not negotiable”和“A/C payee”字样，如图2-4所示。

图2-1 划线形式1

not negotiable

图2-2 划线形式2

A/C payee

图2-3 划线形式3

not negotiable
A/C payee

图2-4 划线形式4

②特别划线。特别划线是指在两条平行线中注明收款银行的名称，付款银行只能将支票款支付给该指定收款银行，也可以在注明收款银行名称的同时加注“不可流通”的字样。根据英国票据法的规定，支票正面横向写上银行名称就是特别划线支票，并不一定要有两条平行线。

（3）划线的变更与撤销。根据英国票据法的规定，划线是支票的重要组成部分，支票一经划线，任何人均无权撤销划线。任何一种普通划线都可以加上收款银行名称变为特别划线，而特别划线却不能撤销银行名称变为普通划线。

2.保付支票

（1）保付支票的定义。根据美国《统一商法法典》和我国台湾地区有关票据方面的规定，支票可以由支付银行加“保付”字样并签字，这样的支票称为保付支票。支付银行加“保付”字样并签字的支票行为称为保付。实施支票保付行为的银行称为保付人。保付支票具有更好的信誉，更便于流通。

（2）保付的法律效力。对保付人来说，保付一旦做成，保付人对付款有绝对的义务，即使付款提示期已过，保付人仍然不得以此为由拒绝付款。保付成立后，付款人从出票人账户中提存支票款，存入专门账户以备付款。对出票人、背书人来说，支票保付后，付款责任免除。

四、支票的有效期

支票的有效期比较短。日内瓦统一法规定支票的提示期限：若出票和付款在同一国家，自出票之日起算8天；不在同一国家但在同一洲的是20天；不同国家也不同洲的是70天。追索的期限是从上述提示期限到期日起算6个月。英国票据法对支票有效期的规定与汇票相同，应在合理的时间内做付款提示。

五、支票拒付和止付

1.支票的拒付

支票的拒付是指付款行对于不符合付款条件的支票拒付的行为，拒付也称为退票。拒付的理由通常是：

（1）出票人的签名不符（Signature differ）；

（2）大小写金额不符（Words and figures differ）；

（3）支票未到期（Post-dated）；

（4）存款不足（Insufficient fund）；

（5）奉命止付（Orders not to pay）；

（6）支票开出不符规定（Irregularly drawn）；

（7）金额需大写（Amount required in words）；

（8）大写金额需出票人确认（Amount in words requires drawer's confirmation）；

（9）支票逾期提示或过期支票（Out of date or stale cheque）；

（10）需收款人背书（Payee's endorsement required）；

（11）请与出票人联系（Refer to drawer）；

（12）要项涂改需经出票人确认（Material alterations to be confirmed by drawer）。

2. 支票的止付

支票的止付是指出票人向付款行发出书面通知，要求银行停止对支票付款的行为。当持票人因遗失支票而挂失，付款行应帮助持票人立即与出票人联系，然后由出票人办理止付手续，即向付款行发出书面止付通知，此后该支票被提示时，付款行应在支票上注明"Orders not to pay"（奉命止付）字样并退票。

为防止出票人开立空头支票后又通过对支票止付以逃避债务，日内瓦统一法禁止在有效期内止付支票，即使出票人死亡或破产也不例外。英国票据法则允许止付支票，只有在收到由出票人签字的书面通知后才能止付，即使客户用其他更快捷的方式通知后，也必须随后送交书面证明。英国票据法规定，在有确凿证据证实出票人已经死亡或破产时，付款人有权止付支票。

要点导图

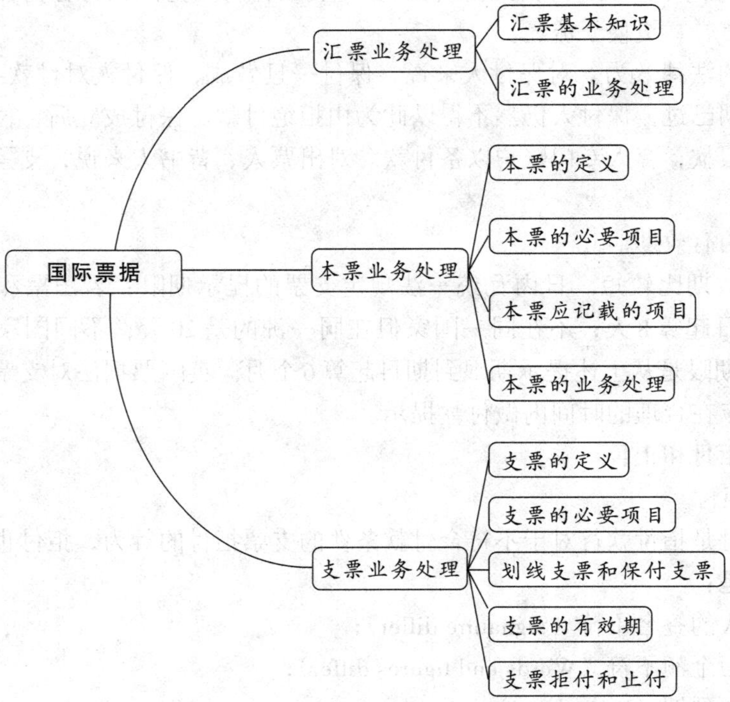

知识检测

1.简答题

（1）出票对出票人、收款人、付款人有怎样的效力？

（2）使用追索权必须具备哪些条件？

（3）什么叫正当付款？

（4）承兑人、出票人、背书人承担的责任各是什么？

（5）汇票的必要项目有哪些？

（6）汇票上标明的出票日期有什么作用？

（7）汇票收款人抬头有哪几种写法？对汇票的转让会产生何种影响？

（8）什么叫支票止付？如何办理支票止付？

（9）怎样做成普通划线？怎样做成特别划线？

2.填空题

（1）世界上大多数国家都颁布了票据法，但每个国家的票据法都不尽相同。随着票据法的发展与完善，各国的票据法逐步靠拢，并形成以________为代表的大陆法系和以英国、________为代表的英美法系两大票据法系。

（2）票据的特性主要有________、________、________、________、提示性和返还性。

（3）以转让为目的的背书有________、________和附加条件背书三种。

（4）提示分为________和________两种。

（5）承兑可以分成________和________两类。

（6）拒付又称________，包括________和________两种情况。

（7）追索的条件是________、________和________。

（8）汇票出票后承兑前的主债务人是________，承兑后的主债务人是________。

（9）如果参加承兑而未载明被参加承兑人的，则________被视作被参加承兑人。

（10）汇票的九个必备项目是：写明“汇票”字样、________、出票地点和日期、________、________、一定金额的货币、付款人名称、付款地点、________。

（11）汇票收款人的写法有三种：________、________、________。

（12）出票人撤销其开出的支票，称为________。

3.单项选择题

（1）根据英国票据法的规定，狭义票据的流通是指（　　）。

A.Assignment　　B.Negotiation

C.Transfer　　D.Negotiation and Assignment

（2）持票人为（　　）的，对其前手无追索权。

A.出票人　　B.保证人　　C.被背书人　　D.收款人

（3）票据行为中的主票据行为是（　　）。

A.保证　　B.出票　　C.背书　　D.参加承兑

（4）票据上的债权人要获得付款人的承兑，持票人可以在（　　）向付款人提示承兑。

A.汇票到期前　　B.法定时间内　　C.任何时间　　D.出票后1个月

(5) 背书人在汇票背面只有签名，不写被背书人，这是(　　)。

A.记名背书　　B.特别背书　　C.限定性背书　　D.空白背书

(6) 参加付款人对(　　)有追索的权利。

A.承兑人和所有背书人

B.被参加付款人和所有背书人

C.承兑人、被参加付款人和所有背书人

D.承兑人、被参加付款人

(7) 如果未写被参加付款人名称，承兑后以(　　)为被参加付款人。

A.承兑人　　B.所有背书人　　C.任意前手　　D.出票人

(8) 如果汇票的承兑日为2017年4月20日，汇票上注明"At 90 days from sight"，则付款到期日为(　　)。

A.7月19日　　B.7月20日　　C.7月18日　　D.7月21日

(9) 某银行签发一汇票，以另一家银行为受票人，则这张汇票为(　　)。

A.商业汇票　　B.银行汇票　　C.商业承兑汇票　　D.银行承兑汇票

(10) 对收款人承担保证汇票被承兑和付款责任的汇票当事人是(　　)。

A.出票人　　B.受票人　　C.背书人　　D.受让人

(11) 本票和支票的付款人分别为(　　)。

A.出票人、银行　　B.出票人或承兑人、银行

C.出票人、企业　　D.出票人、承兑人

(12) 当一张经过流通的汇票遭到退票时，(　　)拥有追索权。

A.持票人和所有后手对前手　　B.受票人对出票人

C.出票人对后手　　D.持票人对前手

(13) 汇票上被保证人的名称未记载时，已承兑的汇票，视为(　　)保证。

A.承兑人　　B.出票人　　C.任意背书人　　D.收款人

(14) 汇票的保证是由(　　)做的。

A.汇票债务人　　B.汇票债务人以外的人

C.任何人　　D.背书人

(15) 汇票上未记载被参加承兑人时，(　　)被视为被参加承兑人。

A.承兑人　　B.出票人　　C.任意背书人　　D.收款人

4.多项选择题

(1) 国际结算使用的票据具有的特性有(　　)。

A.流通性　　B.无因性　　C.要式性　　D.提示性

E.返还性

(2) 在国际上常见的背书有(　　)。

A.记名背书　　B.空白背书　　C.限制性背书　　D.附加条件背书

(3) 能够使票据债权发生转移的背书有(　　)。

A.记名背书　　B.不得转让背书　　C.委托收款背书　　D.附加条件背书

(4) 被背书人合法取得票据权利的必要条件包括(　　)。

A.票据背书连续　　B.取得票据时票据未过期

C.前手的签字都是真实的　　D.占有票据

(5) 承兑人对出票人的指示加以修改后同意并确认，这是（　　）。

A.附加条件承兑　B.部分承兑　C.普通承兑　D.地方承兑

5.判断题

(1) 如果汇票收款人表述为“仅付A为限”或“请付A，不得转让”，则汇票为指示性抬头。（　　）

(2) 张先生是汇票付款人，他承兑了汇票，成为票据的主债务人，王先生是出票人，他不是汇票的主债务人。（　　）

(3) “Pay to ABC Co.or order the sum of ONE THOUSAND US dollars provided that the goods they supply are up to the standard”，该汇票是有效汇票。（　　）

(4) 一张经过多次背书转让的汇票，将由于债务人的增多，而增加其可靠性。（　　）

(5) 空白抬头的票据凭交付转让即可。（　　）

(6) 来人抬头的汇票必须经背书转让。（　　）

(7) 汇票出票后付款人是主债务人。（　　）

(8) 汇票上写“Please pay to the sum of USD SEVEN HUNDRED ONLY”，这种表达与汇票必须表达无条件支付的定义相一致。（　　）

(9) 票据具有流通性，所以所有票据都可以流通转让。（　　）

(10) 汇票上的收款人一般都是债权人。（　　）

(11) 承兑是汇票、本票、支票共同的票据行为。（　　）

(12) 非票据债务人加入已遭拒绝承兑的汇票中，就成了参加承兑人，参加承兑人与承兑人对汇票所负的责任相同，也是汇票的第一债务人。（　　）

(13) 保证人作为持票人时对被保证人及汇票的所有背书人都有追索权。（　　）

(14) 参加承兑与承兑是相同的票据行为。（　　）

(15) 参加付款与参加承兑的目的有相同之处，任何人都可以参加付款，无须经过持票人同意。（　　）

技能训练

1.案例分析

(1) A商签发一张面额5万美元、远期90天的汇票，以B为收款人，S为付款人，甲银行为承兑人。B因采购商品欠C商8万美元。双方协商后，B将A签发的5万美元汇票和3万美元的货物抵付为欠C的欠款。后来C又将此汇票背书转让给了D。D在付款有效期内向甲银行提示汇票，因S生意不景气而避债在外，甲银行拒绝付款。D应该怎么办？甲银行的做法妥当吗？

(2) 商人A借给商人B一笔周转金，6个月后B用一张见票即付的汇票偿还对A的欠款。A将此汇票转让给了商人S，作为买入其一笔紧俏货物的付款。S在汇票有效期内向付款人提示付款，却发现付款人已破产。S可以向谁追索？为什么？

2.综合实训

实训项目：汇票出票、背书、承兑。

实训目的：掌握汇票的出票、背书、承兑。

实训步骤：模拟角色。签发一张汇票交给收款人，写成背书、交付；写成承兑、交付。

实训资料：

（1）Drawer：Shanghai Hongxin Textile Export and Import Co. Ltd.，Xinhua Building，No.12，Nanjing Road（east），Shanghai，China.

Drawee：A Division of Simon & Schuster Inc.，1124 Avenue of the Americas，New York，NY10020，USA.

Payee：Shanghai Hongxin Textile Export and Import Co.Ltd.

Sum：$120 000.00.

Tenor：at 60 days after sight.

Date：Aug.31，2020.

（2）Shanghai Hongxin Textile Export and Import Co.Ltd.做成记名背书给Sumy Co.Ltd.

（3）Shanghai Hongxin Textile Export and Import Co.Ltd.做成空白背书给Sumy Co.Ltd.

（4）中国银行上海分行将此汇票做成空白背书交给其在纽约的分支机构（Bank of China，New York）。

（5）中国银行上海分行将此汇票做成纽约分行的记名背书。

（6）Shanghai Hongxin Textile Export and Import Co.Ltd.做委托收款背书给中国银行上海分行。

（7）请代花旗银行上海分行在2020年9月25日做成承兑。

实训要求：根据实训资料完成出票、背书、承兑。

3.模拟操作。登录http：//112.74.140.153：7016进行票据出票与审核的操作。

4.完成以下银行承兑汇票和商业承兑汇票的出票（如图2-5和图2-6所示）。

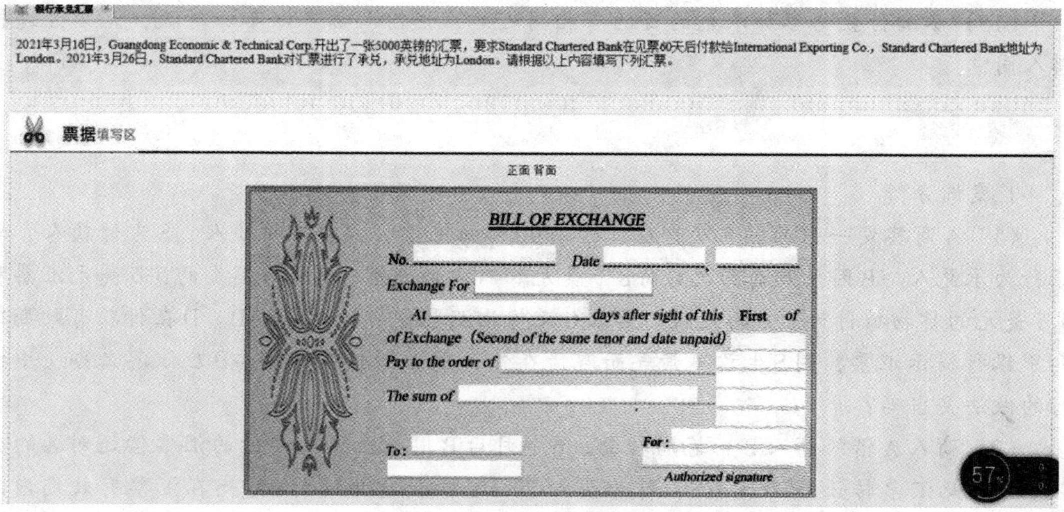

图2-5 银行承兑汇票

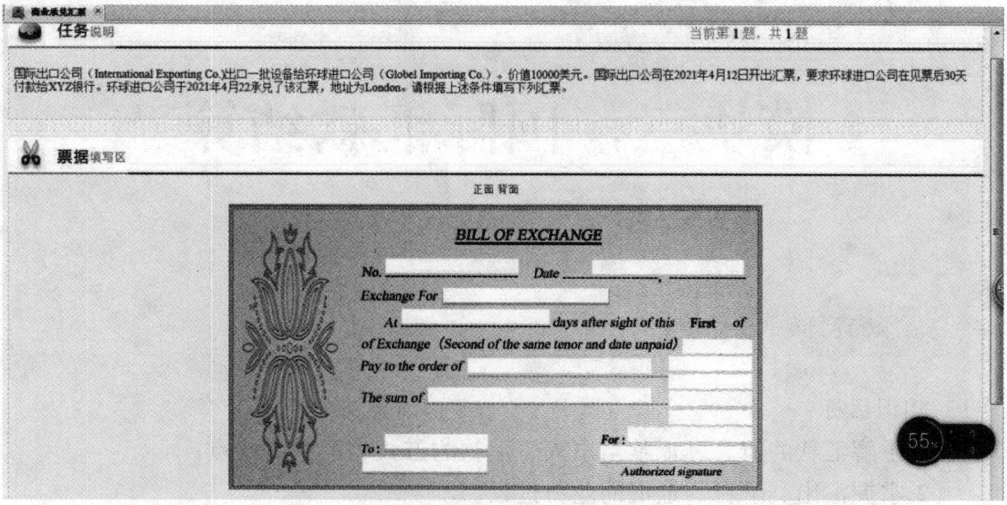
任务说明
当前第1题，共1题
国际出口公司（International Exporting Co.)出口一批设备给环球进口公司（Globel Importing Co.）。价值10000美元。国际出口公司在2021年4月12日开出汇票，要求环球进口公司在见票后30天付款给XYZ银行。环球进口公司于2021年4月22承兑了该汇票，地址为London。请根据上述条件填写下列汇票。
票据填写区
正面 背面
BILL OF EXCHANGE
No.
Date
Exchange For
At
days after sight of this First of
of Exchange（Second of the same tenor and date unpaid）
Pay to the order of
The sum of
To :
For :
Authorized signature
55%

图2-6　商业承兑汇票

模块三　国际汇款结算

学习目标

知识目标：

1. 了解汇款的概念、汇款当事人、汇款的方式和汇款的特点；
2. 掌握汇出、解付、退汇的业务过程。

技能目标：

1. 能够处理国际贸易结算中的汇出款业务；
2. 能够处理国际贸易结算中的汇入款业务。

引例　　**利用国际汇款结算方式行骗**

20××年8月13日，中国内地A公司（卖方）与中国香港B公司（买方）签订了金额为120万美元的贸易合同，合同约定开立即期信用证进行结算，但过了合同约定的开证日期，A仍未收到信用证，经催问，对方回称："证已开出，请速备货。"可是到装运期的前一周，A仍未收到信用证，经再次查询，对方回称因开证行与卖方银行无业务代理关系，故此证开给有代理关系的某地银行转交。此时船期已到，而且因合同规定货物直接运抵加拿大，但此航线到加拿大每月只有一班船，如果错过则需等到下一个月，这将对出口商造成利息和费用损失。此时B提出改用电汇方式把货款汇来。鉴于上述情况，A同意汇款结算，但要求对方提供汇款传真件，确认后马上发货。次日，A收到B汇款凭证的传真件，便装船发货，但货物运出后10多天也未收到货款。原来B资信非常差，瞄准卖方急于销货的心理，先以承诺信用证结算稳住卖方，然后耍手段使卖方被迫接受汇款方式结算，而后办理汇款委托手续，再办理退汇手续，以达到行骗目的。

分析：汇款是风险很高的结算方式，它仅适用于熟悉客户和交易额比较小的情况。此案例是一种先货后款的汇款结算，由卖方承担了买方收到货物而不付款的风险。这种方式对进口商而言是极为有利的，它不但可以控制信用风险损失，还可占用出口商的资金。

任务一 认知国际汇款结算

一、国际汇款结算定义

国际汇款（International Remittance）是国际汇兑的一种方法，简称汇付法。它是银行接受客户委托，使用一定的结算工具，通过其在境外的分支机构或代理行，把款项付给境外收款人的一种结算方式。

二、国际汇款结算当事人

（一）汇款人（Remitter）

汇款人是指将款项交予银行，委托其向境外付款的人。汇款人是债务人或付款人，在货款结算中，汇款人是进口商。

（二）收款人或受益人（Payee or Beneficiary）

收款人或受益人是指债权人，即接受款项的人。在货款结算中，收款人或受益人是出口商。

（三）汇出行（Remitting Bank）

汇出行是指受汇款人委托，向境外汇出款项的银行。在货款结算中，汇出行是进口商的银行。

（四）汇入行（Paying Bank）

汇入行也叫解付行，是受汇出行委托，将境外汇入的款项解付给收款人的银行。在货款结算中，汇入行是出口商的银行。

三、国际汇款结算类型

随着电信手段在国际结算中的广泛应用，现在已基本不使用信汇，国际汇款结算主要使用电汇和票汇两种方式。

（一）电汇（Telegraphic Transfer，T/T）

电汇是汇出行应汇款人的申请，通过发加押电报、电传或SWIFT（环球同业银行金融电讯协会）方式给其在境外的分支机构或代理机构，指示其解付一定金额给收款人的一种汇款方式。

电汇方式的特点是速度快。在银行，电汇的优先级最高，一般都是当天处理。电汇是银行之间的直接通信，差错率极低，遗失可能性极小。但由于汇出行占压汇款资金时间极短或根本不占压，因此汇费比较高。目前电汇是最常用的汇款方式。

（二）票汇（Demand Draft，D/D）

票汇是银行用即期汇票作为汇款工具的结算方式。它是指汇出行应汇款人的申请向汇款人收妥款项后，开立一张银行即期汇票交给汇款人，由汇款人将汇票带到境外亲自去取款或由汇款人将汇票寄给境外收款人，然后由收款人向指定的解付行取款。

境外银行作为解付行只要能核对汇票上签字的真伪，就会买入汇票，支付票据款，这样便于收款人收款。持票人可以背书转让汇票，也可以到期向汇入行取款。

四、电汇、票汇业务流程

（一）电汇业务流程

1.汇款人或债务人填写电汇申请书，连同所汇款项一并交给汇出行；

2.汇出行接受客户委托，并给客户一张电汇回执；

3.汇出行通过加押电报、电传和SWIFT发出P.O.（Payment Order），通知境外联行或代理行（汇入行）；

4.汇入行接到P.O.，向收款人发出解付通知书，通知其前来取款；

5.收款人凭有效证件前来取款，汇入行核对密押无误付款；

6.收款人收款并在收款收据上签字；

7.汇入行通知汇出行已解付款项。

电汇业务流程如图3-1所示。

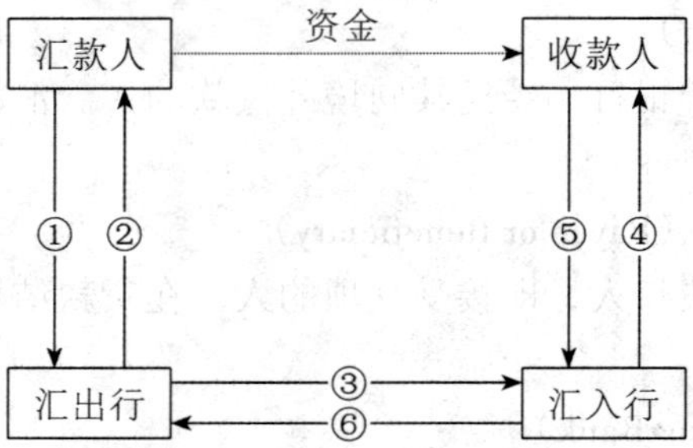

图3-1 电汇业务流程

注：①汇款人填写并呈交电汇申请书和款项；

②汇出行给汇款人回执；

③汇出行通过加押电报、电传和SWIFT向汇入行发出P.O.（如为往账写明“请借记”，如为来账写明“已贷记”）；

④如汇入行有收款人账户则直接收账，否则通知收款人收款；

⑤收款人接到通知去汇入行收款；

⑥汇入行告知汇出行（发付讫借记通知或寄回收款人收据）。

（二）票汇业务流程

1.债务人或汇款人填写票汇申请书，并交款付费给汇出行；

2.汇出行开立银行即期汇票交给汇款人；

3.汇款人自行邮寄汇票给收款人或亲自携带汇票出境；

4.汇出行开立汇票后，将汇款通知书（票根）邮寄给国外指定的解付行；

5.收款人持汇票向解付行取款；

6.汇入行验核汇票与票根无误，并且符合汇票付款条件后，解付票款给收款人；

7.汇入行发付讫借记通知给汇出行；

8.如汇出行与汇入行没有直接账户关系，则还需进行头寸清算。

票汇业务流程如图3-2所示。

五、电汇、票汇解付与偿付

（一）汇款的解付

汇款的解付是汇入行向收款人付款的行为。为了保证解付款项的正确性，即把款项付给真正的收款人，解付行根据汇款方式的不同，采取不同的核验方法。

1.电汇解付

电汇的安全性比信汇和票汇高。对于电报和电传，解付行需按约定核对密押。而

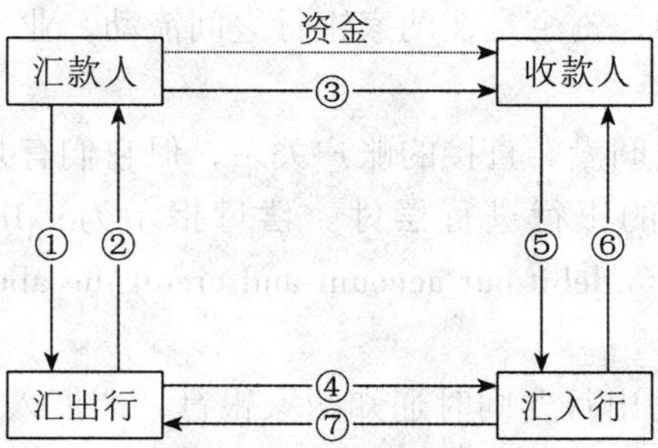

图3-2 票汇业务流程

注：①汇款人填写并呈交票汇申请书和款项；
②汇出行开立汇票，并将汇票正本交给汇款人；
③汇款人可以自带汇票到境外交予收款人，也可以将汇票寄给境外收款人；
④汇出行将汇票存根寄给汇入行；
⑤收款人（持票人）向汇入行提示汇票；
⑥汇入行将汇票存根与汇票正本核对无误后付款；
⑦汇入行给汇出行发付讫借记通知或寄回收款人收款收据。

SWIFT则具有自动解押功能，即其会自动和电脑中储存的密押核对，无须人工解押，也无须人工加上“押付”字样。

2.票汇解付

票汇使用银行汇票这一支付工具，银行只要能确定汇票上的签字人、级别、名称和预留的内容相符，汇票样式、加载内容符合法定格式，如有记名背书则背书要连续，一般就可付款。比较谨慎的做法是等银行票汇通知书（票根）到达后，再予查验付款，但这有时会造成付款延迟。有些国家的银行为了防止伪造银行汇票，规定汇票金额超过某一限额，除了寄发票汇通知书外，还要在汇票上加注密押，解付行在解付款项时需要核对密押。

（二）汇款的偿付

汇款的偿付俗称拨头寸，是汇出行在办理汇出汇款业务时，及时将汇款金额拨交给其委托解付汇款的汇入行的行为。

一般在进行汇款时，在汇款支付委托书上需写明偿付指示。如果汇出行和汇入行之间相互开有账户，则偿付比较简单。汇入行在汇出行有账户，则汇出行在发出P.O.时，需先贷记汇入行在汇出行的账户。汇出行在汇入行有账户，则授权汇入行借记其账户即可。如果汇出行和汇入行之间没有直接账户往来，则需要其他银行加入，代汇出行向解付行拨付或偿付资金以及代解付行收回向收款人解付的款项。其一般有以下三种途径：

1.主动贷记

汇入行在汇出行开设账户，汇出行应在发出P.O.之前，主动将相应头寸贷记汇入行的账户，并在P.O.上注明如下偿付指示：In cover，we have credited your a/c with us。

2.授权借记

如果汇出行在汇入行开设账户，汇出行应在发出P.O.时，授权汇入行在其账户中借记相应金额。偿付指示为：In cover，please debit our a/c with you。汇入行在付款借记以后，应向汇出行发送借记报单。

在以上两种偿付类型中，资金是在两家银行之间流动，业务处理流程短、快捷。

3.共同账户行转账

如果汇出行与汇入行之间没有直接的账户关系，但它们有共同账户行，就通过汇出行与汇入行都开有银行账户的银行进行偿付。偿付指示为：In cover，We have authorized ××× Bank（共同账户行）to debit our account and credit the above sum to your account with them。

在这种偿付方式中，汇出行要同时通知两家银行，即汇入行和账户行，手续比较多。共同账户行根据汇出行的通知转账后，还要通知汇入行，因此一笔业务有两个信息传递过程。

此外，如果汇入行和汇出行没有任何账户关系，那么可以签发票据实现资金清偿。

任务二　国际汇款结算业务处理

一、汇款人业务处理

采用汇款方式结清货物进出口债权债务时，由进口方或付款方去外汇银行办理汇款业务。办理汇款业务时，需提交符合售付汇管理办法规定的有效凭证，并填写汇款申请书、购买外汇申请书和进口付汇核销单。汇款申请书见样式3-1、样式3-2，购买外汇申请书见样式3-3。

二、汇出行业务处理

（一）汇出行受理汇款

汇出行受理汇出汇款业务时，应当查询企业名录和分类状态，按规定进行合理审查，并向外汇管理局报送前款所称贸易外汇支出信息，即首先要甄别汇款人是否被列入国家外汇管理局的“贸易外汇收支企业名录”，然后判断汇款人是A类企业还是B类、C类企业，然后审理汇款人提交的有效凭证、批文、单据并进行合规性审核。此外，要审核汇款人填写的汇款申请书，并特别注意审核国外银行费用承付方式。如果汇款人需要购汇，还要审核汇款人填写的购买外汇申请书。经审核符合外汇管理局的规定，并收妥相应款项和费用之后，汇出行做汇出汇款登记，并向外汇管理局报送贸易外汇支出信息。

（二）汇出行计算汇款费用

汇出行对汇款人汇款的合规性进行审核后，计收汇款金额、相关电信费和邮寄费用。对于汇出时需兑换外币现汇的，按受理时现汇的卖价折算等值人民币。汇出行给汇款客户国际汇款借记通知书（系统自动生成）。

（三）汇出行向汇入行（国外分支机构或代理行）发出汇款指示

汇出行向汇入行发出汇款指示，主要有电信手段和签发即期汇票两种方式，信汇方式已很少使用。

1.电汇（T/T）

汇出行根据汇款人的申请用加押电报（Tested Cable）、电传（Telex）或SWIFT，指示汇入行付款给收款人。

样式 3-1

汇款申请书（正面）

境 外 汇 款 申 请 书

APPLICATION FOR FUNDS TRANSFERS OVERSEAS

致：中国银行　　　　　　　　　　　　　　日期

TO：BANK OF CHINA　　　　　　　　　　　　Date ______

汇款申请书编号：	□电汇 T/T□票汇 D/D□信汇 M/T	发电等级 Priority	□ 普通 Normal □ 加急 Urgent
申报号码 BOP Reporting No.	□□□□□□ □□□□ □□ □□□□□□ □□□□		
20 银行业务编号 Bank Transac. Ref. No.		收电行/付款行 Receiver/Drawn on	
32A 汇款币种及金额 Currency&Interbank Settlement Amount		金额大写 Amount in Word	
其中 现汇金额 Amount in FX		账号 Account No. /Credit Card No.	
其中 购汇金额 Amount of Purchase		账号 Account No. /Credit Card No.	
其中 其他金额 Amount of Others		账号 Account No. /Credit Card No.	
50a 汇款人名称及地址 Remitter's Name & Address			
□对公 组织机构代码 Unit Code□□□□□□□□—□	□对私	个人身份证件号码 Individual ID No.	□中国居民个人 Resident Individual □中国非居民个人 Non-Resident Individual
54/56a 收款银行之代理行 名称及地址 Correspondent of Beneficiary's Bank Name & Address			
57a 收款人开户银行 名称及地址 Beneficiary's Bank Name & Address	收款人开户银行在其代理行账号 Bene's Bank A/C No.		
59a 收款人名称及地址 Beneficiary's Name & Address	收款人账号 Bene's A/C No.		
70 汇款附言 Remittance Information	只限 140 个字符 Not Exceeding 140 Characters	71A 国内外费用承担 All bank's charges if any are to be borne by	□汇款人 OUR □收款人 BEN □共同 SHA
收款人常驻国家（地区）名称及代码 Resident Country/Region Name & Code			□□□
请选择：□预付货款 Advance Payment □货到付款 Payment against Delivery □退款 Refund □其他 Others			

交易编码 BOP Transac. Code	□□□□□□	相应币种及金额 Currency&Amount		交易附言 Transac. Remark	
	□□□□□□				
本笔款项是否为保税货物项下付款	□是 □否	合同号		发票号	
外汇局批件号/备案表号/业务编号					

银行专用栏 For Bank Use Only		申请人签章 Applicant's Signature	银行签章 Bank's Signature
购汇汇率@ Rate		请按照贵行背面所列条款代办以上汇款并进行申报 Please effect the upwards remittance, subject to the conditions overleaf:	
等值人民币 RMB Equivalent			
手续费 Commission			
电报费 Cable Charges		申请人姓名 Name of Applicant	核准人签字 Authorized Person
合计 Total Charges			
支付费用方式 In Payment of the Remittance	□现金 by Cash □支票 by Check □账户 from Account	电话 Phone No.	日期 Date
核印 Sig. Ver.		经办 Maker	复核 Checker

填写前请仔细阅读各联背面条款及填报说明

Please read the conditions and instructions overleaf before filling in this application.

样式3-2

汇款申请书（背面）

《境外汇款申请书》填报说明

1.境外汇款申请书：凡采用电汇、票汇或信汇方式对境外付款的机构或个人（统称汇款人）需逐笔填写此申请书。

2.日期：指汇款人填写汇款申请书的日期。

3.申报号码：根据国家外汇管理局有关申报号码的编制规则，由银行编制（此栏由银行填写）。

4.银行业务编号：指该笔业务在银行的编号（此栏由银行填写）。

5.收电行/付款行（此栏由银行填写）。

6.汇款币种及金额：指汇款人申请汇出的实际付款币种及金额。

7.现汇金额：指汇款人申请汇出的实际付款金额中，直接从外汇账户（包括外汇保证金账户）中支付的金额，汇款人将从银行购买的外汇存入外汇账户（包括外汇保证金账户）后对境外支付的金额应作为现汇金额。汇款人以外币现钞方式对境外支付的金额作为现汇金额。

8.购汇金额：指汇款人申请汇出的实际付款金额中，向银行购买外汇直接对境外支付的金额。

9.其他金额：指汇款人除购汇和现汇以外对境外支付的金额，包括跨境人民币交易以及记账贸易项下交易等的金额。

10.账号：指银行对境外付款时扣款的账号，包括人民币账号、现汇账号、现钞账号、保证金账号、银行卡号。如从多个同类账户扣款，填写金额大的扣款账号。

11.汇款人名称及地址：对公项下指汇款人预留银行印鉴或国家市场监督管理总局颁发的组织机构代码证或国家外汇管理局及其分支局（以下简称“外汇局”）签发的特殊机构代码赋码通知书上的名称及地址；对私项下指个人身份证件上的名称及住址。

12.组织机构代码：按国家市场监督管理总局颁发的组织机构代码证或外汇局签发的特殊机构代码赋码通知书上的单位组织机构代码或特殊机构代码填写。

13.个人身份证件号码：包括境内居民个人的身份证号、军官证号以及境外居民个人的护照号等。

14.中国居民个人/中国非居民个人：根据《国际收支统计申报办法》中对中国居民/中国非居民个人的定义进行选择。

15.收款银行之代理行名称及地址：为中转银行的名称，所在国家、城市及其在清算系统中的识别代码。

16.收款人开户银行名称及地址：为收款人开户银行名称，所在国家、城市及其在清算系统中的识别代码。

17.收款人开户银行在其代理行账号：为收款银行在其中转行的账号。

18.收款人名称及地址：指收款人全称及其所在国家、城市。

19.汇款附言：由汇款人填写所汇款项的必要说明，可用英文填写且不超过140个字符（受SWIFT系统限制）。

20.国内外费用承担：指由汇款人确定办理对境外汇款时发生的国内外费用由何方承担，并在所选项前的□中打√。

21.收款人常驻国家（地区）名称及代码：指该笔境外汇款的实际收款人常驻的国家或地区。名称用中文填写，代码根据“国家（地区）名称及代码”填写。

22.交易编码：应根据与本笔对境外付款交易性质对应的“国际收支交易编码表”填写。如果本笔付款为多种交易性质，则在第一行填写最大金额交易的国际收支交易编码，第二行填写次大金额交易的国际收支交易编码；如果本笔付款涉及进口核查项下交易，则核查项下交易视同最大金额交易处理；如果本笔付款为退款，则应填写本笔付款对应原涉外收入的国际收支交易编码。

续表

23.相应币种及金额：应根据填报的交易编码填写，如果本笔对境外付款为多种交易性质，则在第一行填写最大金额交易相应的币种及金额，第二行填写其余币种及金额。两栏合计数应等于汇款总额。如果本笔付款涉及进口核查项下交易，则核查项下交易视同最大金额交易处理。 24.交易附言：应对本笔对境外付款交易性质进行详细描述。如果本笔付款为多种交易性质，则应对相应的对境外付款交易性质分别进行详细描述；如果本笔付款为退款，则应填写本笔付款对应原涉外收入的申报号码。 25.本笔款项是否为保税货物项下付款：根据本笔付款所交易的货物是否为保税货物进行填写。 26.外汇局批件号/备案表号/业务编号：指外汇局签发的、银行凭以对境外付款的各种批件号、备案表号、业务编号，如果本笔付款涉及外汇局核准件，则优先填写该核准件编号。 27.购汇汇率（银行专用栏）：指对境外汇款余额中以人民币购汇部分的汇率。

样式3-3

购买外汇申请书

中国银行　　　　　分（支）行：

我公司为执行第　　　　号合同项下对外支付，需向贵行购汇。现按外汇管理局有关规定向贵行提供下述内容及所附文件，请审核并按实际付汇日牌价办理售汇。所需人民币资金从我公司__________号账户中支付。

1.购汇金额	
2.用途	□进口商品　　　□从属费用　　　□其他
3.支付方式	□信用证　□代收　□汇款（□货到付款　□预付货款）
4.商品名称	
5.数量	
6.合同号：　　　　　合同金额：	
7.发票号：　　　　　金额：	
8.一般进口商品，无需批文； 控制进口商品，批文随附如下： □进口证明　　□许可证　　□登记证明　　□其他批文 批文号码：　　　　批文有效期：	
9.附件：□批文　□合同（协议）　□发票　□正本运单　□报关单　□运费单（收据） □保险单收据　□佣金单　□关税证明　□仓单　□其他	
申请单位签字（盖章）	
银行审核意见：　　　　银行业务编号： 上述内容与所附文件（凭证）描述相符，拟按申请书要求办理售汇。 售汇日期： 经办人签字： (加盖售汇专用章)	

PAY AMOUNT（付款金额）　VALUE DATE（起息日）　TO BENEFICIARY（收款人）

MESSAGE：(附言)

ORDER：(汇款人)

COVER：(头寸调拨)

①加押电报、电传方式发送的电文如下：

FM：（汇出行名称）

TO：（汇入行名称）

DATE：（发电日期）

TEST：（密押）

OUR REF. NO.：（汇款流水号）

NO ANY CHARGES FOR US（我行不负担任何费用）

②SWIFT客户汇款采用MT（Message Type）103电文格式（见表3-1），MT103电文在涵盖MT100（于2003年11月15日停止使用）的基础上，增加了国际反洗钱的信息，而且能把汇款资料以拷贝方式提供给第三方使用，大大方便了银行客户。

表3-1 MT103标准电文格式

M或O	Tag（项目编号）	Field Name（项目名称）
M	20	Sender's Reference（发报行的编号）
O	13C	Time Indication（时间指示）
M	23B	Bank Operation Code（银行操作代码）
O	23E	Instruction Code（指示代码）
O	26T	Transaction Type Code（交易类型代码）
M	32A	Value Date，Currency，Interbank Settled Amount（起息日，币种，银行间清算金额）
O	33B	Currency，Instructed Amount（币种，指示金额）
O	36	Exchange Rate（汇率）
M	50A/K	Ordering Customer（汇款人）
O	51A	Sending Institution（发报行）
O	52A	Ordering Institution（汇款行）
O	53A	Sender's Correspondent（发报行的代理行）
O	54A	Receiver's Correspondent（收报行的代理行）
O	55A	Third Reimbursement Institution（第三方偿付行）
O	56A	Intermediary Institution（中间行）
O	57A	Account with Institution（账户行）
M	59A	Beneficiary Customer（收款人）
O	70	Remittance Information（汇款信息）
M	71A	Details of Charges（收费细节）
O	71F	Sender's Charges（发报行的费用）
O	71G	Receiver's Charges（收报行的费用）
O	72	Sender to Receiver Information（发报行给收报行的信息）
O	77B	Regulatory Report（国际收支申报的规定）
O	77T	Envelope Contents（信函内容）

注：M——必选项目；O——可选项目。71A下通常会写：①BEN（费用由收款人负担）；②OUR（费用由汇款人负担）；③SHA（费用由汇款人和收款人共同负担）。

案例分析3-1 SWIFT MT103汇出汇款实例

资料如下：

汇款银行：ICBCTWTP007；汇款申请人：LISA CHOU，是汇款行的客户。

收款人：JOHN MULLER；收款人的账户行：DEUTDEFF。

汇款金额：美元165 000；起息日：2020年1月5日。

汇款银行的账户行是花旗银行纽约分行（CITIUS33），请其将汇款转账进德意志银行纽约分行（DEUTUS33），德意志银行纽约分行再将该笔款项贷记德意志银行法兰克福分行（DEUTDEFF）的账户，账号为8723569D。

分析：发报行、收报行分别是哪家银行？发报行是：ICBCTWTP007；收报行是：CITIUS33。

根据上述资料填写MT103电文相关内容如下：

：20：Sender's Reference（自动生成）

：23B：Bank Operation Code：CRED

：32A：Value Date，Currency，Interbank Settled Amount：200105 USD 165 000

：50K：Ordering Customer：LISA CHOU NO.6，FUXIN NORTH ROAD

：56A：Intermediary Institution：DEUTUS33

：57A：Account with Institution：DEUTDEFF

：59A：Beneficiary Customer：JOHN MULLER 203 STRASSE FRANKFURT GERMANY

：70：Remittance Information：CONTRACT NO. P20334

：71A：Details of Charges：SHA

：72：Sender to Receiver Information：ACC DEUTDEFF BANK AG，FRANKFURT BRANCH 8723569D

2.票汇（D/D）

票汇是汇出行受理汇款人的汇款申请，根据汇款申请书借记汇款人账户，签发一张即期汇票交给汇款人，由汇款人将汇票交给收款人，收款人持汇票到指定付款银行解付款项。汇票上的付款行即解付行，是汇出行的分支机构或其联行或代理行。汇出行要把汇票的存根寄达付款行，以便解付款项时核对。汇出行根据账户关系授权借记存放国外同业账户或贷记国外同业账户。

模拟操作3-1

登录http：//www.zsyun.com.cn进行汇出汇款业务模拟操作，参见下方二维码。

汇出汇款登记　　添加电文　　邮划委托书

（四）汇款头寸调拨

汇出行如何处理头寸调拨业务，取决于汇出行与汇入行的账户关系，调拨方式为发送SWIFT MT202电文。汇入行在汇出行有账户，则汇出行贷记汇入行在汇出行的账户；汇出行在汇入行有账户，则授权汇入行借记其账户即可；如果汇出行和汇入行之间没有直接账户往来，但有共同账户行，则汇出行授权共同账户行借记自己的账户并同时通知共同账户行贷记解付行账户以偿付资金；如果汇入行和汇出行没有任何账户关系，则可以签发中心汇票。所谓中心汇票，是指以汇票所用货币清算中心所在地的银行为付款行的汇票，收款人办理票据托收手续，通过票据交换实现资金清偿。

银行间的头寸调拨通常使用SWIFT MT202电文，见表3-2。

表3-2 MT202标准电文格式

M或O	Tag（项目编号）	Field Name（项目名称）
M	20	Transaction Reference Number（交易参考号）
M	21	Related Reference（相关交易参考号）
O	13C	Time Indication（时间指示）
M	32A	Value Date，Currency Code，Amount（起息日，货币代码，金额）
O	52A	Ordering Institution（汇款行）
O	53A	Sender's Correspondent（发报行的代理行）
O	54A	Receiver's Correspondent（收报行的代理行）
O	56A	Intermediary（中间行）
O	57A	Account with Institution（账户行）
M	58A	Beneficiary Institution（收款行）
O	72	Sender to Receiver Information（发报行给收报行的信息）

注：M——必选项目；O——可选项目。

案例分析3-2 SWIFT MT202调拨头寸实例

根据“案例分析3-1”的资料完成汇款银行头寸调拨电文。

汇款银行：ICBCTWTP007；汇款申请人：LISA CHOU，是汇款行的客户。

收款人：JOHN MULLER；收款人的账户行：DEUTDEFF。

汇款金额：美元165 000；起息日：2020年1月5日。

汇款银行的账户行是花旗银行纽约分行（CITIUS33），请其将汇款转账进德意志银行纽约分行（DEUTUS33），德意志银行纽约分行再将该笔款项贷记德意志银行法兰克福分行（DEUTDEFF）的账户，账号为8723569D。

分析：发报行、收报行分别是哪家银行？发报行是：ICBCTWTP007；收报行是：CITIUS33。

根据上述资料填写MT202电文相关内容如下：

：20：Transaction Reference Number（自动生成）

：21：Related Reference（MT103对应电文的参考号）

：32A：Value Date，Currency Code，Amount：200105 USD 165 000

：56A：Intermediary：DEUTUS33

：58A：Beneficiary Institution：DEUTDEFF

：72：Sender to Receiver Information：BNF/ T/T COVER

拓展思考3-1 汇出行处理汇款业务时应注意哪些问题？

答：汇出行处理汇款业务时应注意的问题：①拉直付汇路线。在选择汇入行时，首先要选择与汇出行有账户关系且为收款人开户行的银行；其次选择与汇出行和收款人开户行同时有账户关系的银行；最后选择位于汇款货币清算中心或与汇出行有账户关系的银行。②汇出行与汇入行没有印鉴、密押关系，不能直接办理汇款的，可以选择通过其管辖分行或总行转汇。③办理票汇时要注明头寸偿付路线。一般开具中心汇票，对汇出行有利。如果选择收款人当地开户银行为付款行，出票时就需要拨出头寸无息留在付款行备付。

三、汇入行业务处理

汇入行在收妥头寸后，应按照付款指示及时解付款项。目前电汇是最常用的方式，在不急需用款时也可使用票汇方式。

（一）汇入行电汇解付款项的业务处理

1.收款客户到汇入行营业厅办理开户手续，将汇入行汇款路线提供给境外汇款人。

2.汇款人将汇款指示包括汇款路线提交给汇出行，汇出行受理业务并将款项划拨汇入行。

3.汇入行运营部收到境外银行汇款指示，通过国际结算系统将款项下划给汇入行业务机构。

4.该业务机构收到款项，核对账号、户名后，将款项解付给收款客户。

（二）汇入行票汇解付款项的业务处理

1.客户作为收款人可以指示付款人在境外银行办理汇入行为解付行的票汇业务。

2.付款人将票据交予客户，由客户自带票据至汇入行提示付款。

3.汇入行审核票据后解付款项。

模拟操作3-2

登录http：//www.zsyun.com.cn进行汇入汇款业务处理模拟操作。

参见右侧二维码内容。

汇入汇款登记

知识链接3-1 平安银行汇入汇款特色服务

（1）汇款全程查询及追踪。该项业务是平安银行在办理汇入款解付过程中，由于收款信息有误导致款项无法入账时，为客户提供的全程查询及追踪服务。该服务可以确保收款信息尽快得以更正，缩短客户资金在途时间。查询方式多样，尽可能为客户降低查询费用。操作时，客户直接到支行前台办理，出具加盖公司预留印鉴的汇款查询申请书，私人客户出示有效证件，银行通过电话、电报等方式向境外银行查询，收到境外行更正电报后解付款项。

（2）VIP客户汇款优先解付。该业务是平安银行为VIP客户提供的快捷入账服务。客户预先告知汇款相关信息（汇款币种、金额、收款账号与收款户名），待汇款到达银行账户后，即可得到汇款及时优先入账处理的便利。操作时，VIP客户在得知款项汇出后与业务办理支行柜台人员直接联系，提供相关信息即可。

（3）汇款到账短信通知。平安银行为客户免费提供短信通知服务，使客户在款项解付后第一时间收到短信通知。对公客户携带预留印鉴、办理人身份证件及营业执照等，对私客户携带有效身份证件到柜台办理相关手续，即可开通此项服务，平安银行将在款项入账的同时自动向客户事先授权的电话号码发出短信通知，告知款项到账事宜，此项短信通知的内容包括每笔款项到账的金额及币种。

（4）汇款到账传真通知。平安银行电话银行免费为客户提供传真账单服务，内容包括汇款的币种和金额、汇款人、汇出国别和入账时间等，使客户能更快、更明确地了解款项入账情况。

（5）深港外币实时支付（RTGS）。深港两地港币、美元汇款可选用深圳金融电子结算中心深港外币实时支付（RTGS）系统。该系统提供深港两地港币、美元转账零在途清算，实现资金瞬间到账。该方式全额清算资金，无中转行费用，实时到账，具备快捷、方便、安全和费用实惠的优点。操作时，由客户通知境外汇出方使用深港外币实时支付（RTGS）系统。

资料来源　佚名．平安银行汇入汇款特色服务［EB/OL］．［2016-02-28］．http：//bank.pingan.com/gongsi/guojijiesuan/chukoujiesuan/huiruhuikuan.shtml.

四、电汇、票汇退汇

汇款在解付之前，有可能被撤销而将款项退给汇款人，这就是退汇。退汇的原因可能是收款人拒收或因其死亡、迁徙、公司倒闭而使汇入行无法通知收款人；也可能是汇款人因各种原因要求撤回资金；还可能是因汇票的遗失、被窃或毁损等原因向汇入行要求挂失止付或重新开票。

（一）电汇退汇

如果因收款人原因退汇，汇入行可以将付款委托书退回汇出行，并说明原因，然后汇出行通知汇款人办理退汇手续，领回款项。

如果由于汇款人的原因退汇，汇出行应立即通知汇入行停止解付。如果汇入行在接到退汇通知时尚未解付款项，立即停止支付，可以退汇，而收款人无权要求汇入行解付款项，只能同汇款人协商要求付款。如果汇入行在接到退汇通知时已经解付款项，则不能退汇，银行不负其他责任，汇款人只能自己要求收款人退款。

（二）票汇退汇

不管是汇款人还是收款人要求退汇，只要申请退汇时能交回汇票，就可以退汇。例如，收款人提出退汇，只需将汇票正本交还汇款人，由汇款人将汇票交回汇出行就可办理退汇；再如，汇款人在将汇票交给收款人之前欲退汇，则将汇票交回汇出行注销，即可退汇。

如果退汇申请人无法交回汇票，也就是说退汇申请人对汇票失去控制，汇出行一般会拒绝退汇。因为汇出行是汇票的出票人，票据在市场上流通转让，汇出行对任何善意持票人都无条件承担保证付款责任，所以不能退汇。

如果汇票遗失、被窃或毁损，汇款人可以向汇出行申请挂失止付。根据我国《银行结算办法》的规定，汇票在银行受理挂失前被冒领，银行概不负责。遗失的汇票在付款期满后一个月，确未被冒领的，可以办理退汇手续。英国等国的票据法规定失票人应提供担保，要求出票人给予副本或交付新汇票。德国、日本、瑞士等国的法律规定，失票人应做出止付通知，并请求法院做出公示催告和除权判决，即请求法院以公告的方式通知不明的利害关系人限期申报权利，逾期未申报者，则权利失效，法院通过除权判决宣告所丧失的票据无效。由此可以看出，银行对不能交回汇票的申请退汇非常慎重，要求申请人向银行出具担保书并做出公示催告。

（三）退汇业务过程

1.汇出行退汇过程

①汇款人提出退汇申请，详细说明退汇的理由，必要时提供保证；②汇出行审查；③汇出行向汇入行发出要求退回头寸的通知；④汇出行收到汇入行同意退回的通知和头寸后，即注销汇款，同时将汇款退给汇款人（将汇款按当日汇率折算成本币存入汇款人账户）。

2.汇入行退汇过程。

①汇入行核对退汇通知的印鉴，查看汇款是否已经解付；②若汇款已付，将收款人签署的收款收据寄给汇出行，表示汇款已经解付，若汇款未付，则退回头寸。

任务三　国际汇款结算的特点与运用

一、国际汇款结算的特点

（一）国际汇款结算属于顺汇

顺汇是汇款人（通常为债务人）主动将款项交给银行，委托银行通过结算工具，转托国外银行将汇款付给国外收款人（通常为债权人）的一种汇款方法。其特点是资金流向和结算支付工具的流向是一致的。

知识链接3-2　逆汇

国际汇兑（International Exchange）也叫动态外汇，即向国外汇款。按其资金流向和结算支付工具的流向是否相同可以分为两类：顺汇和逆汇。逆汇又称出票法，它是由收款人出具汇票，交给银行，委托银行通过国外代理行向付款人收取汇票金额的一种汇款方式。其特点是资金流向和结算支付工具的流向不相同。汇款结算属于顺汇法，托收结算属于逆汇法。

（二）国际汇款结算风险大

汇款方式中预付货款或货到付款都是建立在商业信用基础上的，对预付货款的买方及货到付款的卖方来说，一旦付款或发货就失去了制约对方的手段，他们能否收到货或收到款，完全依赖对方的信用，因此信用风险很大。

（三）国际汇款结算资金负担不平衡

当买方采用预付货款或卖方采用货到付款方式时，买方或卖方的资金负担较重，因为整个交易过程中所需资金几乎全部由买方或卖方来垫付。

（四）国际汇款结算手续简便、费用少

汇款方式的手续是最简单的，可以直接到银行柜台办理；同时银行的手续费也最低，仅收取汇款相关费用。因此，在交易双方相互信任的情况下或者在跨国公司的子公司之间或母公司与子公司之间用汇款方式支付是最理想的。

二、国际汇款结算在国际贸易中的运用

汇款结算是最简单的支付方式，在国际贸易中，主要用于小额进出口货物的货款以及贸易从属费用的结算。

（一）货款结算

在国际贸易中，以汇款结清买卖双方的债权债务时，通常有预付货款、货到付款和凭单付汇三种方式。

1.预付货款

预付货款是指进口商在出口商交付货物或货运单据以前将货款的全部或者一部分通过银行汇款付给出口商，出口商收到该笔汇款后，再根据约定发运货物。

显然，预付货款不利于进口商而有利于出口商。进口商不但要占用资金，还要承担出口商不交货或不按合同约定交货的信用风险。为了降低信用风险，进口商会要求出口商取款时提供书面担保，保证在一定期限内将货运单据交给汇入行，由汇入行转寄汇款人，或要求出口商提供银行担保书，担保出口商如期履行交货义务，否则由银行负责退还已收货款并加付利息，或要求银行担保出口商提供全套货运单据等。

2.货到付款

货到付款与预付货款相反，是进口商在收到货物以后，立即或在约定日期付款给出口商的一种结算方式，也被称为延期付款或赊销。它包括售定和寄售两种。

售定（Cash on Delivery，C.O.D）是进出口商达成协议，规定出口商先发货，再由进口商按合同售价和付款时间进行汇款的一种结算方式，即“先出后结”。它通常适用于快销商品（如鲜活商品，目的是提货方便）和一般性日用品（目的是手续简化、节省费用）以及进口商不信任出口商的情况。它是货到付款的主要形式。

寄售（Consignment）是指出口商将货物运往国外，委托国外商人按照事先商定的条件在当地市场上代为销售，待货物售出以后，国外商人将扣除佣金和有关费用后的货款汇给出口商的结算方法。通常在下列情况下使用寄售方式：①在出口商国内滞销的商品或商品本身有缺陷，为了在国外市场促销；②新产品在国外试销，目的是打开国外市场；③参加国外商品交易会、博览会或展示会后展品的处理等。

货到付款有利于进口商而不利于出口商。因为出口商不但占用了资金，还要承担进口商不付款的风险。为消除风险，在采用售定方式时，出口商在发货前可委托进口商银行开具保函，保证货到目的地后进口商一定付款，否则由担保行付款；寄售时一般应慎重选择可靠的代售人。

3.凭单付汇（Cash against Document，CAD）

凭单付汇是指进口商通过银行将款项汇给出口商所在地银行（汇入行），并指示该行凭出口商提供的某些商业单据或某种装运证明付款给出口商。

凭单付汇与货到付款相比，有利于出口商而不利于进口商。因为采用这种方式，出口商可以提前收到货款，而进口商可能蒙受出口商单据诈骗的信用风险。凭单付汇与预付货款相比，有利于进口商而不利于出口商。因为汇款在解付前是可以撤销的，在汇款被支取之前，进口商作为汇款人随时可以办理退汇手续。为防止退汇信用风险，使用凭单付汇结算的出口商在收到银行的解付通知后，应尽快发货，尽快交单，尽快收汇。

拓展思考3-2　　CAD与T/T付款方式有何不同？

我国A公司向土耳其B公司出口一批总金额为265 700美元的化工产品，包括30 000美元的林丹和235 700美元的乐果，合同约定货款以CAD方式支付。结果B公司已把进口的这批化工产品从目的港提走，而出口商A公司却未能收到货款。经查A公司把CAD方式视同T/T方式，直接把海运提单正本寄给了B公司，导致A公司钱货两空。CAD与T/T付款方式有何不同？

答：CAD方式的使用的目的在于均衡进出口双方的风险，克服预付货款和货到付款风险不均衡的缺陷。具体做法应该是进口商B公司把货款汇给A公司的开户行，要求开户行在收到A公司交来的商业单据（如海运提单）后，再行解付款项。而出口商A公司在收到开户行有关B公司货款已到的通知书后立即发货，把约定的商业单据交给开户行，以便及时、安全收回货款。而T/T只是一种汇款方式，不存在收付货款风险控制点。CAD方式可以被看作T/T方式的创新形式，在T/T方式解付款项环节中加入了风险控制点（出口商提交商业单据后银行再付款），它更像是一种托收方式。

（二）贸易从属费用的结算

贸易从属费用包括运费、保险费、佣金、退款、赔款等，一般通过汇款结算。

1.运费、保险费

它们是贸易从属费用中最主要的项目，是汇出汇入笔数最多、最经常的费用项目。在出口业务中，按照CIF术语成交的合同货物装外轮运出时，需要由出口商通过汇款向外轮所属轮船公司支付运费；FOB出口合同中，有时出口商应进口商的要求为其代办装船或投保事宜而代付了运费、保险费，进口商要将出口商垫付的运保费单独汇款归还，或加计在货款内一并汇款归还。

2.佣金

它是中间商因介绍交易或代为买卖而收取的报酬。佣金通常根据买卖合同或代理协议的规定，按货款的一定百分比计算，也可按不包括运保费和佣金的FOB净价的一定比例计算。佣金一般是在货物装运后并且向实际买主收妥货款后，以回扣方式支付给中间商的，国际上佣金大都由出口商支付，少数由进口商支付。

3.退款、赔款

退款是指出口商未能按合同交货，或已交货物，但品质、数量与合同不符，或预收费用多于实际应收款等，引起退款。赔款是指一方违约给对方造成损失时给予的经济补偿。如出口商未能履行或未能如期履行合同，或货物品质、数量与合同不符，使进口商蒙受损失，或进口商不付或延期支付款项给出口商造成损失等，受损方有权索赔，违约方有义务按规定赔付。此外，保险公司对属于保险责任范围内的投保人的损失也会给予赔款。除少数出口商的赔款可以在下一批货款结算中冲抵外，退款和赔款一般都通过汇款方式结算。

除上述常见的贸易从属费用外，广告费、包装费、延期付款利息以及其他各项杂费收支也大都通过汇款结算。

要点导图

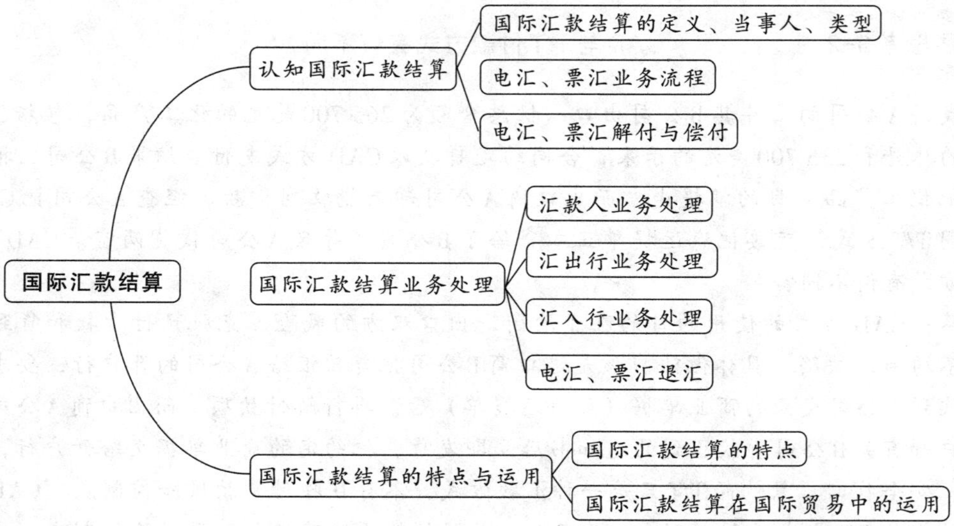

知识检测

1.简答题

（1）什么是国际汇款结算方式？

（2）什么是电汇、票汇？

（3）汇出行与汇入行有几种账户关系？它们之间如何进行资金偿付？

（4）国际汇款结算方式的特点有哪些？

（5）在国际贸易中怎样运用国际汇款结算？

（6）简述电汇结算过程。

2.填空题

（1）国际结算方式又称为________，其实质是一种债务人对债权人偿还债务的方式。

（2）国际汇款结算方式中应用最广泛的是________。汇款速度相对较慢但汇费便宜，也比较常用的是________。目前很少采用的汇款方式是________。

（3）汇出行偿付汇入行解付款的方法有________、________和________等。

（4）汇款结算方式在国际贸易中主要用于小额进出口的________以及________的结算。

（5）用汇款方式结清国际贸易货款的方式通常有预付货款、________和________。

（6）凭单付汇（CAD）是指进口商通过银行将款项汇给出口商所在地银行________，并指示该行凭出口商提供的指定的商业单据或指定的装运证明付款给________。

（7）汇款方式的主要特点有：________、________、________。

3.单项选择题

（1）顺汇和逆汇的划分标准是（　　）。

A.资金的流动方向

B.结算工具的传送方向

C.A、B两种标准的结合

D.汇出行与汇入行的关系

（2）电汇是以（　　）方式指示国外代理行解付汇款的。

A.电信　　B.航邮

C.人工快递　　D.EMS

（3）票汇是以（　　）为工具来解付汇款的。

A.电信　　B.航邮

C.银行　　D.即期汇票

4.多项选择题

（1）汇款方式下向收款人解付款项的银行称为解付行，下列不能称为解付行的有（　　）。

A.共同账户行　　B.汇入行

C.汇出行　　D.代理行

（2）当汇出行在汇入行有账户时，汇出行不能采用的偿付方式有（　　）。

A.主动贷记汇出行在汇入行的账户

B.主动贷记汇入行在汇出行的账户

C.授权汇入行借记汇出行在汇入行的账户

D.借记汇入行在汇出行的账户

（3）当汇入行在汇出行有账户时，汇出行不能采用（　　）方式偿付汇入行。

A.主动贷记汇入行在汇出行的账户

B.主动贷记汇出行在汇入行的账户

C.借记汇入行在汇出行的账户

D.授权汇入行借记汇出行在汇入行的账户

（4）当汇出行与汇入行彼此没有账户关系而均在另一家银行有账户关系时，汇出行不可采用（　　）的方式偿付汇入行。

A.主动贷记共同账户行的账户

B.授权借记共同账户行的账户

C.授权共同账户行借记汇出行在其处的账户并贷记汇入行在其处的账户

D.授权共同账户行借记汇入行在其处的账户并贷记汇出行在其处的账户

5.判断题

（1）顺汇的特点是资金流向和结算支付工具的流向一致，即由收款人主动开出汇票交由银行收款。（　　）

（2）逆汇法是指由收款人出具汇票，交由银行向付款人收取款项。其特点是资金流向和结算支付工具的流向相同。（　　）

（3）票汇是可以通过汇票背书的方式转让汇款的。（　　）

（4）票汇可以通过汇票背书转让汇款，电汇可以通过背书收款通知书转让汇款。（　　）

（5）电汇、票汇方式中解付行查验汇款真实性的方法相同，都是查验汇出行的签字。（　　）

技能训练

1.案例分析

上海立名机电进出口公司向中国香港N公司出口机电设备，贸易合同规定，N公司应预付25%的货款，金额10万美元。

（1）根据下列情况，做汇款操作过程练习：

①N公司用电汇方式支付预付款，汇出行是香港渣打银行（Standard Chartered Bank），汇入行是中国银行上海分行，请画出该笔电汇业务的流程图。

②N公司用票汇方式支付预付款，汇出行是香港渣打银行，汇入行是中国银行上海分行，请画出该笔票汇业务的流程图。

（2）说说每个当事人在汇款流程中的要点。

（3）在上述业务中，假如：

①中国银行上海分行在香港渣打银行有账户，香港渣打银行在给中国银行上海分行的交款指示中可以怎样写？

②香港渣打银行在中国银行上海分行有账户，香港渣打银行在给中国银行上海分行的交款指示中可以怎样写？

③如果两家银行之间并没有账户关系，但两家银行在香港汇丰银行（The Hongkong and Shanghai Banking Corporation）都开有账户，香港渣打银行在给中国银行上海分行的交款指示中可以怎样写？

（4）如果上海立名机电进出口公司向中国香港N公司出口机电设备，金额80万美元，贸易合同规定，采用交单付汇（CAD）方式结算，画图说明用电汇方式结算货款的过程。

2.综合实训

实训项目：汇出行用电汇方式汇出汇款。

实训目的：模拟汇出行汇出汇款业务处理。

实训资料：

（1）汇款基本情况。

汇款人：CHINA INTERNATIONAL WATER AND ELECTRIC CO.BEIJING，其账号为：WN1003877；收款人：CORPORATION INTERNATIONAL DES EAUX ET CHINE，其账号为：Y10-0127-033254，收款人账户行：BANQUE NATIONALE DE TUNISIE TUNIS；汇款金额：USD 20 000.00；起息日：30 JAN.2020；汇入行的费用由收款人负担；此笔汇款是合同号为P20334项下的货款；汇出行：BANK OF CHINA，BEIJING BRANCH；收报行：CHASE MANHATTAN BANK N.A.NEW YORK；关于头寸授权借记。

（2）填写境外汇款申请书（见表3-3）。

表3-3 境外汇款申请书

境 外 汇 款 申 请 书
APPLICATION FOR FUNDS TRANSFERS OVERSEAS

致：中国银行北京分行 日期

TO：BANK OF CHINA，BEIJING BRANCH Date 2020. 1. 29

汇款申请书编号：	□电汇 T/T □票汇 D/D □信汇 M/T	发电等级 Priority	□普通 Normal □加急 Urgent
申报号码 BOP Reporting No.	□□□□□□ □□□□ □□ □□□□□□ □□□□		
20 银行业务编号 Bank Transac. Ref. No.		收电行/付款行 Receiver/Drawn on	
32A 汇款币种及金额 Currency&Interbank Settlement Amount	USD 20 000. 00	金额大写 Amount in Word	美元贰万元整
其中 现汇金额 Amount in FX	USD 20 000. 00	账号 Account No. /Credit Card No.	WN 1003877
其中 购汇金额 Amount of Purchase		账号 Account No. /Credit Card No.	
其中 其他金额 Amount of Others		账号 Account No. /Credit Card No.	
50a 汇款人名称及地址 Remitter's Name & Address	CHINA INTERNATIONAL WATER AND ELECTRIC CO. BEIJING 21/f Commercial Building. Beijing，China		
☑对公 组织机构代码 Unit Code 5 3 6 2 1 8 9 5—4	□对私	个人身份证件号码 Individual ID No.	□中国居民个人 Resident Individual □中国非居民个人 Non-Resident Individual
54/56a 收款银行之代理行 名称及地址 Correspondent of Beneficiary's Bank Name & Address			
57a 收款人开户银行 名称及地址 Beneficiary's Bank Name & Address	收款人开户银行在其代理行账号 Bene's Bank A/C No. BANQUE NATIONALE DE TUNISIE TUNIS		
59a 收款人名称及地址 Beneficiary's Name & Address	收款人账号 Bene's A/C No. Y10-0127-033254 CORPORATION INTERNATIONAL DES EAUX ET CHINE 41-Chome，Nakamuraku，Nagoya 450，New York，USA		
70 汇款附言 Remittance Information	只限140个字符 Not Exceeding 140 Characters Proceeds under S/C No. P20334	71A 国内外费用承担 All bank's charges if any are to be borne by	□汇款人 OUR ☑收款人 BEN □共同 SHA
收款人常驻国家（地区）名称及代码	Resident Country/Region Name & Code		美国 8 4 0
请选择：□预付货款 Advance Payment □货到付款 Payment against Delivery □退款 Refund □其他 Others			

交易编码 BOP Transac. Code	□□□□□□ □□□□□□	相应币种及金额 Currency&Amount	USD 20 000. 00	交易附言 Transac. Remark	
本笔款项是否为保税货物项下付款	□是 □否	合同号		发票号	
外汇局批件号/备案表号/业务编号					

银行专用栏 For Bank Use only		申请人签章 Applicant's Signature	银行签章 Bank's Signature
购汇汇率@ Rate		请按照贵行背面所列条款代办以上汇款并进行申报 Please effect the upwards remittance，subject to the conditions overleaf：	
等值人民币 RMB Equivalent			
手续费 Commission			
电报费 Cable Charges		申请人姓名 Zhang Hui Name of Applicant	核准人签字 Authorized Person
合计 Total Charges			
支付费用方式 In Payment of the Remittance	□现金 by Cash □支票 by Check ☑账户 from Account	电话 Phone No.	日期 Date
核印 Sig. Ver.		经办 Maker	复核 Checker

填写前请仔细阅读各联背面条款及填报说明

Please read the conditions and instructions overleaf before filling in this application.

实训要求：(1) 根据实训资料完成表3-4。

表3-4　汇款申请书审核结果

汇款方式	
汇款人名称、地址	
收款人名称、地址、账号	
汇款金额	
汇款事由	
银行费用分担	
银行哪些情况下免责	
在我国现行外汇管理制度下，汇出行应注意的事项	

(2) 根据实训资料写出调拨头寸电文。

(3) 根据实训资料，参照“案例分析3-1　SWIFT MT103汇出汇款实例”写出相应的MT103电文。

模块四　国际托收结算

学习目标

知识目标：

1. 掌握国际托收的定义和类型；
2. 掌握托收行、代收行的业务处理流程；
3. 掌握国际托收的融资方式和风险防范；

技能目标：

1. 会处理托书行的托书业务；
2. 会处理代收行的代收业务。

引例

托收单据丢失损失谁承担

我国A公司于20××年4月11日出口36吨果仁到欧盟B国，货物价值32 100美元，付款方式为D/P at Sight。A公司于4月17日填写了托收委托书并交单至我国甲银行，甲银行于4月19日通过DHL邮寄单据到B国W银行委托其托收货款。5月18日，A公司业务员王先生突然收到外商邮件，说货物已经到达了港口，询问单据是否邮寄，哪家银行是代收行。王先生急忙联系甲银行，甲银行提供了DHL运单号码，并传真了邮寄单留底联。王先生立即发送传真给外商，并要求外商立即联系W银行。第二天外商回复说W银行里没有此套单据。王先生质疑甲银行没有尽到责任，甲银行业务主管不同意王先生的观点，双方言辞激烈。压力之下，甲银行于5月20日和5月25日两次发送加急电报给W银行。W银行于5月29日回电报声称："我行查无此单。"但W银行所在地的DHL提供了W银行已经签收的底联，可以清楚地看到签收日期和W银行印章。A公司将其传真给了外商并请转交代收行。然而，W银行不再回复。外商却于6月2日告诉王先生，B国市场行情下跌，必须立即补办提单等单据，尽快提货，否则还会增加占港费等。A公司于6月4日派人到海关补办植物检疫证等多种证书并到船运公司补办提单。但船运公司要求A公司存大额保证金到指定账户（大约是出口发票额的2倍），存期12个月，然后才能签发新的提单。6月9日，代收行发送电报称："丢失单据已经找到，将正常托收。"这是皆大欢喜的结果、不幸中的万幸。然而这个事件却让A公司乱成一团，花费和损失已经超过本次出口预期利润。

分析：在本案例中，甲银行是托收行，出口商A公司是委托人，它们之间建立了托收委托关系，托收委托书是它们之间权责约定的证明。代收行是W银行，它没有尽到职责，影响了收款的进程。委托人拥有代收行的选择权，但实务中经常由托收行代行选择权，但无须承担选择不当之责。显而易见，对于A公司蒙受的损失，托收行是没有责任的。

任务一 认知国际托收结算

一、国际托收的定义和适用的国际惯例

托收是债权人以一定的凭证委托银行向债务人收回债权的一种结算方式。它是指收款人主动索取款项。

国际贸易中使用的托收结算是出口商将货物出运后，开立以进口商或其国外客户为付款人的汇票连同商业单据一起，或者不开立汇票，只将商业单据提交给当地银行并委托其通过付款人所在地的联行、分支机构或代理行向付款人收取货款的一种结算方式。

托收是利用银行间的关系和资金划转渠道，依靠委托人与付款人之间的信用所完成的偿债行为。银行参与其中，只提供服务，并不承担付款责任，也不保证一定能收妥款项，故托收是建立在商业信用基础上的结算方式，属于商业信用。

在托收业务中，资金的流向与结算支付工具的流转方向相反，因此托收结算属于逆汇，是国际贸易中较为常用的结算方式之一。

目前，托收业务适用的最新惯例是国际商会第522号出版物《托收统一规则》（Uniform Rules for Collection），简称URC522。

二、国际托收结算当事人

国际托收结算基本当事人包括：委托人、托收行、代收行和付款人。除此之外，还有提示行与需要时的代理人两个非基本当事人。

（一）委托人（Principal）

委托人是委托银行办理托收的一方，一般是出口商或债权人。在国际贸易中，在货物出运后，委托人可以开立以国外进口商为付款人的汇票，连同货运单据和其他商业单据以及托收申请书一起提交给当地银行并委托其向进口商收取款项。

（二）托收行（Remitting Bank）

托收行也称寄单行、委托行，是接受委托人的委托向国外债务人收取款项的银行，通常为出口地银行。

（三）代收行（Collecting Bank）

代收行是接受托收行的委托向债务人收款的银行，一般是托收行在债务人所在地的联行、分支机构或代理行。

（四）付款人（Drawee/Payer）

付款人即支付款项的人，也是汇票的受票人。在国际贸易中，付款人通常为进口商。

（五）提示行（Presenting Bank）

在托收业务中，若代收行与付款人不在一地，或因代收行与付款人无往来关系而使收款业务不便处理时，需要有提示行。提示行是向汇票付款人提示单据的银行，也称交单行，通常是与代收行有账户关系而且与付款人有往来关系的银行，一般由代收行指定。

（六）需要时的代理人（Principal's Representative in Case of Need）

需要时的代理人是指委托人为了防止付款人拒付使货物无人管理而在付款地事先指定的代理人。在付款人拒付时，需要时的代理人负责办理有关货物的存储、保险、转售或运回等事宜。按国际惯例，如果委托人指定了需要时的代理人，则应在托收指示中表明代理人的权限；否则，代收行将不接受该代理人的任何指示，也不接受该代理人发出的超越其规定权限的任何指示。

三、国际托收结算类型

托收结算按照托收所附单据的不同，分为光票托收和跟单托收两种。

（一）光票托收

光票托收（Clean Collection）是指不附商业单据只有金融单据的托收。金融单据一般是不以托收行为付款人的外汇支票、本票、汇票、旅行支票、存单、存折等。

贸易上的光票托收，一般用于收取货款尾数，代垫佣金、样品费等贸易从属费用。光票托收还适用于非贸易结算项目。

光票托收的收付程序比较简单。托收行将委托人交来的金融单据转交国外的代收行，请其向票据上的付款人收款，在代收行收妥款项后，托收行即可通知委托人取款，或贷记委托人账户。

知识链接4-1 银行光票托收

凡不是以受理行为付款行的外汇支票、本票、汇票（不跟单）、旅行支票、存单、存折等有价凭证，符合下列条件均可办理托收：

（1）票据抬头人与收款人必须一致。银行一般不受理收款人为个人且已背书转让票据的托收业务。

（2）客户要求银行办理各种票据、债券、存单等有价证券的托收及咨询业务，一律凭正本办理，持影印件要求咨询、确认的，银行不予办理。

（3）未列入国家外汇管理局公布的“外汇牌价表”的其他各国货币票据，一般不予受理。虽已列入“外汇牌价表”，但无法辨别真伪不能立即收兑的外钞，可以办理托收。

（4）对于用于投资、贷款或抵押的大额票据，应先查询并核实真伪后再办理托收。

不受理光票托收业务的票据包括：

（1）非自由兑换货币的票据。

（2）票面注明流通地区限制的票据。

（3）各种票据、债券、存单等有价证券的影印件。

(4) 陌生的、异常的大额票据，出票行资信可疑的票据，资信可疑客户委托的票据。

(5) 伪造的票据。

(二) 跟单托收

跟单托收（Documentary Collection）是指附有商业单据的托收，即卖方签发汇票，连同商业单据（主要指货物装运单据）一并交给托收行办理托收。但跟单托收也包括只向托收行提交商业单据不提交汇票的情况。在国际贸易中，货运单据代表货物所有权，控制货运单据特别是海运提单，就能降低出口商的风险。因此，在国际贸易中较多使用跟单托收。

跟单托收根据交单条件的不同，分为付款交单和承兑交单两种。交单也称放单（Deliver）。

1.付款交单（Documents against Payment）

它简称D/P，指代收行必须在付款人付清货款后，才将货运单据交给付款人的一种托收结算方式。付款交单按付款时间不同，分为即期付款交单和远期付款交单。

(1) 即期付款交单是指由出口商签发即期汇票，也可不签发汇票，通过银行向进口商提示汇票和商业单据或只提示商业单据，进口商收到提示后立即付款，代收行把单据交给进口商。

(2) 远期付款交单是指由出口商签发远期汇票，也可不签发汇票，通过银行向进口商提示汇票和商业单据或只提示商业单据，进口商即予以承兑或承诺，然后于汇票到期日或约定付款日付清货款，代收行把单据交给进口商。

如果付款交单遭到进口商拒付，由于包括货运单据在内的商业单据仍在代收行之手，出口商仍然对该批货物享有物权，可以另做处理。在远期付款交单方式下，如果在付款到期日之前货物已到达，进口商为了及时取得货物，可采取两种方法：一是提前付款赎单，进口商一般还可享受提前付款的现金折扣；二是凭信托收据向银行借单提货，于付款到期日付清货款，这叫远期付款交单凭信托收据借单。

信托收据（Trust Receipt，T/R）是进口商向银行出具的一种书面文件，表示愿意以银行受托人的身份处置货物，承认货物权利属于银行，货物出售后所得货款归银行所有。在这种情况下，进口商到期不付款的风险完全由代收行承担。但是如果银行在未收到进口商货款的情况下由出口商授权提前向进口商放单，则风险由出口商承担。付款交单下的预借提单，英文简称D/P.T/R。

2.承兑交单（Documents against Acceptance）

它简称D/A，是代收行在付款人承兑汇票后，将包括货运单据在内的商业单据交给付款人，付款人于付款到期日履行付款义务的一种托收结算方式。承兑交单方式只适用于远期汇票的托收。在承兑交单方式下，进口商只要承兑汇票即可取得货运单据，出口商即失去对货物的控制权，如果到了付款日进口商拒付，出口商就会钱货两空。因此，在承兑交单方式下，出口商的信用风险比付款交单要大。

四、国际跟单托收业务流程

光票托收比跟单托收的业务流程简单，它没有放单环节，业务流程可参照即期付款交单业务流程处理。

(一)即期付款交单业务流程

即期付款交单业务流程如图4-1所示。

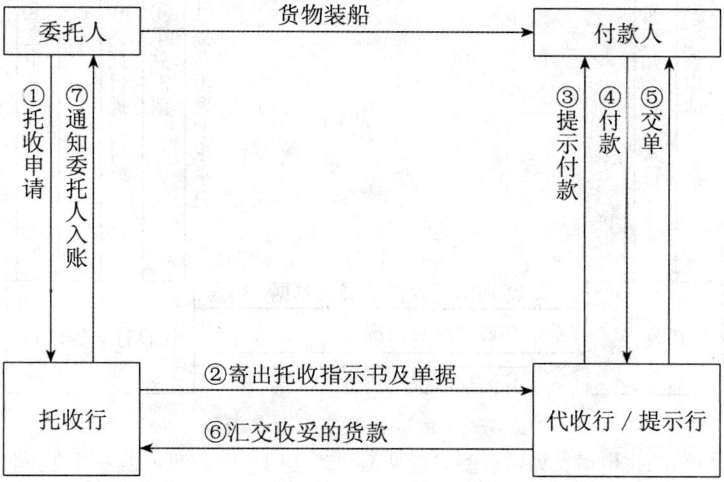

图4-1 即期付款交单业务流程

注:①委托人填写托收申请,如需要签发即期汇票,连同相应商业单据一并交托收行。

②托收行受理托收申请并向代收行递交托收指示书以及相应单据。

③代收行审核托收指示书,核对相应单据并向付款人提示付款。

④付款人审核单据无误后付款赎单。

⑤代收行收妥款项放单。

⑥代收行向托收行汇交所收款项。

⑦托收行通知委托人入账。

拓展思考4-1 **光票托收与跟单托收的异同**

光票托收与跟单托收的即期付款交单业务处理存在哪些相同和不同环节?

答:二者的相同之处在于:(1)办理托收手续,即委托人到托收行填写托收申请书,付托收手续费;(2)托收行发指示给代收行;(3)代收行提示付款人付款,收妥款项后向托收行汇款。

二者的不同在于:光票托收不需要处理商业单据。其具体表现为:(1)委托人不提交商业单据给托收行;(2)托收行发托收指示时,不需要寄商业单据给代收行;(3)代收行收到付款人的款项后无须放单。

(二)远期付款交单业务流程

远期付款交单业务流程如图4-2所示。

(三)承兑交单业务流程

承兑交单业务流程如图4-3所示。

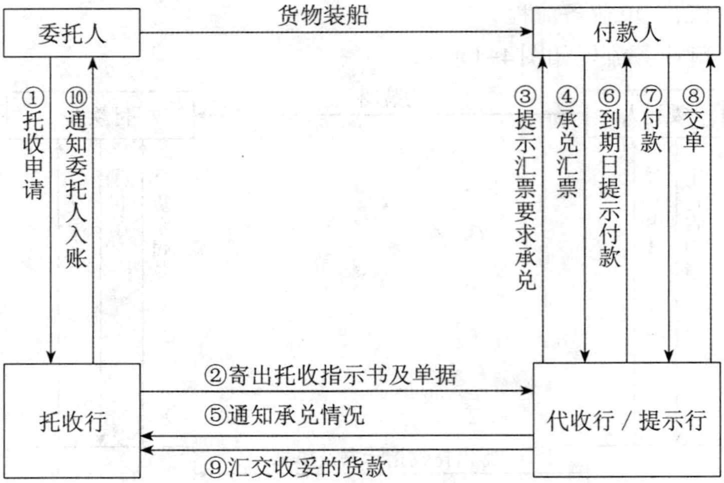

图4-2 远期付款交单业务流程

注：①委托人填写托收申请，如需要签发远期汇票，连同相应商业单据一并交托收行。
②托收行受理托收申请并向代收行递交托收指示书以及相应单据。
③代收行审核托收指示书，核对相应单据，如有远期汇票，一并向付款人提示承兑。
④付款人审核单据无误后做出承兑。
⑤代收行向托收行通知承兑情况。
⑥代收行于付款到期日向付款人提示付款。
⑦付款人付款赎单。
⑧代收行收妥款项后放单。
⑨代收行向托收行汇交所收款项。
⑩托收行通知委托人入账。

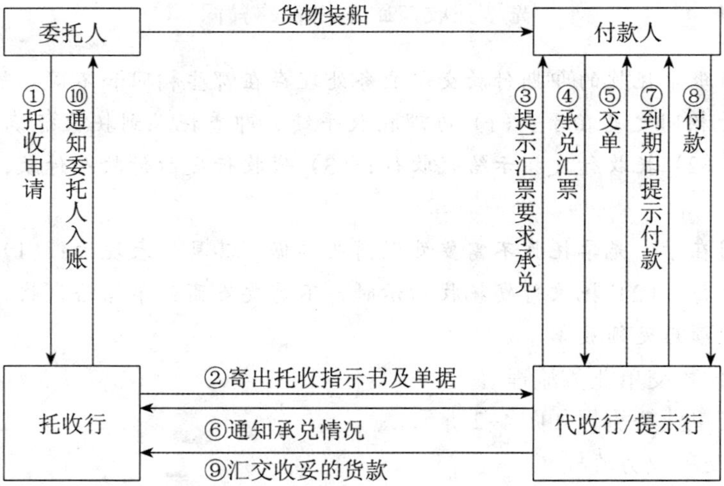

图4-3 承兑交单业务流程

注：①委托人填写托收申请，如需要签发远期汇票，连同相应商业单据一并交托收行。
②托收行受理托收申请并向代收行递交托收指示书以及相应单据。
③代收行审核托收指示书，核对相应单据，如有远期汇票，一并向付款人提示承兑。
④付款人审核单据无误后做出承兑。
⑤代收行放单。

⑥代收行向托收行通知承兑情况。

⑦代收行于付款到期日向付款人提示付款。

⑧付款人付款。

⑨代收行向托收行汇交所收款项。

⑩托收行通知委托人入账。

任务二 国际托收结算的业务处理

一、委托人业务处理

跟单托收委托人发运货物后，缮制商业单据，如果需要签发商业汇票，可到当地的托收行（通常是其账户行）办理托收手续，即填写托收委托书和客户交单联系单并提交相关的单据。跟单托收委托书的常见样式见样式4-1。

委托人填写的托收委托书是委托人与托收行之间的委托代理合同，因此托收委托书中表达的内容要明确具体。委托人有权选择境外的代收行，也可委托托收行代为选择代收行，但托收行不承担因代收行选择不当而给委托人造成的损失。委托人要承担受托银行办理托收业务的手续费及代垫的各项费用。

二、出口托收（托收行）业务处理

（一）托收行受理托收委托

托收行与委托人对一些特殊事项在充分协商达成一致后，委托人提交托收委托书。托收行收到托收委托书及相关单据后，对委托书中的各项委托事项，包括付款人的名称、地址、交单条件、单据种类等，依照合理谨慎的原则逐一进行审核，清点单据份数，在托收委托书上盖章交付委托人，建立委托收款关系，并按规定收取托收手续费。

对于收到的单据，托收行仅审核单据的种类和数目与托收委托书中的陈述是否一致，如有遗漏或不符应立即通知委托人。托收行无须对单据的内容进行审查，对单据的完整性、真实性以及法律效力不负责任。

（二）托收行发出托收指示

托收行受理托收委托后，应立即严格按照托收委托书缮制托收指示书（托收指示书的常见样式见样式4-2），并将托收指示书及所收到的单据一并以通常方式邮寄给代收行。托收行对邮寄过程中的延误、毁损、灭失所引起的后果概不负责。按照URC522规则，代收行由委托人指定，如果委托人未指定，可由托收行自行指定，但托收行不承担指定代收行行为不力的后果。

托收行应以善意和合理谨慎的方式行事，凡委托人未明确指示的事项，托收行可按惯例和常规处理，托收行对此不承担风险和责任。托收行寄出托收指示书后，要对外进行积极有效的催收和查询。

（三）托收行及时通知委托人入账

托收行收到代收行交付的款项后，应不延误地通知委托人收款入账。

样式 4-1

跟单托收委托书

致:中国银行××分行 TO:BANK OF CHINA ×× BRANCH	Original Collection Application Date:15 SEP. ,2020

We hand the under mentioned item for disposal in accordance with the following instructions and subject to the terms and conditions set out overleaf for

兹送上下列文件,请按照下述指示办理,本公司同意遵照背面之条款

☒ Collection 托收　☒ Please advance against the bills/documents 请予垫款

☐ Negotiation under Documentary Credit 信用证议付　☐ Please do not make any advance 无须垫款

Please mark amount of DOCUMENTS ATTACHED 请填写所附文件的份数

Draft 汇票	Bill of Lading 提单	Cargo Receipt 货运收据	Invoice 发票		Cert. of Qual./Quan. 品质/数量证明书	Cert. of Origin 产地证明书	Ins. Pol./Cert. 保险单/证书	Packing List 装箱单	Bene. Cert. 受益人证明书
			Comm. 商业	Cust. 海关					
1/2	3/3		2/2		1/1	1/1	2/2		

Other Documents 其他文件

Drawee 付款人 Good Luck Company,Hong Kong

ISSUING BANK 开证行	DOCUMENTARY CREDIT NO. 信用证编号
TENOR 期限　30 DAYS AFTER SIGHT DRAFT NO. 票号 DATE 日期　13 Nov. 2020	DRAFT AMOUNT 金额 US $ 527 360. 00

FOR"BILLS NOT UNDER L/C"PLEASE FOLLOW INSTRUCTIONS MARKED"×".
如属非信用证下单据,请按下列有×之条款办理

Deliver documents against PAYMENT/ACCEPTANCE 付款/承兑交单

☐Acceptance/payment may be deferred pending arrival of carrying vessel 货到后方承兑/付款

Collection charges outside Taiyuan for account of Drawee 外埠代收手续费由付款人负担

Please collect interest at 6% p. a. from Drawee 请向付款人按年息 6% 计收利息

☒ Please waive interest/charges　☐Do not waive interest /charges if refuse in the event of dishonour
如拒付,利息/手续费可免收/不可免收

Please warehouse and insure goods for our account.
请将各货物入仓投足保险,各项费用由我司负责

☒ Please do not protest　☐Protest 请无须/即做拒绝承兑/付款证书

☒ Advise dishonour by　☐Airmail　☒ Cable 若拒付,请以航邮/电报通知

In case of need refer to A Trading Co. ,Hong Kong	Who will assist you to obtain acceptance/payment but who has no authority to amend the terms of the bill. 该司会协助贵行取得承兑/付款,但无权更改任何条款

☐Designated Collecting Bank(if any)指定托收银行

PAYMENT INSTRUCTIONS 付款指示
☒ Please credit proceeds to our A/C No. 0201107-365-7681 请将款项打入我司账号
☐Others 其他

OTHER INSTRUCTIONS 其他指示
In case of any questions,please contact our Mr. /Miss　Tel. No.
如有查询,请洽我司

For:Taiyuan Arts & Craft Imp. & Exp. Company

Authorized Signature(s) 负责人签字

样式4-2　　托收指示书

Collection Instruction of Bank of China，×××Branch
ORIGINAL

Date：	Our Ref. No.：

To：

Dear Sirs：
We send you herewith the under-mentioned item(s)/documents for collection.

Drawer：	Draft No.： Date：	Due Date/Tenor：
Drawee：	Amount：	

Goods：　From　To

By par　on

Documents	Draft	Invoice	B/L	Ins. Policy/Cert.	W/M	C/O		
1st								
2nd								

Please follow instructions marked "×"：

☐ Deliver documents against payment/acceptance.
☐ Remit the proceeds by airmail/cable.
☐ Airmail/cable advice of payment/acceptance.
☐ Collect charges outside________from drawer/drawee.
☐ Collect interest for delay in payment________days after sight at________% P.A.
☐ Airmail/cable advice of non-payment/non-acceptance with reasons.
☐ Protest for non-payment/non-acceptance.
☐ Protest waived.
☐ When accepted，please advise us giving due date.
☐ When collected，please credit our account with________.
☐ Please collect and remit proceeds to________Bank for credit our account with them under their advice to us.
☐ Please collect proceeds and authorize us by airmail/cable to debit your account with us.

Special Instructions

For Bank of China

Authorized Signature(s)

This collection is subject to Uniform Rules for Collection（1995 Revision）ICC Publication No. 522.

模拟操作4-1

登录：http：//www.zsyun.com.cn做托收行即期付款交单的业务模拟操作。参见右侧二维码内容。

出口托收

三、进口托收（代收行）业务处理

代收行作为代理人，其基本责任和托收行相同，即应严格遵照托收指示行事、按惯例和常规行事、以善意和合理谨慎的方式行事。代收行的业务处理过程如下：

（一）审核托收指示书

代收行收到托收指示书后，首先对其进行审核，保证托收指示书的真实性，并对是否能够完成委托事项做出判断。

（二）核对单据

代收行对所收单据的种类、份数与托收指示书中的单据部分进行核对，不一致的应及时通知托收行。代收行依照惯例可以代替委托人缮制一些托收业务需要但委托人漏交的单据，单据格式由委托人提供；如委托人未提供格式，可以由代收行自行决定。

（三）提示付款、提示承兑放单

1.即期付款交单的业务处理

在托收指示书中明确指示即期付款交单的，代收行审核托收指示书和核对单据后，立即依据托收指示书进行进口代收登记，并缮制进口代收赎单通知书（见样式4-3），提示付款人付款，收妥款项后，立即向付款人放单。同时，代收行按照托收指示书规定的汇款方式和路线不延误地向托收行发出付款通知书和汇交款项。电汇一般采用发送MT400电文（见表4-1）的方式。

2.远期付款交单的业务处理

在托收指示书中明确指示远期付款交单的，代收行审核托收指示书和核对单据后，立即依据托收指示书进行进口代收登记，并缮制进口代收赎单通知书，有汇票的向付款人提示承兑汇票，没有汇票的可以向付款人提示商业单据副本；当付款人做出承兑或付款承诺后，代收行向托收行发出承兑通知书，并由后者将承兑或承诺情况通知委托人。如果委托人要求用电信方式联系，通常发送MT412电文（见表4-2）通知承兑情况。

在付款到期日，代收行向付款人提示付款，收妥款项后，立即放单。同时，代收行按照托收指示书规定的汇款方式和路线不延误地向托收行发出付款通知书和汇交款项。

3.承兑交单的业务处理

在托收指示书中明确指示承兑交单的，代收行审核托收指示书和核对单据后，向付款人提示汇票要求其承兑，付款人承兑后，代收行立即向付款人放单并将承兑情况通知托收行。

在付款到期日，代收行再向付款人提示付款，收妥款项后，按照托收指示书规定的汇款方式和路线不延误地向托收行发出付款通知书和汇交款项。

样式4-3

进口代收赎单通知书

<table>
<tr><td colspan="11">Office：××××
Address：××××
进口代收赎单通知书
INWARD DOCUMENTS FOR COLLECTION
我行业务编号 Our Ref. No. 日期 Date</td></tr>
<tr><td colspan="5">付款人（Drawee）</td><td colspan="6">托收行（Remitting Bank）
Ref.No. Date</td></tr>
<tr><td colspan="5">委托人（Drawer）
合同号码（Contract No.）</td><td colspan="6">金额（Amount）
发票号码（Invoice No.） Date</td></tr>
<tr><td colspan="5">汇票期限（Tenor）</td><td colspan="6">付款期限（Due on）</td></tr>
<tr><td>Documents</td><td>Draft</td><td>Ocean B/L</td><td>N/N Ocean B/L</td><td>Airway Bill</td><td>Insurance Policy</td><td>P/W List</td><td>Quality Cert.</td><td>Origin Cert.</td><td>Beneficiary's Cert.</td><td>Cable Copy</td></tr>
<tr><td colspan="5">□ 付款交单
Documents against PAYMENT
□ 承兑交单
Documents against ACCEPTANCE
□ 无偿交单
Documents against FREE OF PAYMENT
□ 请在五个工作日内办理付款/承兑或拒付手续
Documents against PAYMENT/ACCEPTANCE or DISHONOR within five working days</td><td colspan="6">□ 我行费用由你公司承担
Our bank's charges are for your account.
□ 国外银行费用由你公司承担
Remitting bank's charges are for your account.</td></tr>
<tr><td colspan="11">中国银行
FOR BANK OF CHINA______
银行印鉴</td></tr>
</table>

表4-1

MT400标准电文格式

M或O	Tag（项目编号）	Field Name（项目名称）
M	20	Sending Bank's Transaction Reference Number（发报行的编号）
M	21	Related Reference（有关业务编号）
M	32A	Amount Collected（代收金额）
M	33A	Proceeds Amount（汇出金额）
O	52A	Ordering Bank（代收行，如果代收行不是发报行而是发报行的分行，报文使用该项目列明的代收行名称）
O	53A	Sender's Correspondent（发报行的代理行）
O	54A	Receiver's Correspondent（收报行的代理行）
O	57A	Account with Bank（账户行，只有在收报行将通过项目54A列明的银行以外的银行收到项目33A中列明的款项，才可使用该项目）
O	58	Beneficiary Bank（收款行）
O	72	Sender to Receiver Information（发报行给收报行的信息、附言。该项目可能出现的代码“BNF”表示下列附言给收款行，“REC”表示下列附言给收报行，“TELEBEN”表示以快捷有效的电信方式通知收款行，“PHONBEN”表示用电话通知收款行，后附电话号码，“ALCHAREF”表示付款人拒付所有费用，“OUCHAREF”表示付款人拒付我方费用，“UCHAREF”表示付款人拒付你方费用）
O	73	Details of Amount Added（附加金额明细。该项目可能出现的代码“INTEREST”表示代收金额的利息，“RETCOMM”表示代收行支付的手续费，“YOURCHAR”表示托收行委托代收行收取的费用）

注：M——必选项目；O——可选项目。

表4-2 MT412标准电文格式

M或O	Tag（项目编号）	Field Name（项目名称）
M	20	Sending Bank's Transaction Reference Number（发报行的编号）
M	21	Related Reference（有关业务编号）
M	32A	Maturity Date，Currency Code，Amount Accepted（已承兑托收款项的到期日、货币和金额）
O	72	Sender to Receiver Information（发报行给收报行的信息、附言。该项目可能出现的代码"BNF"表示下列附言给收款行；"REC"表示下列附言给收报行；"ALCHAREF"表示付款人拒付所有费用，"DOMICIL"表示该托收业务已由××银行处理；"HOLDING"表示已承兑汇票现由我方保管，到期将根据你行要求提示付款，"OUCHAREF"表示付款人拒付我方费用；"SENDING"表示承兑汇票已航邮你行；"UCHAREF"表示付款人拒付你方费用）
O	73	Details of Amount Added（附加金额明细。该项目可能出现的代码"INTEREST"表示代收金额的利息，"RETCOMM"表示代收行支付的手续费，"YOURCHAR"表示托收行委托代收行收取的费用）

注：M——必选项目；O——可选项目。

此外，代收行在办理托收业务时应注意如下两点：①保管好单据。跟单托收是通过银行凭单据取得付款人的承兑和款项的。因此，当付款人未履行交单条件时，代收行不能把单据交给付款人，并有义务妥善保管单据。②托收情况的通知。代收行应按托收指示规定的方式毫不迟疑地将付款通知、承兑通知或拒付通知送交托收行；付款通知中应详细列明收到的金额、已扣除的费用和处理款项的办法；一旦发生拒付，代收行应尽力查明拒付的原因。托收行在收到拒付通知后，必须做出处理单据的指示，在发出拒付通知的60天内，代收行仍未接到相应指示的，可将单据退回托收行，代收行不再承担任何责任。

模拟操作4-2

登录：http://www.zsyun.com.cn做代收行即期付款交单业务的模拟操作。参见右侧二维码内容。

进口代收

四、付款人业务处理

对于即期付款交单的，付款人在收到提示后，应立即审核单据，符合付款条件的立即付款赎单，办理提货手续；对于远期付款交单，付款人在收到提示后，应立即审核单据，符合付款条件的立即做出承兑或付款承诺，到约定付款日付款赎单，办理提货手续；对于承兑交单的，付款人收到提示后，应立即审核单据，符合付款条件的做出承兑并赎单，办理提货手续，在付款到期日付款给代收行。

付款责任是以委托人已经履行了贸易合同义务为前提的，托收指示中注明了付款人采取行动的确切期限。如委托人按合同规定发货且提交了符合合同要求的单据，而付款人不按规定付款或承兑便构成违约，付款人需承担违约责任。

案例分析4-1　　**托收指示书记载不详**

A公司出口一批大麻籽到德国，其总价值为985 000欧元。合同规定的付款条件为："The buyers shall duly accept the documentary draft drawn by the seller at 20 days after sight upon presentation and make payment on its maturity.The shipping documents are to be delivered against acceptance."（买方应该承兑由卖方签发的跟单汇票并在见票后20天付款，在承兑后发放货运单据等）A公司依合同规定按时将货物装运完毕，有关人员将单据备齐，于20××年3月15日向托收行办理D/A 20天到期的托收手续。4月25日，买方来电称，至今未收到有关该货的托收单据。A公司经调查得知，是因为单据及托收指示书上的付款人地址不详。5月15日，A公司接到代收行的拒付通知书。单据的延误致使进口商未能按时提取货物，货物因雨淋受潮，付款人故拒绝承兑付款，A公司损失惨重。

分析：买方拒付是正当的。A公司不能及时收到货款的最大过错方是托收行，其次是代收行。对于托收指示书上的付款人地址不详，A公司没有过错。原因是托收行在受理托收业务时，一定要核对托收委托书中付款人的名称和地址，不详或有误一定要立即让A公司写清楚或更正，因此即使A公司在单据中漏填付款人地址，也不是托收行导致托收指示中付款人地址不详的理由。其次，代收行也有过错，理由是代收行在收到托收指示书后，应仔细审核，对于付款人地址不详的，其有义务以托收指示书中规定的方式向委托行询问。按正常情况推断，委托人在20××年3月15日办理托收手续，代收行最晚也应该在3月底之前收到托收委托书及相应单据，在4月25日之前，其应该有足够的时间向委托行查询并向买方提示承兑，但代收行不够尽责，因此也有过错。

任务三　国际托收结算的融资与风险防范

一、国际托收结算融资

（一）出口托收押汇

出口托收押汇是指出口商办理跟单托收时，以汇票（如果有）和货运单据作为质押品，向当地托收行申请贷款。托收行根据出口商的资信和经营作风，按货款一定比例或等同于货款的金额发放贷款。托收行扣减从付款日到预计收到票款日的利息后，将净额付给出口商。当代收行收妥款项通知入账后，托收行收回贷款和结清利息。

托收行提供与货款金额相当或一定比例货款的贷款给出口商是对出口商的融资，属于银行的出口托收押汇业务，它适用于以货权单据做托收的出口企业。出口托收押汇手续简单、快捷，可以让出口企业提前使用应收账款，加快资金周转。

（二）进口托收押汇

进口托收押汇是指代收行在收到出口商通过托收行寄来的全套托收单据后，根据进口商提交的押汇申请、信托收据以及代收行与进口商签订的"进口托收押汇协议"，先行对外支付并放单，进口商凭单提货，用销售后的货款归还代收行的押汇本息。

进口托收押汇属于商业信用，代收行没有义务为进口商垫支货款，也不承担信用风险。但如果代收行为进口商续做进口托收押汇，即代收行向进口商提供融资服务，代收行则面临信用风险。代收行应当根据进口商的资信情况、业务情况、抵（质）押/担保情况，核定押汇额度，做到拓展业务和防范风险的有机结合。

二、国际托收结算风险防范

（一）托收结算风险种类

1.信用风险

信用风险是指进出口商不能履行合约的可能性，如出口商不按合约规定出运货物，进口商不按合约规定付款等。采用托收方式结算货款，出口商面临的信用风险比进口商要大。如果出口商采用托收方式收款，款项能否收到完全取决于进口商的履约能力，若进口商由于主观或客观上的原因，不按合约规定支付款项，出口商可能是钱货两空（承兑交单）。

案例分析4-2　　出口商钱货两空

出口商A与进口商B拟采用光票托收的方式进行交易，运输方式为空运。出口商收到进口商开来的以国外某银行出具并以此银行为付款人的10万美元支票后，很快按合同要求将货物装运出口，并到当地银行办理光票托收手续。支票寄至国外代收行，几天后托收行收到代收行的退票通知书，原因是此支票的出票人已销户。

分析：在本案例中，进口商B不讲信用，造成出口商A货款两空。跟单托收一般比光票托收风险小，但由于使用空运方式发货，采用付款交单是无意义的，因为空运单是办理提货的凭证而不是物权凭证。如果用支票结算货款，出口商为降低信用风险，可要求进口商签发保付支票。

2.货物风险

货物风险主要体现在以下三方面：①货物腐烂变质风险。交单方式选择不当，可能使易腐变质的货物，如蔬菜、水果等因不能及时办理提货而遭受损失。②货物充公风险。有人错误地认为，只要持有提单，货物到达目的港后可随时提货，却不知许多进口国对进口货物在港口仓库存放的时间有限制。例如，北欧和拉丁美洲许多国家的法律都规定，货进公仓后60天内无人提取即允许公开拍卖。③货物不能通关风险。例如，由于进口商事先没有领取进口许可证，货物到达目的地时被禁止通关或可能被没收。此外，对于进口食品、饮料、药品等与人体健康有关的货物，世界上大多数国家都规定了卫生检疫标准，如果不符合进口国所规定的标准，就会被拒绝通关或者被没收甚至被销毁。

3.惯例风险

（1）远期付款交单视同承兑交单的惯例。欧洲、拉丁美洲一些国家习惯上把远期付款交单视同承兑交单，即使出口商规定了付款交单，也会面临钱货两空的风险。另外，远期付款交单会影响进口商提货，如货物已到港但付款日未到，可能因为不能及时办理提货手续而增加占港费。URC522规则不提倡远期付款交单。

拓展思考4-2　　D/P远期付款方式的惯例风险

我国A公司同南美客商B公司签订合同，由A公司向B公司出口货物一批，双方商定采用跟单托收结算方式进行货款结算。我方的托收行是W银行，南美客商的代收行是Y

银行。A公司为了避免钱货两空的风险损失，与买方约定采用付款交单的方式D/P 90天。你认为我方是否能避免钱货两空的风险损失？

答：不能。因为按照南美洲和欧洲一些国家的习惯做法，代收行一律把远期付款交单视同承兑交单，只要进口商做出付款承诺，代收行就会把代表物权的商业单据交给进口商。A公司约定的交单方式是D/P 90天，即90天后付款交单，这是远期付款交单，只要进口商B做出付款承诺就可以获得全套单据，因此进口商B公司非常有可能先承诺付款，拿到单据提货后又拒不付款，使A公司钱货两空。

(2) 光票托收的最终贷记和临时贷记。例如，中国香港默认临时贷记，美国默认最终贷记，两种托收业务处理程序不同，手续费差异也很大。

案例分析4-3 中国香港托收业务的临时贷记

中国内地某银行受理客户托收汇票款，汇票票面金额为300万元港币，客户称此票款有急用，希望银行收到款项后立即通知。第二天该行收到中国香港代收行贷记通知，银行迅速将托收款项解付给客户，客户当天把款项划走。不料解付款项后的第二天，银行又收到代收行的退票通知，并将托收款项冲销。托收行询问原因，对方称经提示付款人因汇票系伪造而拒付。

分析：按惯例，在香港，代收行只要收到托收光票，就通知托收行贷记，称为临时贷记，也称立即贷记，除非托收行特别约定使用收妥贷记。采用临时贷记时，代收行如果提示付款人付款遭拒付，就再通知托收行借记以冲账。本案例中银行业务员不熟悉惯例，在未收妥款项时就给客户解付了款项，因而陷入被动。

银行在处理托收业务时，一般在托收委托书中要声明：当已解付的托收款项遭到退票时，银行保留追索权利以免蒙受损失。

案例分析4-4 美国托收业务中的最终贷记

某行受理本行基本客户的150张支票托收业务，每张面额100美元，受理后，将支票寄到美国账户行办理托收，两个月后收到托收款项6 280美元。托收款项时间之长、费用之高，令客户强烈不满，要求银行给予解释。

分析：由于该行在托收指示书上未注明托收方式是临时贷记还是最终贷记，美国银行习惯做法是最终贷记，除非约定临时贷记。采用最终贷记方式，扣收手续费高是正常的。在最终贷记方式下，代收行通常需设专人跟踪票据的收款情况，成本较高，每张票据需付50美元手续费，另收邮电通知费和其他费用。

在本案例中，银行柜员可能不熟悉美国惯例或者是由于疏忽，没有为企业选择最佳的托收方式，使客户承担了特别高的托收费用。因此，银行要为企业提供优质服务，提高竞争力，必须有认真的态度，同时，还必须熟悉业务和各国的习惯做法，给客户提出合理建议。

(二) 托收结算风险防范

1.出口商托收风险防范

托收结算方式对出口商而言，风险相对较高。出口商防范风险应注意：

（1）必须深入了解进口商的资信和经营作风，以防发货后陷入被动。

（2）要了解进口货物的价格趋势、进口国的外汇管制和贸易管制情况以及货物配额情况，以免货到后无法入境或收不到货款。

（3）严格按照合同规定装运货物、制作单据。当买方不想付款时会对单据吹毛求疵，因此出口商除了要确保所装运的货物与合同规定相符并取得相应商检证书外，还必须认真缮制单据，单据必须与合同一致。

（4）在交单方式选择上，应熟悉国际惯例，尽可能选择即期付款交单；根据出口情况可选择分批付款分批放单，或部分信用证部分托收等。总之，在订立合同时应视进口商资信和财力、出口货物卖价的高低和销售市场情况，力争采取有利方式。

（5）争取自行办理保险，即尽可能以CIF价成交。如果货物在运输途中出险，在进口商拒不赎单时，出口商持有保单可以向保险公司索赔，以挽回部分损失。

（6）出口商还可以投保出口信用险，以规避收汇风险。

（7）海运提单不要做成以进口商为收货人的记名提单，以防止进口商未付款物权就落入其手。海运提单收货人最好为空白抬头，且托运人一栏不能填写进口商名称。

（8）建立健全管理制度，加强催收工作，定期检查，及时清理货款。出口商交单后，一方面要主动与进口商联系，要其向指定的代收行付款赎单；另一方面要通过托收行积极对外催收货款。

2.进口商托收风险防范

进口商为防范风险应注意如下三点：①调查出口商的资信。决定采用托收方式以前，进口商应充分了解出口商的资信情况、经营作风，以免在付款交单的情况下，款已付而收到的货不是合同所规定的货物，或者是假货、次货而蒙受损失。即使在承兑交单方式下，进口商在承兑后未付款但形成了对汇票确定的付款责任。如果发现货物与合同规定不符而拒绝付款，就违背了汇票承兑后到期必须付款的票据法规定，这会影响进口商的信誉。②对进口货物的市价趋势、销售趋势、本国外汇管制等应有所了解和预测。③严格审单，确保在单据与合同、单据与单据一致的情况下付款。

3.银行托收、代收风险防范

在办理托收业务时，银行只要严格按照国际惯例，依据委托人托收申请书的各项要求认真办理，对托收过程实施监督、控制，做到及时划款，一般不会有风险损失。

如果在经办托收业务时提供融资，银行会面临信用风险。因此银行在提供贸易融资时，应考虑进出口商的资信状况、商品销售状况以及进出口商的还款能力等因素，核定授信额度，银行应只做货款一定比例的押汇以控制风险。

要点导图

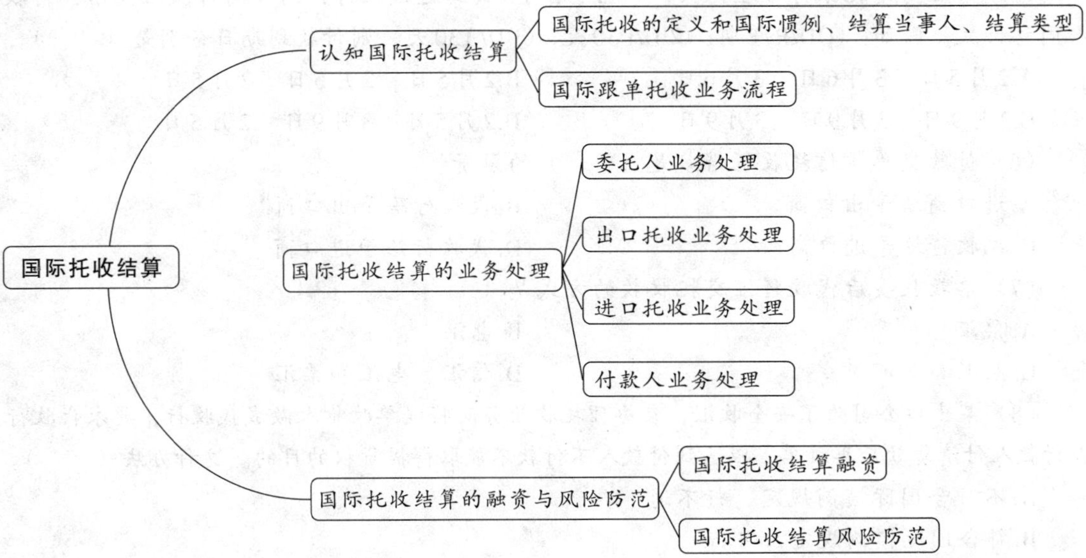

知识检测

1.简答题

（1）什么是国际托收方式？国际托收结算一般有几方当事人？

（2）简述即期付款交单、承兑交单的结算过程。

（3）什么是国际光票托收？

（4）什么是国际跟单托收？它有几种类型？

（5）国际托收是建立在银行信用基础上的吗？托收有哪些风险？应如何防范托收风险？

2.单项选择题

（1）托收方式下的D/P和D/A的主要区别是（　　）。

A.D/P是即期交单，D/A是远期交单

B.D/P是付款后交单，D/A是承兑后交单

C.D/P属于跟单托收，D/A属于光票托收

D.D/P是出口托收，D/A是进口代收

（2）对于跟单托收业务流程，即期D/P、远期D/P、D/A步骤中的不同之处在（　　）之间。

A.委托人与托收行　　　　B.托收行与代收行

C.委托人与代收行　　　　D.代收行与付款人

（3）关于托收指示书说法错误的是（　　）。

A.托收指示书是根据托收申请书缮制的

B.托收指示书是托收行制作的

C.托收指示书是代收行开展托收业务的依据

D.托收指示书是托收行开展托收业务的依据

（4）对于托收结算方式，收到汇票向付款人提示承兑或付款的应该是（　　）。

A.进口商　　B.托收行　　C.代收行　　D.提示行

(5) 某公司委托银行办理托收，单据于2月5日到达代收行，同日向付款人提示，付款人同意付款。假如：①D/P即期；②D/P30天；③D/A30天，则付款到期日分别是（　　）。

A.2月5日　3月6日　3月6日　　B.2月5日　2月5日　2月5日

C.3月9日　3月9日　3月9日　　D.2月5日　3月9日　2月5日

(6) 付款交单凭信托收据借单是（　　）的融资。

A.进口商给予出口商　　B.代收行给予出口商

C.托收行给予进口商　　D.代收行给予进口商

(7) 票款收妥后代收行汇交托收款的方式是（　　）。

A.票汇　　B.电汇

C.电汇和票汇　　D.信汇、电汇和票汇

(8) 某出口公司为了安全收汇，在办理托收业务时将提单收货人做成代收行，要求代收行在付款人付清货款后再放单，以达到付款人不付款不能取得提货权的目的。这种办法（　　）。

A.不符合国际惯例规定，行不通

B.符合国际惯例规定，可行

C.符合我国票据法规定，可行

D.国际惯例对此无规定

(9) 银行接受客户委托办理托收业务，未发现单据中存在错误，单据寄至国外后，付款人提出单据有误拒绝付款。依照《托收统一规则》，该托收银行（　　）。

A.有责任　　B.无责任

C.有部分责任　　D.有部分责任，委托人也有部分责任

(10) 某公司委托银行办理托收业务，银行分两次寄单。第一次航邮单据因装单据的信封破损丢失商检证书正本。付款人提出缺正本商检证书，拒付货款。对此，（　　）。

A.银行有责任　　B.银行无责任

C.银行有部分责任　　D.委托人有部分责任

3.多项选择题

(1) 光票托收适合于收取（　　）。

A.货款　　B.货款尾数　　C.佣金　　D.代垫费用

(2) 在光票托收中使用的票据有（　　）。

A.银行汇票　　B.支票

C.本票　　D.商业汇票和跟单汇票

(3) 在托收业务中，不属于托收行应做的工作有（　　）。

A.制作托收指示书、向付款人提示跟单汇票

B.填写托收申请书、制作托收指示书

C.审查单据内容、制作托收指示书

D.依据托收申请书审查单据种类、份数，制作托收指示书

(4) 在托收业务中，不属于代收行应做的工作有（　　）。

A.制作托收指示书、向付款人提示跟单汇票

B.开立跟单汇票、制作托收通知书

C.审查单据内容、制作托收通知书

D.向付款人提示跟单汇票

4.判断题

（1）托收业务中代收行可由委托人指定，并充当托收项下之“需要时的代理人”。 （ ）

（2）托收中需要时的代理人是由委托人在申请托收时指定的。 （ ）

（3）在托收业务中，代收行根据托收行的指示办事，托收行根据委托人的指示办事。 （ ）

（4）托收业务中委托人对银行办理业务的所有要求都可以通过托收指示书来表达。 （ ）

（5）托收中的提示行往往是出口方银行。 （ ）

技能训练

1.案例分析

（1）关于代收行执行托收指示的案例

20××年11月，荷兰A银行通过我国B银行向C公司托收货款，B银行收到单据后，将远期汇票提示给C公司承兑。据C公司称，出票人已告知货物抵达中国香港，必须承兑汇票后，出票人才肯交货。C公司为尽快取得货物，遂承兑了汇票。次年1月，B银行收到已承兑的汇票后，遂对外发出承兑电，称汇票已经由C公司承兑，到期“我行”将按“贵行”指示付款。

次年5月，汇票到期，B银行提示C公司付款，C公司以未完全收到货物为由而拒绝付款，B银行就此电告A银行C公司不同意付款。

几天后，A银行回电称：在我行的托收指示中，我们要求贵行：①承兑交单（汇票期限为出票后180天）；②承兑的汇票由贵行担保；③如果已承兑的汇票未由贵行担保，请不要放单。贵行次年1月来电通知，客户已承兑汇票，到期时，将按我行指示付款。因此，请贵行立即安排付款。

结合案例分析代收行B银行处理业务有何不妥之处，它应承担付款责任吗?

（2）D/P远期付款方式的惯例风险

我国甲公司同南美客商乙公司签订合同，由甲公司向乙公司出口货物一批，双方商定采用跟单托收结算方式进行货款结算。我方的托收行是A银行，南美客商的代收行是B银行，约定付款交单方式是D/P 90天。但是付款日已过数天，甲公司还未收到货款。于是甲公司通过A银行进行查询，经查询：乙公司承兑汇票后，B银行已经将全套单据移交给乙公司，当前由于市场变化，乙公司经营困难，资金紧张。于是甲公司在A银行的配合下，聘请了当地较有声望的律师以代收行B银行应承担将D/P远期作为D/A方式而给甲公司造成损失的责任为由，向当地法院提起诉讼。法院以惯例为依据，主动请求我方撤诉，以调解的方式解决该案例中的问题。经过双方多次谈判，该案终以双方互相让步而得以妥善解决。

结合案例分析出口商采用D/P远期付款交单方式的风险，并对A银行的金融服务水平做出评价。

2.综合实训

实训项目：托收指示书的审核。

实训目的：掌握托收指示书的审核方法。

实训资料：20××年9月28日，中国银行×××分行收到汇丰银行香港分行邮寄的托收指示书（见表4-3）等。

表 4-3　　　　　　　　　　托收指示书

汇丰银行　　香港分行

Hongkong and Shanghai Banking Corp. Ltd. Hong Kong Branch

Tel:　　　　　　　　Fax:

Documentary Collection Instruction

ORIGINAL

Date: 28 Sept. , 20××

In all correspondence
Please always quote　OUR REF. No. 180C-09877

Dear Sirs,
We enclose the following documents for collection:　TO: Bank of China, ××× Branch

Drawer: AARON FERER & SONS CO. 909 ABBOTT DRIVE OMAHA NEBRASKA 68102	Drawer's No.	Due Date/Tenor	Amount
Drawee: GUANGDONG PROVINCIAL IMP. &EXP. CORP.	N25-92X818	35 days after sight	USD66 120. 00

Docu.	Draft	Invioce		Trspt. Docu.		Ins. Pol. /Cert.	Cert. Qly. /Qty.	Pkg. Wgt. List	C/O Form A.	Bene. 's Cert.	
		Comm.	Cust.	Neg.	N/N						
1st	1/2	2/3		3/3	1	2/2					
2nd	1/2	2/3									

Other Documents: Inspection Cert. 2/2

Covering Shipment of: 57 MT ZINC OXIDE 99. 7% MIN

Please follow instructions marked "×":

☒ Deliver documents against acceptance.

☒ In case of non-payment and/or non-acceptance please do not protest but advise us by cable stating reasons.

☒ In case of a time bill, please advise us by CABLE the date of maturity after acceptance.

☒ All your charges are to be born by DRAWEES.

☐Collect interest from drawee at ____% p. a. from date of draft to date of payment.

IN SETTLEMENT:

☒ Please remit the proceeds to Bank of America, New York, N. Y. by T/T for credit of our A/C No. 519-90171 with them CHIPS UID No. 315437 quoting our Ref. No. under advice to us.

☐Credit our account by T/T with a/c No. ____ UID No. ____ under their tested telex advice to quoting our Ref. No. and your telex/airmail advice to us.

For Hongkong and Shanghai Banking Corp. Ltd. Hong Kong Branch

Authorized Signature (s)

实训要求：根据实训资料，完成表4-4。

表4-4 托收指示书审核结果

托收行	
代收行	
委托人	
付款人	
托收金额、付款期限	
单据名称、份数	
寄单次数和份数	
交单条件和代收行的处理	
拒付时代收行的处理	
代收行的费用由谁支付	
承兑后，代收行是否应将到期日通知托收行	
代收行如何将收妥款项划入托收行账户	

模块五　跟单信用证结算

学习目标

1. 了解信用证的概念、特点；
2. 掌握信用证开立、审核以及修改的业务过程；
3. 掌握信用证的类型以及使用特点；
4. 了解信用证结算中的融资方式和风险及其防范措施。

技能目标：

1. 会开立、修改信用证；
2. 会审核、会通知信用证。

引例　**I银行、A银行、B银行、R银行业务处理正确吗？**

I银行以电传方式开立不可撤销自由议付信用证，信用证的通知行为A银行，该信用证相关条款规定：①信用证金额USD 60 000.00；②装运2 200件计算机零件；③不允许分批装运。该电传信用证同时宣称“快邮证实证书”。

A银行收到加押开证电传，包括如下内容：①信用证金额USD 60 000.00；②装运220件计算机零件；③不允许分批装运。

A银行将其收到的加押开证电传通过第二通知行B银行通知了受益人。受益人在运出220件计算机零件后，提交全套单据给B银行，要求支付信用证项下的全部款项USD 60 000.00。

B银行审单后认定相符，议付单据后寄单至I银行，并向被指定的偿付行R银行索偿。R银行偿付了B银行。

I银行审核后认为单证不符，电告B银行拒受单据，理由如下：“货物短装，存在不符点。信用证要求装运2 200件计算机零件，价值为USD 60 000.00，而提交的金额为USD 60 000.00的单据，表明货物数量为220件。”

B银行立即回复I银行，称“它们完全是按照信用证条款议付单据，由A银行发来的信用证项下的货物为220件计算机零件而非2 200件”。为证实此点，B银行又将A银行发来的信用证原始通知副本快邮给I银行。

得悉此讯，I银行立即电询A银行有关信用证误传之事，A银行核查了来证电文，发现在它所收到的电文中货物描述确为220件计算机零件，遂立即通知I银行，并将其收到的电传副本一起邮寄给I银行。

收到A、B两银行发来的信用证电传通知副本后，I银行认为在其电信传递过程中发生了错误。但I银行仍要求B银行立即退还已索偿的款项，因为其在开证指示中声明了邮寄证实证书。B银行理应审核邮寄的证实证书并更正电传中的错误。

B银行复告I银行，其从未收到过该证实证书，此事应与A银行联系。同时B银行也试图联系受益人，以求解决问题，但始终未能如愿。

I银行随即联系A银行，I银行认为既然电传信用证明确表示寄送信用证证实证书，因此在收到证实证书后，A银行有责任确认该证的电传通知与证实证书是否一致。它未尽此责，故应对未更正的差错负责，应偿还I银行USD 60 000.00。

分析：I银行是开证行、A银行是通知行、B银行是转递行和议付行、R银行是偿付行。在业务处理中，I银行、A银行、R银行都有过错，B银行没过错。I银行、A银行是因为没有尽到谨慎认真之责导致出错，I银行的过错更大一些，因为用电传发信用证预通知无须加押，如果电传信用证加押可以视同电开信用证的正式文本，即生效的信用证，那么A银行收到加押电传信用证视同信用证的正式文本而不理会信用证证实证书也没什么大的过错，不应对差错承担主要责任。R银行在业务处理上有明显过错，它作为偿付行，在偿付B银行款项之前必须获得I银行的授权，不能擅自对B银行付款。显然I银行应向R银行追索款项。

任务一 认知跟单信用证结算

一、跟单信用证的定义以及适用的国际惯例

信用证（Letter of Credit，L/C）包括光票信用证和跟单信用证，前者如旅行信用证，是指规定受益人仅凭汇票或收据就可获得付款的信用证；后者是指规定受益人必须提供规定的单据才能获得付款的信用证。国际贸易结算主要使用跟单信用证。

国际商会第600号出版物即《跟单信用证统一惯例（2007年修订本）》（Uniform Customs and Practice for Documentary Credits，2007 Revision，ICC Publication No.600，以下简称《UCP600》）第二条定义中明确规定："Credit means any arrangement，however named or described，that is irrevocable and thereby constitutes a definite undertaking of the issuing bank to honor a complying presentation."（信用证指一项不可撤销的安排，无论其名称或描述如何，该项信用证构成开证行对相符交单行予以承付的确定承诺）。

"Honor means：

a.to pay at sight if the credit is available by sight payment.

b.to incur a deferred payment undertaking and pay at maturity if the credit is available by deferred payment.

c.to accept a bill of exchange（"draft"）drawn by the beneficiary and pay at maturity if the credit is available by acceptance."

依据《UCP600》第二条的定义，兑付指：

a.对于即期付款信用证，即期付款。

b.对于延期付款信用证，发出延期付款承诺并到期付款。

c.对于承兑信用证，承兑由受益人出具的汇票并到期付款。

知识链接5-1　《跟单信用证统一惯例》简介

国际商会为明确信用证有关当事人的权利和责任、付款的定义和术语，减少因解释不同而引起的各有关当事人之间的争议和纠纷，调和各有关当事人之间的矛盾，于1930年拟定了一套《商业跟单信用证统一惯例》(Uniform Customs and Practice for Commercial Documentary Credits)，并于1933年正式公布。随着国际贸易的变化，国际商会分别在1951年、1962年、1974年、1978年、1983年、1993年对其进行了多次修订，并将其更名为《跟单信用证统一惯例》(Uniform Customs and Practice for Documentary Credits)。该惯例被各国银行和贸易界广泛采用，已成为信用证业务的国际惯例，但其本身不是一个国际性的法律规章。

1993年版本被称为国际商会第500号出版物（以下简称《UCP500》），并于1994年1月1日实行。《UCP500》共49条，包括总则和定义、信用证的形式和通知、责任与义务、单据、杂项规定、可转让信用证、款项让渡7个部分。各条款规定了各当事方的责任范畴。

在《UCP500》被使用10余年后，从2007年7月起，它被《跟单信用证统一惯例(2007年修订本)》第600号出版物代替，简称为《UCP600》。

二、跟单信用证的特点

（一）开证行承担确定的、第一性有条件付款责任

根据《UCP600》的规定，信用证一经开出，就不能撤销，这就确立了开证行主债务人的地位，即第一付款责任人的地位。信用证是银行信用（证），即开证行以自己的信用向受益人（出口商）提供确定性的（不可撤销）、有条件（相符交单）的付款保证，而且开证行的付款责任先于进口商（开证申请人）。因此，在信用证结算方式下，出口商在发货后是向开证行及其授权银行收款，而不是向进口商收取货款。

（二）凭单付款

信用证下的银行付款依据是单据而不是货物，即银行付款的过程是处理单据而不是处理货物。开证行及其授权银行的付款规则是单证表面相符、单单表面一致，即出口商申请付款的必备条件是提交符合信用证条款要求的单据。即使货物有缺陷，只要出口商能够提供与信用证要求相符的单据，开证行及其授权银行也无权拒绝付款；相反，即使货物符合合同要求，但出口商提交了与信用证条款不相符的单据，开证行及其授权银行也有权拒绝付款。

（三）自足性文件

信用证虽然依据交易合同开立，但一经开出，就成为独立性契约而不再依附于交易合同了。我们可以这样理解：交易合同是进出口商之间的契约，而信用证是开证行与受益人之间的契约，两个契约是并行关系，而不是附属关系。因此，开证行只对信用证负责，履行付款承诺的条件是出口商提交符合信用证条款的单据，而不管出口商是否履行买卖合同。

三、跟单信用证的内容

各国银行开立信用证的格式不尽相同，但条款内容基本一致，一般包括以下几方面：

（一）基本条款

1.信用证的类型（Form of Credit）

信用证的类型一般有如下几种表达：不可撤销（Irrevocable）跟单信用证、可撤销（Revocable）跟单信用证、不可撤销可转让（Irrevocable Transferable）跟单信用证、可撤销可转让（Revocable Transferable）跟单信用证、不可撤销备用证（Irrevocable Standby L/C）、可撤销备用证（Revocable Standby L/C）等。

按照跟单信用证的最新国际惯例即《UCP600》的规定，取消可撤销类的跟单信用证，目前使用的信用证是不可撤销类的跟单信用证，具体类型为：不可撤销跟单信用证、不可撤销可转让的跟单信用证、不可撤销备用证、不可撤销即期付款信用证、不可撤销延期付款信用证、不可撤销承兑信用证等。

2.信用证编号（Documentary Credit Number）

开证行对所开信用证进行编号以方便日后查询和进行档案管理。

3.信用证开证日期（Date of Issue）

开证行开立信用证的日期。

4.受益人（Beneficiary）、开证申请人（Applicant）

受益人、开证申请人的名称、地址一定要详写，不能用简称和缩略。

5.信用证金额（Amount of the L/C）

信用证金额不一定是确定的金额。正确使用信用证的金额，必须要区分以下5种情况：

（1）在信用证金额或信用证规定的数量或单价前有“约”或“大约”字样，意指允许有关金额或数量或单价有不超过10%的增减幅度。

（2）在信用证关于商品数量的描述未以包装物件数为单位或未以货物自身件数的方式规定货物数量时，货物数量允许有5%的增减幅度，但支取的总金额应不超过信用证金额；如果信用证以包装物件数为单位或以货物自身件数的方式规定货物数量，而金额前又没有加“约”或“大约”的修饰词，则不允许有5%的增减幅度。

（3）如果信用证规定了货物数量，而该数量已全部发运，以及如果信用证规定了单价，而该单价又未降低，则允许支取的总金额有5%的减幅。

（4）信用证以包装件数为单位或以货物自身件数的方式规定货物数量时，即使不允许部分装运，也允许支取的金额有5%的减幅。

（5）如果信用证中有特定的增减幅度，按信用证规定执行。例如，Amount：USD 5 000.00（5% more or less），译为金额：5 000.00美元（允许增减5%）；For an amount/a sum not exceeding total of USD3 549.00（SAY US DOLLARS THREE THOUSAND FIVE HUNDRED AND FORTY-NINE ONLY），译为总金额不超过3 549.00美元。

6.信用证的有效期（Expiry Date）

信用证的有效期通常以信用证到期日来规定，它是受益人能够使用信用证的最迟日期。按照《UCP600》的规定，信用证到期日的地点就是信用证规定的交单地点。这与《UCP500》不同，在《UCP500》中，除规定交单地点外，另行规定信用证的到期地点，交单人必须在信用证到期日当天或之前在规定地点交单，否则会造成信用证过期，形成单证不符。按照《UCP600》的规定，当“从×月×日”（from）以及“×月×日之后”（after）被用于确定到期日时，不包括所述日期；“于或约”（on or about）或类似措辞将被理解为一项约定，按此约定，某项事件将在所述日期前后各5天内发生，起讫日期均包括在内。术语“上半月”（the First Half of the Month）、“下半月”（the Second Half of the Month）应分别被理解为每月“1日至15日”和“16日至月末最后一天”，包括起讫日期；术语“月初”“月中”“月末”应分别被理解为“每月1日至10日”、“11日至20日”和“21日至月末最后一天”，均包括起讫日期。在信用证实务中，我们必须正确把握信用证有效期的规定。例如：

“to be valid for negotiation（exporter's locality）on or before_________.”

译为：在××日或之前在议付地点（出口商所在地）到期。

“to be valid for presentation（exporter's locality）on or before_________.”

译为：在××日或之前在交单地点（出口商所在地）到期。

“This credit expires on_________at this office，the documents must reach us for payment on or before_________.”

译为：在××日或之前单据一定要送达到我们以提示付款，单据在××日在我们的营业地到期。

7.开证行的名称、签字和付款保证条款

在信用证中，开证行要明确表示其保证付款的文句“We hereby engage with drawers and/or bona fide holders that drafts drawn and negotiated in conformity with the terms of this credit will be duly honored on presentation”（本行保证凡在符合本证条款所开立及议付的汇票向本行提示时，本行将对汇票出票人、背书人或正当持有人履行付款义务）。

（二）单据条款

1.对汇票的要求

信用证规定提示跟单汇票，所签发的汇票应列明出票人、付款人、汇票金额、付款期限以及出票条款，特别应注意汇票的付款人一定是开证行。

2.对单据的要求

信用证对单据的要求不尽一致，一般包括商业发票、各类运输单据、保险单、装箱单、产地证及各类检验证书等。单据条款要列明提交单据的名称、份数、正本和副本。

3.对出单人身份的限制

根据《UCP600》的规定，如果用“第一流”“著名”“合格”“独立”“正式”“有资格”“当地”等用语描述出单人的身份，出单人可以是除受益人以外的任何人。

（三）商品条款

信用证上应规定货物名称以及对货物的具体要求，如货名、数量、规格、单价、价格条件、总量、包装等。但信用证中货物名称通常用货物统称，或用“as contract”（如合同所示）。

（四）装运条款

信用证要明确规定：

1.装运港或接货地（Port of Loading/Place of Taking in Charge）。

2.目的港或卸货港（Port of Discharge）。

3.装运期（Latest Date for Shipment）

应特别注意的是，装运期是指最迟的货已装到指定的运输工具并已具备启运条件的时间。根据《UCP600》的规定，当术语“×月×日止”（to）、“至×月×日”（until）、“直至×月×日”（till）、“从×月×日”（from）、“在×月×日至×月×日之间”（between）被用于确定装运期限时，均包括所述日期；当“×月×日之前”（before）和“×月×日之后”（after）被用于确定装运期限时，均不包括所述日期。

4.运输方式（Mode of Transportation）

在信用证中应明确规定海、陆、空或邮包运输、集装箱运输、托盘运输等具体运输方式。

5.是否可转运（Transshipment Allowed or Not-Allowed）

如果在信用证中未禁止转运视同允许转运。关于转船，可以注明转船地点，但一般不能限定转船的船名。

6.是否允许分批装运（Partial Shipment Allowed or Not-Allowed）

在信用证中只要没明确禁止分批装运，就视同允许分批装运。

（五）保险条款

关于货物保险中的投保险种、保险单据、保险金额、赔付地点等要在信用证中做出明确规定。按照惯例，信用证通常要求按发票金额的110%投保。

（六）保兑、兑付方式

在信用证中要明确是否加具保兑以及保兑行的名称、地址；关于兑付方式，要明确是即期付款、迟期付款、承兑付款还是议付。

（七）其他条款

1.关于开证行对通知行的指示

指示的内容包括：通知行应邀加具保兑后是否要通知开证行；通知受益人的方法是传原件照，还是另行缮打通知，通知的方式不同，收取的费用不同。

2.关于开证行对议付行或付款行的指示

指示包括议付金额背批条款、寄单方式和索汇方式。

3.特别条款

根据不同需要，信用证需加列特殊条款。如限制某银行议付，限制船龄、船籍、装运港和航线等；有的还具体规定信用证的生效条件，如规定受益人必须缴纳一定比例的履约保证金信用证才生效。

4.信用证的开立依据

在信用证适当位置要注明信用证开立所依据的国际惯例以及处理与该证有关业务适用的其他国际惯例。

四、SWIFT信用证标准格式

目前，大部分银行都采用SWIFT开立信用证，SWIFT使用标准的格式。下面介绍在SWIFT系统下信用证业务中的几种标准格式。

（一）MT700、MT701和MT707格式

MT700（Message Type，下同）、MT701是开立信用证的标准电文格式，见表5-1；MT707是信用证修改的标准电文格式，见表5-2。

表5-1　　MT700和MT701标准电文格式

Tag（代号）	Field name（栏目名称）
27	Sequence of total（报文页数）
20	Documentary credit number（信用证编号）
31c	Date of issue（开证日期）
31d	Date and place of expiry（信用证到期日及地点）
45b	Description of goods and/or service（货物与/或服务描述）
46b	Documents required（应具备的单据）
47b	Additional conditions（附加条件）
50	Applicant（申请人）
59	Beneficiary（受益人）
32b	Currency code，amount（币别代号、金额）
39a	Percentage credit amount tolerance（信用证金额加减百分比）
39b	Maximum credit amount（信用证最高金额）
39c	Additional amount covered（可附加金额）
40a	Form of documentary credit（跟单信用证的类型）
40e	Applicable rules（适用规则）
41a、41d	Available with... by...（信用证的兑付方式）
42c	Draft at（汇票期限）
42a	Drawee（汇票付款人）
42m	Mixed payment details（混合付款指示）
42p	Deferred payment details（延期付款指示）
43p	Partial shipment（分批装运）
43t	Transshipment（转运条款）
44a	Loading on board/dispatch/taking in charge at/from（装船/发送/接管地点）
44b	For transportation to（装运至）
44e	Port of loading/airport of departure（装运港/出发机场）
44f	Port of discharge/airport of destination（卸货港/目的地机场）
44c	Latest date of shipment（最后装船日）
44d	Shipment period（装运期）
45a	Description of goods and/or services（货物与/或服务描述）
46a	Documents required（应具备的单据）
47a	Additional conditions（附加条件）
71b	Charges（费用条款）
48	Period for presentation（交单期限）
49	Confirmation instructions（保兑指示）
53a	Reimbursement bank（偿付银行）
78	Instructions to the paying/accepting/negotiation bank（对付款/承兑/议付行的指示）
57a	Advise through bank（通知行）
72	Sender to receiver information（银行间的备注或附言）

表5-2　MT707标准电文格式

Tag（代号）	Field name（栏目名称）
20	Sender's reference（送讯银行的编号）
21	Receiver's reference（收讯银行的编号）
23	Issuing bank's reference（开证银行的编号）
52a	Issuing bank（开证行）
31c	Date of issue（原信用证的开证日期）
30	Date of amendment（修改日期）
26e	Number of amendment（第几次修改）
31e	New date of expiry（新的到期日）
32b	Increase of documentary credit amount（信用证金额的增加）
33b	Decrease of documentary credit amount（信用证金额的减少）
34b	New documentary credit amount after amendment（修改后的信用证金额）
39a	Percentage credit amount tolerance（信用证金额加减百分比）
39b	Maximum credit amount（最高信用证金额）
39c	Additional amount covered（可附加的金额）
59	Beneficiary（before this amendment）（修改以前的受益人）
44a	Loading on board/dispatch/taking in charge at/from（装船/发送/接管地点）
44e	Port of loading/airport of departure（装运港/出发机场）
44f	Port of discharge/airport of destination（卸货港/目的地机场）
44b	For transportation to（装运至）
44c	Latest date of shipment（最后装运期）
44d	Shipment period（装运期）
79	Narrative（修改详述）
72	Sender to receiver information（银行间的备注或附言）

（二）MT700、MT701和MT707电文介绍

1.MT700、MT701电文介绍

27：Sequence of total（报文页数）。MT700/701由开证行发给通知行，是用来说明发报行（开证行）开立的跟单信用证条款的报文格式。当跟单信用证的内容超过MT700报文格式的容量时，可以使用一个或几个（最多3个）MT701报文格式传送有关跟单信用证条款。如果该信用证条款能够被全部容纳在MT700报文中，那么该栏内显示“1/1”；如果该证由一份MT700报文和一份MT701报文组成，那么在MT700的该栏内显示“1/2”，在

MT701的该栏内显示“2/2”，以此类推。

31c：Date of issue（开证日期）。该项目说明信用证开立的日期，如果该项目无显示，开证日期就是该报文的发送日期。

31d：Date and place of expiry（信用证到期日及地点）。该项目表明信用证的最迟交单日期和交单地点，即受益人必须在到期日当天或之前将单据送达指定地点，也即受益人能够使用信用证的最迟期限。

39a：Percentage credit amount tolerance（信用证金额加减百分比）。该项目表明在信用证金额上下最大允许浮动范围，用百分比表示，如“10/10”表示允许上下浮动不超过10%。

39b：Maximum credit amount（信用证最高金额）。该项目用“Up to”、“Maximum”或“Not exceeding”后跟金额，表示跟单信用证金额的最高限额。

39c：Additional amount covered（可附加金额）。该项目表明信用证所涉及的附加额，诸如保险费、运费、利息等。

40a：Form of documentary credit（跟单信用证的类型）。该项目通常是以下几种类型之一：不可撤销（Irrevocable）跟单信用证、可撤销（Revocable）跟单信用证、不可撤销可转让（Irrevocable Transferable）跟单信用证、可撤销可转让（Revocable Transferable）跟单信用证、不可撤销备用证（Irrevocable Standby L/C）、可撤销备用证（Revocable Standby L/C）等。在《UCP600》下的跟单信用证取消了可撤销类的跟单信用证，因此在信用证类型下只有不可撤销类的信用证。

40e：Applicable rules（适用规则）。该项目表明所开立信用证适用的规则。这是2006年11月SWIFT组织对跟单信用证类报文格式进行升级后增加的一个专门必选栏目，以使受益人明确该信用证适用的规则，有6种规则可供选用：

A.“UCP LATEST VERSION”指跟单信用证统一惯例的最新版本，即适用于信用证开立时有效的、国际商会跟单信用证统一惯例。

B.“EUCP LATEST VERSION”指电子化交单统一惯例的最新版本，即适用于信用证开立时有效的、国际商会跟单信用证统一惯例的电子化交单附则。

C.“UCP URR LATEST VERSION”指适用于国际商会跟单信用证统一惯例以及国际商会银行间偿付统一规则最新版本。

D.“EUCP URR LATEST VERSION”指适用于国际商会跟单信用证统一惯例电子化交单附则以及国际商会银行间偿付统一规则最新版本。

E.“ISP LATEST VERSION”指适用于国际商会国际备用信用证最新版本。

F.“OTHER”指信用证适用其他规则，要在这一栏中写明实际适用的规则来代替“OTHER”。

41a、41d：Available with（×××bank）…by（信用证的兑付方式）。该项目表明被授权对该证付款、承兑、议付的银行以及该信用证的兑付方式。Available with后加“×××银行”，关于银行的表述方式为：如果该项目代号为“41a”，银行用名址码表示；如果该项目代号为“41d”，银行用行名和地址表示；如果信用证为自由议付信用证，该项目代号为“41d”，银行用“Any bank in…（地名/国名）”表示；如果信用证为自由议付信用证，而且对议付地点也无限制，该项目代号为“41d”，银行用“Any bank”表示。By后加信用证的兑付方式，其兑付方式的表示方法如下：

A.By payment 即期付款。

B.By acceptance 远期承兑。

C.By negotiation 议付。

D.By deferred payment 延期付款（迟期付款，在延期付款信用证下，有关付款的详细说明见项目“42p”）。

E.By mixed payment 混合付款（在混合付款信用证下，有关付款的详细说明见项目“42m”）。

42a：Drawee（汇票付款人）。该项目说明汇票的付款人，一般是开证行及其指定行，不能是开证申请人，并且该项目不能出现账号。

44e：Port of loading/airport of departure（装运港/出发机场）。

44f：Port of discharge/airport of destination（卸货港/目的地机场）。

44e 和 44f 是 2006 年 11 月 SWIFT 组织对跟单信用证类报文格式进行升级后增加的栏目，用来表明应在运输单据上显示的装运港或出发机场以及卸货港或目的地机场。

44c：Latest date of shipment（最后装船日）。该项目列明最迟装船、发运和接受监管的日期。

44d：Shipment period（装运期）。该项目列明装船、发运和接受监管的日期。

45a：Description of goods and/or service（货物与/或服务描述）。其中的价格条款是指 FOB、CIF、CFR 等，要列在该项目中。

46a：Documents required（应具备的单据）。如果信用证规定了运输单据的最迟处理日期，那么该要求应和其他有关单据的要求一并列明在该项目中。

71b：Charges（费用条款）。该项目表示费用由受益人负担；若报文无此项目，则表示除议付费、转让费外，其他费用均由开证申请人负担。

48：Period for presentation（交单期限）。该项目表明在开立运输单据后多少天内交单；若无此项目，则表示在开立运输单据后 21 天内交单，但必须在信用证有效期内。

49：Confirmation instructions（保兑指示）。该项目表明给收报行的保兑指示，其可能出现下列表达方式：

A.Confirm：要求收报行保兑该信用证。

B.May add：收报行可以对该信用证加具保兑。

C.Without：不要求收报行保兑该信用证。

53a：Reimbursement bank（偿付银行）。

57a：Advise through bank（通知行）。如果收报行不是该信用证的通知行、转递行、加具保兑行，该项目应填写该信用证的通知行、转递行、加具保兑行。

72：Sender to receiver information（银行间的备注或附言）。在该项目中通常出现的电文有：

A.PHONBEN：请用电话通知受益人（后接电话号码）。

B.TELEBEN：请用快捷有效的电讯通知受益人，包括 SWIFT、传真、电报、电传。

2.MT707 电文介绍

23：Issuing bank’s reference（开证银行的编号）。如果该 MT707 报文是由开证行以外的银行，如通知行发送，在该项目中列明开证行的行号。

52a：Issuing bank（开证行）。如果发报行不是开证行，在该项目中列明开证行的名称。

31c：Date of issue（原信用证的开证日期）。该项目列明原信用证开立的日期。

30：Date of amendment（修改日期）。该项目列明开证行修改信用证的日期，如果报文没有该项，则信用证的修改日期为开证行发送MT707报文的日期。

26e：Number of amendment（第几次修改）。该项目列明是第几次修改。不管前几次修改采用何种方式，该次是依次排列的最后的修改次数。

31e：New date of expiry（新的到期日）。该项目是修改后的到期日，即受益人使用该信用证的最后期限，其必须在到期日当天或之前完成交单。

39a：Percentage credit amount tolerance（信用证金额加减百分比）。该项目表明修改后信用证金额允许浮动的上下限。

39b：Maximum credit amount（最高信用证金额）。该项目表示修改后的信用证最高金额。

39c：Additional amount covered（可附加的金额）。该项目表示修改后的信用证允许的附加金额。

44a：Loading on board/dispatch/taking in charge at/from（装船/发送/接管地点）。该项目表示修改后的装船/发送/接管地点。

44b：For transportation to（装运至）。该项目表示修改后的装运目的地。

44c：Latest date of shipment（最后装运期）。该项目表示修改后的最迟装船期限。

44d：Shipment period（装运期）。该项目表示修改后的装船/发送/接管期限。

72：Sender to receiver information（银行间的备注或附言）。在该项目中可能出现的报文有：

A.BENCON：要求收报行通知发报行受益人是否接受该信用证的修改。

B.PHONBEN：请用电话通知受益人（后接电话号码）。

C.TELEBEN：请用快捷有效的电讯通知受益人，包括SWIFT、传真、电报、电传。

五、跟单信用证当事人及其权责

在信用证业务流程中，开证申请人、开证行、通知行、受益人是基本当事人。除基本当事人之外，在信用证业务中还涉及保兑行、议付行、付款行、偿付行等其他当事人。现依据信用证业务流程顺序对这些当事人的权责加以介绍。

（一）开证申请人（Applicant）

在国际贸易中，信用证的开证申请人是进口商或买方。进口商根据贸易合同的规定，在与其有业务往来的银行申请开立信用证。在信用证业务中，进口商受两种契约关系的约束：一是与出口商之间的贸易合同；二是开证申请书。开证申请人的责任是主要方面，但其有相应的权利。

1.开证申请人有按时开立信用证的责任和收取履约保证金的权利

贸易合同明确规定了进口商将信用证送达出口方的期限，以督促进口商及时开证；如果合同中未规定开证时间，进口商应在合理的时间内开出信用证，以保证出口商在收到信用证之后，能够按照合同规定的装运期备货、租船和装运。

开证申请人有权拒绝开证。例如交易合同规定：买方开证以卖方交付一定的“履约保证金”为条件，如买方未收到足额保证金，可拒绝开立信用证，由此造成的后果和损失由卖方承担。

开证申请人有权没收履约保证金。如果在信用证开出后，卖方未能按期装运货物并提交单据，则开证申请人有权没收开证前的履约保证金，以弥补开证费用和利息损失，如仍不足，还可向卖方索赔。

2.开证申请人有合理指示开证的责任

开证申请书是申请人对开证行的开证指示，在填写申请书时，应做到措辞准确且严谨，内容简练且完整，既保持信用证与合同内容的一致性，又使信用证简明而无歧义，必须避免非单据化条款。作为开证依据的申请书必须准确、完整反映贸易合同内容，申请人要根据合同内容认真填写开证申请书。开证申请书要把交易合同内容变成信用证条款，每一条款还要明确对单据的要求，开证申请书必须体现合同条款化、条款单据化。

拓展思考5-1

为什么开证申请书要体现贸易合同条款并且要将合同条款单据化？

答：信用证是以开证申请书的内容为依据的，信用证的内容必须反映贸易合同的内容并与贸易合同保持一致，开证行付款时没有义务对合同内容进行审核。开证行以及开证申请人付款的前提条件是收到相符单据，否则可以拒付。开证申请人通过把贸易合同条款单据化，可以通过受益人提交的单据判定其是否履行了贸易合同，从而保证进口商能够在按合同收到货物的前提下付款。

3.开证申请人有提供开证担保的责任

担保的形式可以是押金、动产或不动产，也可以是第三方提供的保证。开证押金的比率可以高达开证额的100%，也可以是很低的比率直至为零，即不收取开证押金。在开证行给予开证申请人授信额度内开立信用证就可不收押金，押金比率的高低主要取决于开证申请人的资信、交易商品特性和市场动向。

4.开证申请人有支付开证费用和修改费用的责任

开证申请人支付的费用包括：开证手续费、电报费、信用证修改费、邮费等。根据《UCP600》的规定，指示另一方提供服务的一方有责任承担被指示方因执行其指示而发生的一切费用，包括手续费、成本费或其他开支，即使信用证规定这些费用由其他方负担，但若未收回，指示方仍需承担。

5.开证申请人有向开证行付款赎单的责任

在信用证项下付款是以收到与信用证相符的单据为前提的，开证申请人有审单、退单的权利。在收到相符的单据后，他也有向开证行付款赎单的义务。当银行已付款但申请人未付款时，申请人必须承认该批货物归付款行所有；如果交单存在单证不符的情况，开证申请人可以忽略不符点，付款赎单；如果申请人付款赎单提货后，发现货物与单据不符，无权向开证行追究责任。

（二）受益人（Beneficiary）

跟单信用证的受益人是出口商或卖方，还是信用证下汇票的出票人，货物的托运人。

受益人与开证申请人之间受贸易合同约束，与开证行之间受信用证约束。其权责表现在以下几方面：

1.审核信用证条款并提出修改信用证的权利

受益人收到信用证后，有权进行审核。如果发现信用证条款与贸易合同不符，有权要求申请人修改信用证直至与合同一致；如果申请人不按贸易合同修改信用证，申请人应承担违约责任，受益人可以要求赔偿；如果受益人发现信用证内容与合同不符，但没提出修改，则只能按信用证要求交货、交单，否则会影响信用证的收款保证；如果发现信用证内容与合同不符，受益人不修改也不交货，则要承担违约责任。

2.及时提交信用证规定的单据的责任

受益人接受信用证后，必须按照信用证条款发运货物，做到相符交单。

3.向开证行、进口商申请兑付款项及议付信用证的权利

受益人有依照信用证条款，向开证行及其指定行（如果有）提交汇票及/或单据并要求取得信用证款项的权利。开证行及其指定行（如果有）经审单确定是相符交单，就必须按照信用证条款即期付款，或先承兑受益人出具的汇票到期付款，或发出延期付款承诺并到期付款。受益人也有权依照信用证条款，议付信用证。

在受益人交单后，如遇开证行倒闭，信用证无法兑现，则受益人有权向进口商提出付款要求。进口商仍应负责付款，虽然其已交押金蒙受了损失，但并不影响受益人的权利；如果开证行并未倒闭，却无理拒付，受益人或议付行可以诉讼，也有权向进口商提出付款要求。

（三）开证行（Issuing Bank）

开证行接受开证申请人的委托开立信用证，使其处于代理人的地位。它的行为受开证申请书的约束，必须按照申请人的指示行事，并对自己的过失负责，其主要权责表现在如下几方面：

1.按照申请人的指示开立和修改信用证

开证行必须完全根据开证申请书或修改申请书开立信用证或修改信用证，并且保证信用证内容完整明确、简明合理，要避免出现非单据化条款。就开立信用证的内容而言，开证行有义务向申请人提供建议和咨询服务，并劝告申请人不要在信用证中罗列过多的细节。开证行有权利向申请人收取部分或全部开证押金。开证行收取押金或接受开证担保后，应在合理时间内开出信用证。如果因开证行原因延迟开证的，开证行应承担由此造成的后果。但开证行对邮递或电讯过程中发生的延误、残缺或其他差错，不承担任何责任。

2.合理谨慎地审核单据

开证行收到单据后，必须合理谨慎地审核单据，以确定单据是否与信用证条款相符。开证行只负责审核单据表面与信用证有无不符点，而对任何单据形式、内容的完整性、准确性、真实性以及法律效力不负责任，但如果开证行经审查发现单据是伪造的，可以拒付。开证行必须在不超过5个银行工作日内完成审单，决定接受或拒绝单据并通知交单人；如果拒付，开证行还必须一次全部指出不符点。对于没有在规定时间内提出拒付的，视为开证行同意付款，即开证行放弃了拒付的权利。开证行要保证在规定的时间内付款，造成付款延误的，开证行负责向索偿方赔偿损失；开证行审单付款后，即使发现有不符点或遭到申请人拒绝付款赎单，也无权向交单人追索。

3.开证行承担第一性的、独立的付款责任

开证行是以自己的名义对信用证项下的付款义务或其他义务负责的，开证行的付款先于申请人的付款；虽然开证行只是申请人的代理人，但在开出信用证后，即使申请人倒闭或无力付款以及未交开证保证金或有欺诈行为，都不构成开证行拒付的理由，同时开证行依据信用证所承担的付款、承兑汇票或履行信用证项下的其他义务，不受开证行与申请人或申请人与受益人之间产生的纠纷的影响。

（四）通知行（Advising Bank）或转递行

通知行一般由开证行选定，通常是开证行的联行、分支机构或代理行。通知行的责任是及时通知或转递信用证，证明信用证的真实性并及时澄清疑点。如通知行不能确定信用证的表面真实性，即无法核对信用证的签署或密押，但仍决定向受益人通知该信用证，则必须告知受益人其不能核对信用证的真实性，同时应毫不延误地与发出指示的银行联系，以核对信用证的真实性。

通知行收到外文信用证，可以不予翻译，直接将原文通知受益人，也可以翻译后通知受益人，如有关专业术语翻译错误，通知行概不负责。

（五）保兑行（Confirming Bank）

保兑行一般由通知行兼任。对于开证行加具保兑的邀请，保兑行有权选择是否加保；保兑行一旦对该信用证加具了保兑，就要对信用证承担独立的、确定的、有条件的付款责任，即它与开证行都是以单证表面相符为付款依据的，付款责任都是第一性的；如果开证行无法履行付款义务，则保兑行履行验单付款责任；保兑行付款后只能向开证行索偿，即保兑行付款后无权向受益人或其他前手追索。国际惯例没有规定受益人或交单行向开证行还是保兑行交单，它们可以自行选择，一旦选择了保兑行，就构成了保兑行确定的审单付款义务，不能推诿。

保兑行和开证行的付款承诺是独立的，即可以有不同的责任范围，如保兑行可以特别约定只保兑发票金额的一定比例或保兑的期限可以比信用证的有效期短等。

（六）议付行（Negotiating Bank）

按照信用证的使用方法，议付行可以根据信用证条款进行款项议付。议付又被称作“买单”或“押汇”。议付行有审单权，如果单证表面一致，即符合信用证条款中相符交单的要求，就可以垫支款项给受益人，然后向开证行或指定行寄单索偿；如果单证中有不符点，可以电提或表提开证行，如果开证行同意放弃不符点，可以做议付；如果单证中有不符点，还可以由受益人出具担保而进行议付。在议付行议付款项后，如果开证行发现单证有不符点而拒绝偿付，则议付行有权向受益人或其他前手进行追索，即议付行的付款不同于开证行、保兑行、付款行和偿付行的付款。

（七）付款行（Paying Bank）

付款行是开证行的付款代理人。开证行在信用证中指定另一家银行为信用证项下的付款人，则被指定银行就是付款行。付款行是开证行的关系行，可以是通知行或其他银行。如果开证行资信不佳，付款行有权拒绝代为付款。

在付款行接受开证行代付款委托后，它的审单付款责任与开证行相同，对提交的不相符单证，有权拒付。付款行一旦付款，不得向受益人追索，只能向开证行索偿。如果付款行付款后向开证行索偿，但开证行发现不符点并拒付，付款行只能自负其责，必要时可自行提货并转卖，以弥补损失。

（八）偿付行（Reimbursing Bank）

偿付行通常是由开证行指定的对受益人或议付行或付款行进行偿付的银行。为方便结算，开证行经常委托与其有账户关系的另一家银行代其向受益人或议付行或付款行偿付款项，偿付行只有在开证行存有足够的款项并收到开证行的偿付指示时才付款。偿付行没有审单的义务或责任，因此如偿付后开证行发现单证不符，不能向偿付行追索。如果偿付行没有对索偿行履行付款义务，由开证行承担付款责任。

拓展思考5-2

议付行的付款与开证行、保兑行、付款行、偿付行的付款有何不同？

答：议付行的付款如果不能得到偿付可以向受益人追索。开证行、保兑行、付款行、偿付行一旦向交单人（受益人、议付行）付款是不能追索的，如果得不到偿付只能自己承担责任，称为终局性付款。

六、跟单信用证业务流程

跟单信用证业务流程分为即期付款信用证业务流程、延期付款信用证业务流程和承兑信用证业务流程。即期付款信用证业务流程如图5-1所示：

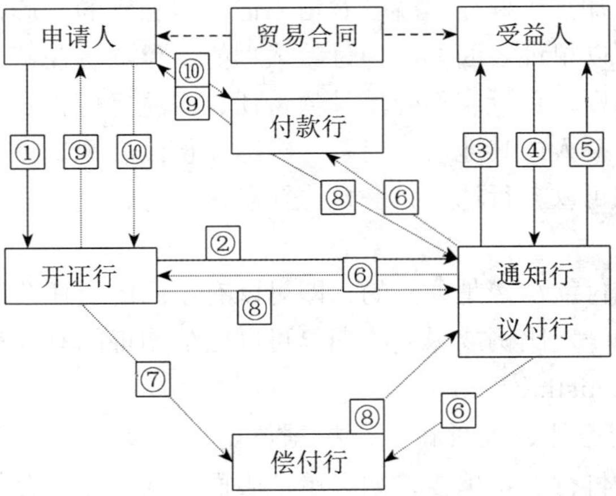

图5-1 即期付款信用证业务流程

注：①申请开证。进口商作为开证申请人依据贸易合同向所在地银行申请开立即期信用证。

②开证行开立信用证。开证行根据申请人的开证申请书开立信用证，寄达通知行。

③通知信用证。出口商所在地银行收到信用证并验明其真实性后将信用证通知给受益人（出口商）。

④交单议付。出口商审核信用证后，将货物交与承运人，缮制单据，向议付行议付款项或向通知行交单。

⑤议付行议付。议付行审单后针对相符交单垫付货款给出口商。

⑥寄单索汇。议付行议付后（通知行）按照索汇路线将单据和即期汇票或单据寄开证行或付款行或偿付行（商业单据无须寄偿付行）。

⑦开证行授权偿付行付款。开证行审核商业单据后，对于相符交单向偿付行发付款委托书。

⑧向议付行或通知行付款。开证行、付款行审单后对相符交单付款，偿付行收到付款委托书奉命付款。

⑨向申请人提示单据。开证行或付款行付款后向申请人提示单据，要求其付款赎单。

⑩申请人付款赎单。申请人审核单据后，对相符交单立即付款赎单，办理提货手续。

拓展思考5-3

延期付款信用证业务流程和承兑信用证业务流程与即期付款信用证业务流程有何不同？

答：延期付款信用证业务流程和承兑信用证业务流程与即期付款信用证业务流程中的申请开证、通知信用证、交单议付、议付行议付款项、寄单索汇的过程是相同的，但接下来的做法不相同。延期付款信用证在寄单索汇后，开证行首先审核单据，对相符交单的应立即提示开证申请人审单，开证申请人对相符交单的则接受单据表示同意付款。开证行把同意付款的情况通过通知行通知受益人，在付款到期日再付款。承兑信用证是在寄单索汇后，开证行审核单据，对相符交单的做出承兑，并把承兑情况以及付款到期日通过通知行通知受益人，然后提示开证申请人审单，开证申请人对相符交单同意付款并接受单据，在付款到期日经交单人提示再付款。

任务二　跟单信用证结算业务处理

一、进口商的信用证业务处理

（一）进口商申请开证

1.依照合同规定及时提出开证申请

进出口双方签订交易合同后，进口商即开证申请人，应按合同规定的期限向所在地银行申请开证。在办理开证申请时，申请人携带营业执照副本、统一社会信用代码证、进口许可证、进口合同等资料，去银行填写并递交开证申请书。

2.开证申请书的主要内容

申请书的内容包括两个方面：一是告知开证行开立信用证的内容。信用证的内容应与合同条款一致，它是开证行向受益人或议付行付款约定的条件。二是声明申请人和开证行之间权利与义务关系。权责关系包括以下内容：申请人承认在付清货款前，开证行对单据及其代表的货物拥有所有权，必要时，开证行可以出售货物，以抵付申请人的欠款；申请人承认开证行有权接受“表面上合格”的单据，对于伪造单据、货物与单据不符或货物中途灭失、受损、延迟到达，开证行概不负责；申请人保证单据到达后如期付款赎单，否则，开证行有权没收申请人所交付的押金，以充当申请人应付价金的一部分；申请人承认在电信传递中如有错误、遗漏或单据在邮递中损坏、丢失等，开证行不负责任。

开证申请书的内容应完整明确，为防止混淆和误解，不要加注过多的细节。

3.开证申请人交纳开证保证金

进口商应向开证行交付一定比例的押金或其他担保品。押金比例高低由开证行规定，它取决于申请人的资信和市场行情。对于资信良好的客户，有的银行会授予一定的开证额度，在规定额度内开证，可免交保证金。

（二）申请修改信用证

1.应受益人要求提出修改信用证申请

受益人（出口商）在通过审证，发现信用证内容与合同不符、信用证规定的条款无法满足以及存在软条款时，就会立即与开证申请人联系，提出修改信用证。提交修改信用证申请的人是开证申请人，修改信用证需经开证行和保兑行（如果有）同意。一般在不增加信用证金额、不延长信用证有效期的情况下，这些银行会同意修改信用证。

修改信用证的次数不受限制，但应该一次性提出全部修改内容，以节约改证时间和费用。

2.申请人（进口商）经受益人同意可以提出修改信用证

由于情况发生变化，可能要求增加或减少货物的数量、改变货物的品种、变动信用证金额、单价等，还有可能要求改变目的港、增加新的附加险种（如战争险）、新的单据等，申请人在经过受益人同意后，可以向开证行提出修改信用证申请。

拓展思考5-4

开证申请人同意修改信用证的回复函电有法律效力吗？

答：在实务中，受益人通知开证申请人要求修改信用证，开证申请人回复受益人同意修改信用证的函电，没有法律效力。

开证申请人必须向开证行提出修改信用证的申请，然后由开证行修改信用证，即受益人必须在收到开证行发来的修改书后才能发货。有些开证申请人收到受益人要求修改信用证的通知后表示同意，同时要求受益人先发货，他立即指示开证行改证。但事实上他并没有通知开证行改证，结果受益人交单后遭到开证行拒付。受益人以持有的申请人的回复函电做说明，但因无法律效力而陷入被动局面。

（三）进口商赎单提货

开证行在向交单行付款后，即通知进口商（开证申请人，下同）付款赎单。进口商对相符交单付清全部货款与有关费用（如开证时曾交付押金，则应扣除押金的本息）；若单据与信用证表面不符或单据与单据之间表面不符，进口商有权拒付。进口商付款后，即可从开证行取得全套单据。此时进口商与开证行之间因开立信用证而构成的契约关系即告结束。进口商取得正本提单后，办理提货手续。

拓展思考5-5

开证行的交单行可以是哪些银行？

答：议付行、通知行、保兑行、付款行都可以是开证行的交单行。

二、进口方银行的信用证业务处理

（一）进口方银行开立信用证

进口方银行（开证行）受理开证申请时，应按以下流程办理：

首先，审核开证申请人是否被列入国家外汇管理局公布的对外付汇进口单位名录，开证申请人应提交由外汇管理局核准的对外付汇批文。

其次，审核开证申请人提交的进出口合同。审核合同上是否有进出口双方的签字，进口货物与进口开证货物是否一致。

最后，按国家对外经济贸易的管理规定，如需提供进口商品许可证、进料加工手册、批文、备案表等，主要审核进口单位名称与开证申请人名称是否一致，货物与进口开证货物是否一致，金额是否大于或等于开证金额，批文是否在有效期内，备案表的备案内容是否相符，批件上的内容与开证内容是否相符等。

对于进口方银行审核减免开证保证金审批表，重点审核开证金额是否在授信额度内以及授信有效期内，是否落实了开证保证，各有关部门及有权审批人是否签署意见。

对于进口方银行审核开证申请书，重点审核开证申请人是否签章，内容是否清楚、完整、合理。

进口方银行审核通过后，按规定比例收取开证手续费，然后严格按照开证申请书的指示拟定信用证条款。在草拟信用证后，由开证申请人确认，然后开证行将开立的信用证通过邮寄或电信手段送交出口地的联行或代理行（通知行），由其代为通知或转交受益人。

信用证的开立方式有信开（Open by Airmail）和电开（Open by Telecommunication）两种。前者是指开证行以航邮方式将信用证寄给通知行，现已很少使用；后者是由开证行将信用证加注密押后以电报或电传方式通知通知行以及通过SWIFT系统发送MT700和MT701电文给通知行，请其转交给受益人。电开信用证又分“全电开证”和“简电开证”。全电开证是将信用证的全部内容加注密押后发出，该电信文本为信用证的正式文本；简电开证是将信用证的主要内容发电预先通知受益人，银行承担必须使其生效的责任。根据《UCP600》的规定，信用证的正式文本内容应与简电本信用证的内容不矛盾。但简电本并非信用证的正式文本，不能凭其议付或付款，银行随后寄出的证实证书才是正式的信用证。

模拟操作5-1

登录http://www.zsyun.com.cn模拟银行开立信用证。参见右侧二维码。

进口开立信用证

（二）进口方银行修改信用证

进口方银行（开证行）修改信用证有信开、简电本和全电本3种形式，另外预先通知方式也适用于修改信用证。如果用SWIFT修改信用证，所用电文是MT707。

信用证通知书一经开证行发出修改，立即生效，开证行不得将其撤回或撤销。

根据《UCP600》的规定，如果一家银行利用一家通知行的服务将信用证通知给受益人，它也必须利用同一家银行的服务通知修改，即修改信用证仍按原证路线进行通知。

（三）进口方银行付款赎单

通知行接受交单或议付行议付款项后，取得了信用证规定的全套单据，即可凭单据向开证行或开证行指定银行请求偿付货款。如果开证行未在信用证中指定其他银行代为付款，则通知行或议付行应将单据寄交开证行；若开证行在信用证中指定了保兑行或付款行，则通知行或议付行可以将单据寄交指定保兑行或付款行。收到单据的开证行或保兑行或付款行，对于即期付款信用证，在审单后如果单证相符，应将款项立即偿付给通知行或议付行。当付款人是保兑行时，其付款后立即向开证行索偿；当付款人是付款行时，其付款后直接向进口商要求其付款赎单。若开证行在信用证中指定了偿付行，则通知行或议付行应向开证行寄商业单据，同时向偿付行发出索偿通知，偿付行在接到索偿通知后，按其与开证行的约定，向通知行或议付行偿付；如偿付行拒绝偿付，开证行仍应承担付款责任。开证行、付款行和偿付行的付款，是不可追索的。

开证行或付款行或保兑行经审单发现单据与信用证不符或单单存在不符点，应在收到单据后不超过5个银行工作日内通知通知行或议付行表示拒绝接受单据，并指出全部不符点；如果未能在该期限内表示拒付，则开证行必须履行付款责任。

模拟操作5-2

登录http://www.zsyun.com.cn模拟操作银行来单登记和付款业务。

开证行来单登记付款

三、出口方银行的信用证业务处理

（一）通知行通知信用证

出口方银行（通知行）收到信用证后，如果是信开信用证要核对预留签名，对于电传或电报开立的信用证要核对密押。经核对无误后，应立即按照信用证要求将信用证通知受益人，一般是将信用证正本或照录原文直接转交受益人。按照《UCP600》的规定，如通知行无法鉴别信用证的表面真实性，它必须毫不迟延地通知开证行说明它无法鉴别，如果通知行仍决定通知受益人的，则必须告知受益人它未能鉴别该证的真实性。

对于信用证的通知行，如果需要修改信用证，它仍然是修改信用证的通知行。如果通知行收到的修改信用证的内容不清楚、不完整，它可以一方面通知受益人，但必须说明内容不全或意思不清仅供参考，另一方面必须告知开证行，要求开证行发出完整的、意思明确的修改通知书。

模拟操作5-3

登录http://www.zsyun.com.cn模拟操作银行通知信用证。

银行通知信用证

（二）通知行审核信用证

信用证的审核简称“审证”，是信用证业务中非常重要的环节。审核国外来证时，审核人需要具备敏锐的洞察力、丰富的国际贸易知识和相关的法律知识，还要十分熟悉并掌握相关贸易条件和情况。

出口方银行（通知行）出于责任和义务的审核只需审核信用证的真实性。但它出于拓展业务、为企业提供更好服务的需要，可帮助受益人审核信用证的以下内容，并提出修改建议：

1.审核开证行的资信

开证行的良好资信状况是受益人收到货款的保证，但受益人有时受信息资料搜集的限制，对开证行缺乏了解，此时通知行应帮助受益人对开证行的资信进行调查和审核。例如，通知行应审核开证行的资本充足率、信誉和经营作风等；对于资信不佳的银行开立的信用证，应建议受益人提出修改信用证、变更开证行或提出开立保兑信用证。

2.对信用证软条款的识别

虽然信用证明确规定是不可撤销的，但有些信用证规定必须取得某种条件或某种文件之后才生效，或者符合一些特别条件才付货款，这实际上改变了信用证的不可撤销性，属于信用证的软条款。通知行可以帮助受益人审核这些附加条款是否合理，如发现容易使受益人误入发运货物而收不到货款的陷阱条款，通知行应提出修改建议。

（1）附加信用证生效条款。开证申请人要求开证行开出“暂不生效”信用证，规定必须取得某种条件或某种文件之后，该信用证才能生效使用。

案例分析5-1　　附加信用证生效条款

来证要求："This documentary credit will become effective provided that you received authorization."（本信用证在你收到授权书后才生效）。

类似的要求还有：待进口许可证签发后再通知生效；由开证行签发通知后生效；由受益人先提供履约担保书；申请人通知船名后生效；由开证申请人检验货物样品合格后才通知信用证生效等。

分析：这类信用证存在生效附加条款，使申请人（进口商）掌握着主动权，不利于出口商合理安排货物出运、及时交单收款。通知行应该明确通知受益人该信用证没有生效，不能急于发货，可向出口商建议：要求进口商开立没有生效附加条件的信用证。

（2）关于单据附加条件。如果信用证在单据化条款中有不符合惯例的要求，可以视同另一种类型的软条款，通知行应建议受益人提出修改信用证。

案例分析5-2　　单据附加条件

（1）来证要求："Inspection certificate to be signed by authorized signatures of applicant."（出口商的商检证明必须由开证申请人授权签字）。

（2）来证要求："Invoice must be signed by authorized person named Mr. ZhangXin of applicant whose signature must be in conformity with the records held in our file and notifying the applicant."（商业发票必须由张鑫先生代表申请人签字，他的签字要与我们文件中的预留签字一致，并将签字情况通知申请人）。

分析：这不符合一般做法。一般信用证规定这类单据以卖方所在国检验机构出具的检验证书或卖方出具的商业发票为议付依据，但来证却规定这类单据由开证申请人出具、加签，或需由开证行核实，或需与开证行存档样本相符，或规定以进口国检验标准验货并出具检验证书，这使得出口商失去了对货款的收回控制权，陷入了被动。

（3）关于货物运输的限制条款。对货物运输不符合惯例的限制，是信用证软条款的又一种类型。

案例分析5-3　　货物运输的限制条件

（1）来证要求："Shipping advice issued by the applicant whose signature must be in conformity with L/C issuing bank records, showing the name of vessel and approving the date of shipment."（由申请人签发的装船通知书显示船名、证明装运日期，其签字样式必须与开证行留底记录一致）。

（2）"In case transshipment to be effected, port of transshipment and the second carrying vessel's name should be indicated on the relative ocean bill of lading."（如果转船，转船港口和第二航程的船名一定要写到有关海运提单上）。

（3）"Full set clean 'on board' ocean bill of lading consigned to Bank Popular Espanol-Barcelona, marked: 'freight prepaid', notify A.co., in case transshipmentis effected, name and sailing date of 2nd ocean vessel sailing to Rotterdam must be shown on B/L."（提供全套清洁"已装船"提单交给巴塞罗那西班牙通用银行，标明"运费已付"，通知A公司，如果转船至鹿特丹，第二程船名、日期必须在提单上标示）。

类似的要求还有：规定装运港、装船日期或目的港需由申请人通知或需经其同意，并以修改书形式通知；规定船公司、船名需由开证申请人指定；规定受益人只有取得开证申请人指定的验货人签发的装船通知后才能装船；规定受益人必须提供指定船公司出具的提单或货物必须装上指定的船只；规定转船的船名和日期；分批装运条款过于苛刻。例如，来证规定"5月份装80吨，6月份装100吨，但两批之间必须间隔两星期"。对这种条款必须修改，因为提单日正好差两个星期的要求是很难满足的。

分析：这类软条款使申请人掌握了货物是否装船、何时装船、转船的主动权，出口方可能会陷入两难境地：一方面必须准备发货，另一方面又无法掌握发货日期、装哪只船。关于转船，运输公司一般不会在提单上填写第二程船的船名，这很容易造成信用证单证不符，收货款无保证。

模拟操作5-4

登录http://www.zsyun.com.cn模拟操作银行议付信用证、寄单索汇。

议付信用证

（三）通知行转递单据或议付行议付信用证

出口方银行对受益人提交的全套单据进行审核后，对相符交单立即垫支款项，称为议付，垫支款项的银行称为议付行。议付行扣除垫支款项的利息（从垫支款项之日起到预计收到款项之日止）和手续费后，立即付现买进受益人出具的汇票和全套商业单据或全套商业单据，俗称"买单"，又称"出口押汇"。议付行对所议付的款项是可以追索的。即使开证行在信用证中指定了议付行，议付行也不承担必须议付的责任，同时信用证不禁止受益人直接向开证行交单。

出口方银行（通知行或议付行）按照索汇路线和信用证规定的方式寄单索汇。

模拟操作5-5

登录http://www.zsyun.com.cn模拟操作议付行收汇解付业务。

议付行收汇解付

四、出口商的信用证业务处理

（一）审核信用证

出口商（受益人，下同）审核信用证的目的：一是熟悉信用证，以便按照信用证的要求发运货物、提交单据，从而及时收回货款；二是如发现信用证与合同不符、不符合国际惯例、不合理的附加条件等问题，必要时可及时提出修改信用证，以保证收回货款和防范风险。

1.审核信用证的真实性

出口商在审核信用证内容之前，首先应注意鉴别信用证的真实性。关于这一点，受益人应该严格按照信用证使用程序，只接受通知行转递的信用证，拒绝进口商绕过通知行直接寄信用证给出口商，以防止进口商利用伪造、变造的信用证引诱出口商发货，骗取货物。

2.审核信用证内容的依据

受益人审核信用证的依据有三个：一是买卖合同。信用证的内容是合同内容的条款化和单据化，买卖合同是审核信用证内容的依据。二是备货和运输的实际情况。这是确认供货部门和运输部门能否满足信用证装期要求的依据。三是收到信用证时国家的政策法令。它是审核信用证是否违反国家法律法规的依据。

3.受益人对信用证基本条款的审核

（1）关于审核信用证的付款保证是否有效，应注意有下列情况之一的，不是一项有效的付款保证或该项付款保证是存在缺陷的：

A.信用证明确表明是可以撤销的。由于此类信用证无须通知受益人或未经受益人同意就可以随时撤销或变更，应该说对受益人是没有付款保证的。对于此类信用证，一般不予接受，依据《UCP600》开立的信用证都是不可撤销的。

B.应该保兑的信用证未按要求由有关银行进行保兑。

C.信用证未生效。

D.有生效附加条件的信用证，如“待获得进口许可证后才能生效”。

E.信用证密押不符。

F.收到的是信用证简电本或预先通知。

G.由开证人直接寄送的信用证。

H.由开证人提供的开立信用证申请书。

（2）关于信用证受益人和开证申请人的名称与地址是否完整和准确。受益人应特别注意信用证上的受益人名称和地址应与其印就的文件上的名称和地址内容相一致，买方的公司名称和地址写法是否完全正确。按照《UCP600》的规定，如果受益人和申请人的名称、地址有差错但不至于产生误解，可以不必修改信用证，受益人缮制单据时可以将错就错，也可以改正，这都不构成不符交单。在实务中，在填写发票时照抄信用证上写错了的买方公司名称和地址是有可能的，但如果受益人的名称不正确，将会给收汇带来不便。

（3）关于信用证的金额、币别是否符合合同规定。审核内容有：信用证金额是否正确，是否与事先协商的相一致；信用证中的单价是否与总值相对应，大小写并用时金额是否一致；如数量上允许有一定幅度的浮动，信用证支付金额是否满足这一要求；检查币别是否正确。例如，合同中规定的货币是“英镑”，而信用证中使用的却是“美元”。按照《UCP600》的规定，商业发票的金额可以超过信用证金额，但银行仅对信用证金额负责兑付。

（4）关于信用证的付款时间是否与有关合同规定相一致。

A.审核付款日。对于延期付款信用证和承兑信用证，其规定需在向银行交单后若干天内或见票后若干天内付款，检查此类付款时间是否与合同规定一致。

B.信用证在境外到期。按照《UCP600》的规定，信用证到期地点应在交单地点，这有利于受益人在有效期内使用信用证。如果信用证规定该信用证在国外到期，有关单据必须寄送国外，由于受益人无法掌握单据到达国外银行所需的时间且容易延误或丢失，就要承担信用证过期风险。如果信用证要求在国内交单或交单议付款项，却把到期日约定在开证行所在地到期，在来不及修改信用证的情况下，必须提前一个邮程以最快方式寄送。

C.装效同期。如果信用证中的装期（最迟装期）和效期（信用证有效期）是同一天，即通常所称的“双到期”，在实际业务操作中，出口商应自行将装运日期提前（一般在有效期前10天），以便有足够时间制单、交单。

（5）关于是否能满足装期要求的审核。依照惯例，不符合信用证规定装期的运输单据将构成不符点，银行有权不付款。

A.审核装期是否满足备妥货物和出运的要求。如果收到来证距装期时间太短，无法按期装运，应及时与进口商联系修改。

B.审核装期与交单日规定是否合理。如果信用证约定了交单日，而装期与最迟交单日相距时间太短，要提出修改信用证。

C.审核分批出运的时间间隔和数量是否合理。如果关于分批出运的时间间隔和数量不合理，需要修改信用证。只要一批未按期出运，就构成不符交单，以后各期均构成不符交单，银行有权拒付。

知识链接5-2　出口商确定合理交单期必须考虑的因素

（1）生产及包装所需的时间。

（2）内陆运输或集港运输所需的时间。

（3）进行必要的检验，如法定商检或客检所需的时间。

（4）申领出口许可证/FA产地证所需的时间（如果需要）。

（5）报关查验所需的时间。

（6）船期安排情况。

（7）到商会和/或领事馆办理认证或出具有关证明所需的时间（如果需要）。

（8）申领检验证明书，如SGS验货报告/OMIC LETTER或其他验货报告如客检证等所需的时间。

（9）整理、审核信用证规定的文件所需的时间。

（10）单据送交银行所需的时间，包括单据送交银行后经审核发现有误退回更正的时间。

4.受益人对信用证商品条款的审核。

（1）关于商品名称、规格、数量的审核。审核商品名称、规格、数量是否与合同一致。除非信用证规定数量不得有增减，在付款金额不超过信用证金额的情况下，除以包装单位或以个体为计算单位的货物不适用外，容许有5%的增减。例如，用重量单位、体积单位、延长米单位规定货物数量的，均可以有5%的增减。再如，信用证中规定“FIVE THOUSAND PIECES OF 100% COTTON SHIRTS（5 000件全棉衬衫）”，由于数量单位是“件”，实际交货时只能是5 000件，而不能有5%的增减。

（2）关于价格条款的审核。不同的价格条款涉及具体的费用如运费、保险费由谁分担。如果合同中规定FOB价，根据此价格条款，有关的运费和保险费由买方即开证申请人承担，如果信用证中的价格条款没有按合同的规定做上述表示，而在信用证中规定由受益人支付，对此条款如不及时修改，那么受益人将承担有关的运费和保险费。例如，合同中规定“FOB SHANGHAI AT USD 50/PC”，根据此价格条款，有关的运费和保险费由买方即开证人承担；如果信用证中的价格条款没有按合同的规定做上述表示，而是规定：“CIF NEW YORK AT USD 50/PC”，如对此条款不及时修改，那么受益人将承担有关的运费和保险费。对于采用CIF价格条款的，还应审核信用证规定的到货港是否与合同一致。

5.受益人对信用证运输条款的审核。

（1）审核运输方式、装运地（装货港）、目的地（目的港）、接管地是否与合同一致。如果在合同中没有规定装运地（装货港），应要求申请人在开证时在装货港栏目中多指定几个港口名称以供选择，或仅写“中国口岸（Chinese port）”；如果在来证中增加了附加条件，如指定了卸货码头，这会使受益人失去选择的余地，特别是对指定码头情况不了解时，如该码头能停靠多少吨位的船只、卸货设备如何、是否拥挤等，受益人必须向港务局或航运公司咨询，以决定是否要求修改该条款。例如，哈尔滨市某进出口公司接到信用证，装运港规定为“Your port”，该公司在大连港装运货物后，被对方拒付，指出没有在哈尔滨装船而在大连装船，存在不符点。这可能是由于受益人审证时未加注意，没提出改证，如果改为Chinese port或Dalian port，就可以顺利收回货款。

（2）审核货物是否允许分批出运。按照《跟单信用证统一惯例》的规定，除信用证另有规定外，货物是允许分批出运的，即如果信用证中没有禁止性规定，则视同允许分批出运。应特别注意：如信用证中规定了每一批货物出运的确切时间，则必须按此照办，如不能办到，必须修改；如果来证中禁止分批，受益人必须考虑在装期之前能否备齐全部货物，否则应修改信用证，改为允许分批或推迟装期；如果来证不允许分批，但规定货发至不同的目的港，必须要求修改信用证，因为同船、同航次出运但目的港不同，视作不同批。

（3）审核对船只或转船的规定。

A.在CIF和CFR等贸易术语下，卖方负责租船和订舱并支付费用，其有权选择适合所运载货物的任何轮船，所以当信用证中有对船只的限制时，卖方可以提出修改信用证。但如果卖方可以办到，也不增加费用，可以考虑接受。例如，进口商限定船只的原因是其与该船公司有股份关系或能获取一定的佣金或靠港时间快等，出口商可以接受这样的条款。

B.关于船龄的限制。如来证规定“The bill of lading or shipping agent’s certificate must certify that the carrying steamer is not over 15 years of age”（提单或代理公司的证书必须证明该船船龄不超过15年），受益人就必须按要求使用不超过15年船龄的船只。出口阿拉伯地区经常会遇到这样的要求，因为该地区装卸效率低、船舶周转慢，所以船方多派旧船到该地区，审证时必须与船方联系，只接受不超过15年船龄的船只，否则就必须考虑修改信用证。

C.关于转船。除信用证另有规定外，货物是允许转运的。应特别注意：如果信用证中规定了具体的转运船只名称或具体的转船口岸或要求在提单上注明第二船程船名，因一般承运人不接受这些条款，受益人必须提出修改信用证。

6.受益人对单据条款的审核。

（1）关于汇票。

A.根据《UCP600》开立信用证，汇票的付款人或受票人只能是开证行或其指定银行，不能是开证申请人。

B.汇票付款期应与合同规定一致。例如，合同规定是即期付款，而信用证却规定受益人出具远期汇票，受益人必须提出修改信用证。

（2）关于发票。根据《UCP600》开立信用证，商业发票由受益人开立，发票不需要签署。如果来证中规定发票由第三方签署，那么由贸促会签署是可以接受的，但如果要求由进口国驻出口国领事签署或由第三方代表申请人签署，通常应提出修改。

（3）关于货运单据。当来证中要求正本提单直接寄开证申请人时，要考虑其中的风险。如果受益人按信用证要求将1/3、2/3或全套正本提单直接寄给开证申请人之后，申请人可凭提单提走货物。当出口商按信用证要求交单时，开证行审核单据时可能极为挑剔，会因微小不符点而拒付。

（4）关于保险单据。

A.保险类别应明确，应与合同相符。如果来证扩大了保险责任范围或增加了险种，提高了受益人承担的保险费，就必须提出修改信用证。例如，合同中规定投保水渍险，但来证中规定“Insurance policy/certificate blank endorsed for 110% of CIF invoice value covering ALL RISK with claims payable at Singapore”（保险单或保险证书做成空白背书，投保金额为发票金额的110%，投保险别为一切险，赔付地在新加坡）。

B.保险金额加成应与合同一致。

C.在FOB价格条件下保险应由买方办理，而信用证中却要求提供保险单；或者来证要求受益人将装船情况寄给申请人保险公司，经其签收保险回执，受益人凭回执与货运单据一起办理交单请求付款，对上述情况应提出修改信用证。

7.受益人对特别条款的审核。

（1）对所适用惯例的审核。如审核来证是否是依据《UCP600》开立的，来证是否受国际商会丛刊第500号《跟单信用证统一惯例解释通则》的约束。明确信用证受国际商会丛刊第500号《跟单信用证统一惯例解释通则》的约束，可以使相关各方在具体处理信用证业务中，对于信用证的有关规定有一个公认的解释和理解，避免因对某一规定的不同理解产生争议。

（2）审核有关的费用条款。

A.信用证中规定的有关费用，如运费或检验费等应事先协商一致，否则，对于额外的费用原则上受益人不应承担。

B.银行费用如事先未商定，应以双方共同承担为宜。

8.受益人在审核信用证时应注意识别软条款。

受益人识别软条款参看本章通知行审核信用证业务中“对信用证软条款的识别”的相关内容，一般应对以下几方面特别加以注意以免落入陷阱：

（1）关于信用证生效是否有附加条款。

（2）规定的单据能否提供或及时提供。例如，一些需要认证的单据，特别是需经使馆认证的能否及时办理和提供；由其他机构或部门出具的有关文件，如进口许可证、运费收据、检验证明等能否提供或及时提供；将申请人的货物检验文件作为付款依据的，必须考虑该文件的可获得性。

（3）装运条款能否满足。信用证中指定船龄、船籍、船公司或者不准在某港口转船或规定转船的名称、日期、分批的具体要求等能否满足。如果不能做到，必须提出修改。此外，在信用证中规定了运输方式，但要求提交另一种运输方式的单据，如信用证规定空运，却要求提供海运提单，诸如此类的规定必须提出修改信用证。

（4）似是而非的条款。信用证中有些条款看似普通，但如果按惯性思维理解并据此制单和处理单据，有可能导致开证行拒付。

案例分析5-4 negotiated和presented的不同

来证规定"Documents must be negotiated within 15 days from B/L date"（单据必须在提单日起15天内议付），如果提单日是3月1日，受益人单交议付行的日期是3月16日，议付行议付款项后，在出单面函上加注"Documents were presented to our counter on Mar.16"（单交我行柜台的日期是3月16日）。单到开证行拒付，拒付理由是"Late negotiation"（晚议付）。

分析：受益人和议付行错在没区分negotiated和presented。按惯例，开证行在信用证中规定的是present的时间，而不是negotiate的时间。但打破常规不遵循惯例的事也会发生，当事人必须仔细审核信用证，并按要求使用信用证。

（二）修改信用证

1.提出修改信用证

受益人（出口商）通过审证，发现来证内容与合同不符或来证规定的条款无法满足以及存在软条款，应该提出修改信用证。

案例分析5-5 来证内容与合同不符提出修改信用证

①因受益人名称错误修改信用证。

Letter of credit No.1068901 fails to conform with contract No.108905 in respect of the name of beneficiary, our correct name should be ×××.We have to request you to amend it as soon as possible.（第1068901号信用证的受益人名称与第108905号合同不符，我方正确的名称应为×××，请尽快修改）。

②因信用证类型不符修改信用证。

We regret to find that L/C No.1068901 is irrevocable, as this is not in conformity with the clause in sales contract No.108905, which calls for opening irrevocable and transferable credit. We have to request you to amend the credit to read irrevocable and transferable as soon as possible.（我们遗憾地发现，你方开来的第1068901号信用证仅是不可撤销信用证，这与第108905号销售合同的规定不符，该合同规定的是不可撤销的和可转让的信用证。请你方尽快将上述信用证修改为不可撤销的和可转让的信用证）。

③信用证金额与合同不符修改信用证。

L/C No.1068901 checking this figure up with the total value in S/C No.108905, we find that there is a deficiency of USD ××× in your credit, please instruct the issuing bank to make up the deficiency by cable /telex.（第1068901号信用证经与第108905号销售确认书核对时发现该证金额短少×××美元，请用电报/电传通知开证行补充所缺金额）。

④商品名称不一致修改信用证。

L/C No.1068901 fails to conform with S/C No.108905 in respect of the name of goods, please amend the name of goods to ×××.（第1068901号信用证的品名与第108905号销售确认书不一致，应修改为×××）。

⑤需要允许溢短装修改信用证。

There is no more or less clause as mentioned in S/C No.108905 on your L/C No.1068901, please insert the wording 5% more or less is allowed after both the total value and the quantity to be delivered in the credit.（第1068901号信用证中没有在第108905号销售确认书中提到的溢短装条款，请在信用证总金额以及数量后加上允许增减5%的文句）。

⑥保险加成不符需要修改信用证。

L/C No.1068901 requires us to cover the goods against ALL RISKS and WAR RISKS for 150% of invoice value. As this is not in conformity with clause as mentioned in S/C No.108905. This calls for coverage of ALL RISKS and WAR RISKS for 110% of invoice value. We have to request to make the necessary amendment.（第1068901号信用证要求我方按发票金额的150%投保一切险和战争险，这与第108905号销售确认书不符，该条规定按发票金额的110%投保一切险和战争险，请做必要的修改）。

分析：①~⑥是常见的来证内容与合同内容不符的情况，受益人要仔细审核来证，发现有上述等问题要一并提出修改，以便节约时间和节省修改手续费。

案例分析5-6　来证内容无法满足提出修改信用证

①因无直达船只修改信用证。

As there is no direct vessel for your port during the time of shipment stipulated in L/C No.1068901 under the circumstances, we have to request you to amend L/C No.1068901 to extend the time of shipment and the validity of the credit to ××× and ××× respectively.（由于在第1068901号信用证规定的期限内无直达船只开往你方港口，我方不得不要求你方修改信用证，将装运期和有效期分别延展至×××和×××）。

②因需要转船修改信用证。

As there is no direct vessel for your port during month of July, we have to ship via HONGKONG, please amend your L/C to allow transshipment at HONGKONG by cable/telex, so that the goods can be shipped in time.（由于在7月份内无直达船开往你方港口，我方不得不经香港转船，请用电报/电传将信用证修改为允许在香港转船，以便及时装运）。

③需要允许分批装运修改信用证。

We find that partial shipments are not allowed in L/C No.1068901, it is clearly not in conformity with S/C No.108905.In order to enable us to ship our order on board in time, we must ask you to amend your credit by cable/telex to allow partial shipments immediately.（我们发现在第1068901号信用证中不允许分批装运，这显然与第108905号销售确认书不符，为了及时将你方所订货物装运，请务必用电报/电传将信用证改为准许分批装运）。

分析：在出口方受实际条件的限制，无法满足来证要求时，必须提出修改信用证。当不能满足装期和有效期的要求时，提出延长信用证的装效期，即一般在要求延展装期时，同时要求有效期一并延长。

2.修改信用证的生效性

经开证行修改的信用证，对受益人并不立即产生法律效力。信用证的修改最终要得到受益人的同意才生效，但如果受益人没做任何表示，则以受益人交单情况为准，即所提交的单据如果与修改的内容相符，则视为接受修改；如所交单据与修改内容不符而与原证内容相符，则视为拒绝修改。受益人关于信用证的修改未向通知行表态或表态前原证条款仍然有效。

信用证修改可以多次进行，但必须全部接受修改的内容，部分接受修改做无效处理。

案例分析5-7　　**部分修改无效案例**

某公司收到的信用证规定：装期和有效期（以下简称装效期）分别为6月25日和7月20日，不准转运和不准分批。该公司提出修改信用证，要求装效期分别改为7月5日和7月30日，允许转运和分批。之后该公司收到修改通知书，装效期分别改为7月5日和7月30日，允许转运，不允许分批。经调查，该公司发现根据当时的备货情况，不允许分批难以办到，于是决定再次提出修改信用证。业务员再次起草电文时只写明要求将不准分批改为允许分批，其他未提。而后该公司再次收到修改的通知书，其同意分批发运。于是该公司在7月2日将第一批货发出，经香港转船，7月22日交单，寄单行被开证行拒绝，提出3个不符点：①提单日晚于6月25日；②交单日期晚于7月20日；③由香港转运。

分析：该公司没有很好地理解《UCP600》关于修改信用证的条款规定。第一次修改由于没有接受禁止分批装运，属于部分接受，所以修改无效；第二次修改是有效的，但只把不许分批改为允许分批，其他信用证条款并未修改，即修改后的信用证条款是装效期分别为6月25日和7月20日，不准转运、允许分批。因此，该公司交单是存在不符点的，该公司只能通知开证行改为托收结算。

（三）缮制单据并交单

出口商根据合同约定发运货物，缮制并取得信用证规定的全套单据，开立汇票（或不开汇票，视信用证规定）后，连同信用证正本和修改后的信用证（如果有），在信用证规定的交单期内，递交给通知行完成交单或向信用证指定的议付银行（如果有）或向与自己有往来关系的银行办理议付。关于单据缮制业务在本书模块六详细介绍。

任务三　跟单信用证类型及其应用

一、可撤销信用证和不可撤销信用证

根据开证行对信用证的责任不同，信用证分为可撤销信用证和不可撤销信用证。

（一）可撤销信用证（Revocable Credit）

可撤销信用证是指在开证之后，开证行无须征得受益人的同意就有权修改其条款或者予以撤销的信用证。这种信用证对受益人而言是缺乏收款保障的。但是根据《UCP500》第八条（B）项的规定，即使是可撤销信用证，只要受益人已按信用证规定交单，指定银行已经凭单证相符做出付款、承兑或议付，信用证就不可再行撤销或修改。

根据《UCP600》第3条的“释义”，“A credit is irrevocable even if there is no indication to that effect”（信用证是不可撤销的，即使信用证中对此未做指示也是如此），即按照《UCP600》开立的信用证，都是不可撤销信用证。

（二）不可撤销信用证（Irrevocable Credit）

1.不可撤销信用证的定义

不可撤销信用证是指未经开证行、保兑行（如有）以及受益人同意，既不能修改也不能撤销的信用证。

2.不可撤销信用证的特征

（1）开证行予以兑付的确定承诺。在不可撤销跟单信用证规定的单据全部提交给指定银行或开证行并且符合信用证条款和条件时，即构成开证行予以兑付的确定承诺。开证行确定的付款承诺表现为四种情况：

A.对即期付款信用证——即期付款。

B.对延期付款信用证——发出延期付款承诺并到期付款。

C.对承兑信用证——承兑受益人出具的汇票，并于到期日支付票款。

D.对议付信用证——根据受益人依照信用证出具的汇票及/或提交的单据向出票人或善意持票人履行付款责任，不得追索。

（2）具有不可撤销性。这是指自开立信用证之日起，开证行和保兑行（如果有）就受到其条款与承诺的约束。即使要撤销或修改，在受益人向通知修改的银行表示接受该撤销或修改之前，原信用证条款对各当事人依然有效。

二、保兑和不保兑信用证

根据是否有银行对信用证加以保兑，信用证分为保兑信用证和不保兑信用证两种。

（一）保兑信用证（Confirmed Credit）

1.保兑信用证的定义

除有开证行承担确定的有条件付款责任外，还有另一家银行承担同样的付款责任的信用证就是保兑信用证。

保兑行对信用证的责任与开证行的责任相当，即当信用证规定的单据提交到保兑行时形成相符交单，就构成保兑行在开证行之外的确定承诺，这种付款责任对保兑行也是第一性的。

2.保兑行对信用证加具保兑的方法。

（1）开证行在给通知行的信用证通知书中授权另一家银行在信用证上加保。例如：

□without adding your confirmation

☒adding your confirmation

□adding your confirmation，if requested by the beneficiary

（2）通知行用加批注等方法，表明保证兑付或保证对符合信用证条款规定的单据履行付款责任并签字。例如，This credit is confirmed by us.We hereby added out confirmation to this credit（此系由我行加保的信用证。我行因此给该信用证加具保兑）。

（二）不保兑信用证（Unconfirmed Credit）

不保兑信用证是未经另一家银行加保的信用证。即使开证行要求另一家银行加保，如果该银行不愿意在信用证上加具保兑，则被通知的信用证仍然只是一份未加保信用证。通知行在给受益人的信用证通知中一般会写上以下表示责任范围的面函：This is merely an advice of credit issued by the above mentioned bank which conveys no engagement on the part of this bank（这是上述银行所开信用证的通知，我行只通知而不加保证）。

对于不可撤销不保兑信用证，只有开证行承担确定的有条件付款责任。

三、即期信用证、承兑信用证、延期付款信用证和议付信用证

根据信用证下指定银行付款期限的不同，信用证分为即期信用证、承兑信用证、延期付款信用证和议付信用证。

（一）即期信用证（Credit Available by Payment at Sight）

即期信用证也叫即期付款信用证，是指受益人开立一张即期汇票，连同信用证下规定的单据一起提交或只提交信用证规定的单据到开证行或其指定的付款行，银行对相符交单兑付款项的信用证。即期付款信用证可以有跟单汇票，也可以没有。开证行或付款行付款后无追索权。

（二）承兑信用证（Acceptance L/C）

承兑信用证是开证行或付款行在收到符合信用证条款的汇票和单据后，在汇票上做承兑，待汇票到期时履行付款义务的信用证。

受益人开出以开证行或指定银行为受票人的远期汇票，连同信用证规定的商业单据一并交到开证行或指定银行；付款方银行收到汇票和单据后进行审核，对相符交单则在汇票正面写上“承兑”字样并签章，然后将承兑后的汇票交付（推定交付）受益人，接受商业单据。待付款日到时，交单方向付款方银行提示汇票要求付款，银行则付款，银行付款后无追索权。

（三）延期付款信用证（Deferred Payment Credit）

延期付款信用证是开证行在信用证上明确规定，在受益人交单后若干天付款的信用证。延期付款信用证不需要签发汇票。

在业务处理上，延期付款信用证与承兑信用证类似，所不同的是受益人不需要出具汇票，只需将符合信用证规定的单据在规定的交单日及以前交到指定银行，指定银行进行单据审核，对相符交单则接受单据，等付款到期日时再行付款。开证申请人一旦接受单据就意味着承诺付款，放弃了拒付权利。

（四）议付信用证（Negotiation L/C）

1.议付信用证的定义

议付信用证是指信用证条款规定可用议付方式使用的信用证。关于议付的规定，是指邀请付款行或承兑行以外的其他银行使用此信用证。被邀请使用此信用证的银行（议付行），买入此信用证下的汇票（如果有）和单据，从而成为持票人，有资格按信用证的规定向开证银行或指定付款行交单索偿。

议付信用证分为公开议付信用证和限制议付信用证。公开议付信用证也称自由议付信用证，是指不指定议付行的议付信用证，可以由任何一家银行议付款项。限制议付信用证是由开证行指定议付行的信用证。它一般在信用证条款中明确议付行名称。

2.议付信用证的过程

（1）议付行议付单据。受益人（出口商）签发以开证行为付款人、以受益人或议付行为收款人的汇票，连同商业单据一起或只提交商业单据（不签发汇票）给允许使用信用证的议付行，议付行则在审单后扣除垫付资金的利息和费用，将余款付给受益人，然后将汇票（如有）和商业单据按信用证规定的方法提交给开证行或指定付款行进行索偿。

（2）开证行或指定付款行偿付即期付款信用证。银行收到即期跟单汇票后进行审单，对相符交单立即付款以偿付议付行。

（3）开证行或指定付款行偿付承兑信用证和延期付款信用证的方法。议付行审单议付款项后，将汇票、单据寄交开证行。对于承兑信用证，开证行承兑后，寄出“承兑通知书”给议付行或将汇票退给议付行在进口地的代理行保存，等汇票到期时由其提示开证行付款。议付行也可将开证行承兑的汇票贴现，即由议付行在进口地的代理行将开证行的承兑汇票送交贴现公司办理贴现，出口商负担贴现息。对于延期付款信用证，开证行审单后，对相符交单接受单据，承诺到期日付款。议付行在付款到期日再提示开证行或指定付款行付款，出口商要承担议付行议付款项到其收到开证行或指定付款行付款期间的利息。

议付行是票据的买入者和经背书的汇票的后手，如果因单据有问题遭开证行拒付，其有权向受益人追索票款，这也是议付行与付款行的本质区别。

四、可转让信用证和不可转让信用证

根据信用证的权利能否转让，信用证可分为可转让信用证（Transferable L/C）和不可转让信用证（Non-transferable L/C）。根据跟单信用证最新惯例的规定，银行无办理信用证转让的义务，除非其明确同意，即只有在开证行开立的信用证中明确注明可转让（Transferable）的信用证才可以转让，类似的文句有“This Credit is Transferable 或 Transfer to be Allowed”。在信用证中若使用诸如“Divisible”“Fractionable”“Assignable”“Transmisslble”等用语，并不能使信用证可转让，银行可以不予理会。在这里只介绍可转让信用证。

（一）可转让信用证的概念

可转让信用证是指经开证行授权转证行，按照信用证受益人（第一受益人）的要求，将该信用证全部或部分转让给一个或数个受益人（第二受益人）使用的信用证。

使用可转让信用证需要特别注意以下几点：①只有明确的“可转让”（Transferable）字样，信用证可以被转让；②信用证的受益人是将使用信用证的权利转让；③办理转让的银行是信用证指定的转让行，称转证行；④转让的金额可以是部分的，也可以是全部的；⑤转让的对象可以是一个或几个，但只许转让一次，意指受让人不能再次转让。

（二）可转让信用证的使用要点

（1）第一受益人提出转让要求，填写并向转证行递交“转让申请书”（Application for Transfer）。

（2）转证行重新缮打信用证。

在新缮打的信用证中，开证行名称与原证开证行名称必须一致。因为转让后的信用证仍然由原证的开证行负责付款，转证行没有兑付信用证的责任。若新证和原证开证行不同，第二受益人的单据就会存在不符点。

在新证中，开证申请人可以与原证不同，第一受益人通常是新证的开证申请人。但如果原证中规定办理转让信用证，原开证申请人不能改变，则新证中的开证申请人必须与原证一致。

在新证中，原信用证的条款一般不能改变，但以下项目除外：

①金额。新证的金额可以减少。

②数量。新证的数量可以减少。

③单价。新证的单价可以降低，这样中间贸易商可以获取价差收入。

④到期日。新证的到期日可早于原证。

⑤最迟交单日。新证最迟交单日应当早于原证的最迟交单日。

⑥装运期限。新证的装运期限应相应提前。

⑦必须投保的金额。必须投保的金额比例应当增加，以满足原信用证的保额。

开证行对新证所负的责任与对原证所负的责任相同，并不因开出新证而有所改变。转证行开出新证后，应及时通知第二受益人。

（3）可转让信用证的修改。

①第一受益人在申请转让并且转出之前，必须不可撤销地指示转证行，说明是否保留拒绝或允许转证行将修改的信用证通知第二受益人的权利。第一受益人对于修改的优先处理权有三种说明方法：保留修改权利、部分放弃修改权利、放弃修改权利。

②如果信用证转让给一个以上的第二受益人，其中一个或几个第二受益人拒绝接受信用证的修改，并不影响其他第二受益人接受修改。

（4）信用证只能转让一次。

只要信用证不禁止分批装运/分批支款，可转让信用证可以分为若干部分予以分别转让，而这些转让的总和被认为是该信用证的一次转让。

（5）第二受益人将货物出运后，按照新证规定的条款备齐单据，向转证行交单议付。第二受益人交来的发票和汇票是以第二受益人自己的名义缮制的。议付行审单议付后通知第一受益人。

（6）第一受益人在第一次接到通知后，必须及时用自己的发票和汇票（如果有）替换第二受益人提交的发票和汇票。第一受益人可以在信用证下支取发票与第二受益人发票可能产生的差额，转证行将两张汇票（如有）/发票的差额付给第一受益人；若第一受益人应当提交自己的发票、汇票（如有），但未能在收到第一次要求时照办，或第一受益人提交的发票导致了第二受益人提示的单据中本不存在的不符点，而其未能在收到第一次修改要求时予以修正，则转证行可以将从第二受益人处收到的单据直接寄开证行，不再对第一受益人负责。

（7）除非信用证另有规定，银行转让信用证所发生的费用由第一受益人负担，并且转让费用要预先支付。

五、对背信用证

对背信用证（Back to Back L/C）是指信用证的受益人以该信用证为保证，要求一家银行作为开证行开立以其为申请人、以实际供货商为受益人的新信用证。

对背信用证主要用于有中间商的国际贸易，与转开信用证相比更便于保守商业秘密。对背信用证与可转让信用证有相似之处，但有自己的特点：①对背信用证是两个独立存在的信用证，即存在两个相互独立的开证行。关于这一点与可转让信用证是不同的。在可转让信用证中，原证与新证是套证关系，只有一个开证行，转证行不承担相符交单的第一性付款责任。②对背信用证的受益人是分别交单，不像在可转让信用证下需要换单。

六、对开信用证

对开信用证（Reciprocal Credit）是以交易双方互为开证申请人和受益人、金额大致相等的信用证。在对开信用证中，第一份信用证的开证申请人就是第二份信用证的受益人；反之，第二份信用证的开证申请人就是第一份信用证的受益人。第二份信用证也被称作回头证。第一份信用证的通知行一般就是第二份信用证的开证行。对开信用证广泛用于易货贸易、来料加工贸易、补偿贸易等。

对开信用证生效有两种方法：①两份信用证同时生效。第一份信用证在开出以后并不立即生效，要等对方开来的信用证被受益人接受以后，通知对方银行，两证同时生效；②两份信用证分别生效。各份信用证在开出以后立即生效，无须以另一份信用证的生效为条件。

七、循环信用证

循环信用证（Revolving Credit）是一种规定该信用证的部分金额或全部金额被使用后，能够重新恢复原金额被再次使用的信用证。

循环信用证规定循环使用条款，具体说明信用证的循环方法、循环的次数、循环达到的总金额等。

八、预支信用证

预支信用证（Anticipatory Credit）是开证行授权出口方银行（通常是通知行）允许出口商在发货交单前可以支取信用证全部或部分货款，并由开证行还款和支付利息的信用证。预支信用证中应有预支条款，这一条款以前是用红色打印的，所以这种信用证也被称作红条款信用证（Red Clause L/C）。

预支信用证是为解决出口商组织货源问题和出运货物资金不足而开立的，一般在预支信用证款项时，受益人出具本票和按时发货交单的保证或提交货物仓单作为抵押。

预支信用证中的预支条款包含以下内容：①规定受益人预支的最高额度；②预支时受益人必须提供保证或抵押仓单；③银行从议付金额中扣除垫款本息，将剩余的金额付给出口商；④倘若出口商不能按时交单议付，提供预支款项的银行可向开证行索偿，开证行保证立即偿还垫款本息以及发生的各项费用。

任务四　跟单信用证结算中的授信业务

银行信用证项下的授信业务既包括对进口商的授信，也包括对出口商的授信，具体有开证担保授信、进口押汇融资授信、提货担保授信、打包放款融资授信、预支信用证融资授信、出口押汇融资授信等方式。

一、银行进口贸易授信

银行进口贸易授信包括担保授信和融资授信两个方面，是银行对进口商提供的授信服务，分为开证环节担保授信和付款环节融资授信。

（一）开证环节担保授信

开证环节担保授信是指开证行在开立信用证时只要求进口商交纳部分保证金或无须交纳保证金。如果开证行要求进口商交纳足额保证金就不属于授信业务。一般来说，进口商为了减少银行授信审批环节以尽快开出信用证，会选择交纳足额保证金。

开证行受理进口商开证申请开立信用证，就承担了相符交单的第一付款人的责任，即当出口商提交了与信用证相符的单据，便先于进口商付款。因此，银行把开立信用证看作一种授信业务，开证行要对进口商进行资信调查，为进口商核定开证额度，在开证额度内收取进口商全额保证金或一定比例的保证金、抵押物、担保书后，开立一定金额的信用证。如进口商资信佳、信用等级高，可相应降低保证金比例；相反，就提高保证金比例。保证金比例最高可以达到100%，最低可以为0，即不收取保证金。保证金比例越低，说明进口商融资能力越强，银行越愿意为其提供融资服务。如果需交100%的保证金，在开证环节银行就不会给进口商提供授信服务。

（二）付款环节融资授信

1.进口押汇

信用证结算方式下的进口押汇是指进口商申请开证时没有交纳足额保证金，开证行向相符交单行付款并向进口商放单，进口商即期归还或在约定日期归还开证行所付款项并向开证行支付相应利息。进口商未付货款而从开证行取得了物权单据，即形成开证行对进口商的融资，这就称为进口押汇，开证行也称押汇行。在即期付款信用证项下，开证行在立即偿付相符交单行的款项后，通知进口商赎单。进口商向开证行做出在未来某一时间付款的承诺，开证行立即放单，即做进口押汇。押汇行从垫款之日起开始收取押汇利息，利率一般高于市场利率，以促使进口商尽快还款。

2.提货担保授信

提货担保是指当货运单据未到、进口商急于提货时，可以向开证行申请，由银行单独或由进口商和银行共同向运输公司出具书面担保，请求其凭担保放货，保证日后补交正本提单。提货担保既可以是一种担保授信和融资授信的结合，也可以仅是一种担保授信。如果开证行在做提货担保时，已收取进口商一定比例的保证金或不收取保证金，则形成银行对进口商的担保授信，在对交单行付款时形成对进口商的融资授信；如果收取全额保证金，则只是一种担保授信不存在融资授信行为。

使用信用证结算方式，银行给进口商出具担保使进口商提前提货是普遍现象，尤其在近洋贸易中，为解决货物先到单据后到，因不能及时提货而产生压港费用的问题，经常采用提货担保形式。

银行做提货担保前，必须查明该批货物确系本行开立信用证项下的货物，还要落实反担保，如收取全额保证金或收取一定比例的保证金，并且在受理提货担保申请时，必须要求收货人（进口商）放弃拒付的权利。

二、出口贸易融资

使用信用证结算方式对出口商融资主要包括交单前的打包放款、预支信用证和交单时融资。

（一）交单前融资

1.打包放款

打包放款是指在使用信用证结算方式时，银行向出口商提供的货物发运前的融资，一般为信用证金额的80%左右。做打包放款的银行，一般是出口商所在地的银行，如通知行、议付行经常做这项业务。它是一种短期融资业务，具有周转快、申请手续简便等特点。

打包放款的业务过程：①出口商填写打包放款申请书，规定借款用途，把信用证正本抵押给银行；②银行审查出口商的资信情况、开证行的资信情况、外贸合同和信用证内容，有的银行还要求出口商提供担保；③银行与出口商签订打包贷款合同，出口商支用贷款。

2.使用预支信用证

预支信用证是开证行授权出口方银行（通常是通知行）允许出口商在发货交单前可以支取信用证全部或部分金额，并由开证行还款和支付利息的信用证。出口商如果能够让进口商开来预支信用证，它就可以在交单前支用信用证款项以解决备货、发运资金不足等问题。由于是开证行向通知行还款和付息，因此预支信用证是开证行对出口商的融资。

（二）交单时融资

交单时融资是指出口商所在地银行以即期付款形式买进与信用证条款相符的一套商业单据或汇票和一套商业单据，然后获得向开证行、保兑行（如果有）或指定银行索偿的权利。交单时银行买进出口商单据的融资业务称为议付。银行议付款项应符合如下条件：

（1）开证行资信良好且开证行所在国外汇充足、政局稳定、社会经济状况好。

（2）信用证条款符合国际惯例。信用证条款没有不合理的附加条件，能保证开证行独立承担第一性付款责任。

（3）能控制物权。如在议付单据中有运输单据，并规定运输单据是物权单据，议付行可以通过控制物权单据而控制货物，以降低议付风险。

（4）出口商资信良好。议付行议付款项是有追索权的，如果不能得到开证行及其指定行的偿付，可以向受益人追索。如果出口商资信欠佳、清偿能力不足，其会使议付行蒙受损失。

（5）单据与信用证相符。单证相符，开证行才承担付款责任，议付行收款才有保证。如果单证不符，议付行可以向开证行“电提”不符点，如果开证行接受不符点，也可以做议付；或者由受益人提供担保书做担保议付，一般银行只对信用良好的或能提供担保品的出口商做担保议付。

任务五　跟单信用证结算风险与防范

一、出口商的风险及防范

出口商使用信用证面临的风险主要是伪造信用证和信用证中存在软条款。防范这两类风险的关键是能够辨别信用证的真假和能够识别软条款，并针对软条款要求修改信用证。其具体操作方法在出口商审核信用证和修改信用证业务处理中已述及，在这里不再重述。

二、进口商的风险及防范

（一）出口商伪造单据的风险及其防范

按照《UCP600》的规定，银行对单据的下述方面不负责任：形式、完整性、准确性、真伪、法律效力等。银行对单据所代表的货物在下述方面不负责任：货品、数量、重量、状况、包装、交货、存在与否。这些规定给出口商以次充好、以假冒真、伪造单据骗取货款提供了方便。此外，卖方可能与承运人合谋出具预借提单或倒签提单，或与其他当事人如船长串通等将货物中途卖掉，然后利用相符交单，骗取进口商货款。进口商要防范这类风险：一是对出口商进行资信调查，找信用良好的出口商签订交易合同；二是对单据的出单人做出明确要求；三是在货物出运前派代表到装运地进行实地监督。

（二）提货担保中的风险与防范

在实务中，在正本提单未到时，进口商为及早提货，常向开证行申请由其做提货担保。进口商根据出口商发来的提单传真件，向开证行申请签发提货担保书，开证行因之失去物权，视同放单。所以开证行一般要求进口商提供书面保证，即不论对方银行寄来的单据是否与信用证相符，都必须付款且立即交纳100%的保证金。习惯上，提单上的货物栏只填写货物统称，无具体规格。因此，只审核提单传真件无法知道货物的详细情况，于是有些不法商人利用运输航程短、货物先到提单后到目的地或有意延迟交单，迫使进口商为避免压港费用而做提货担保，而出口商发运货物与合同不符，使进口商蒙受损失。所以对于信用不明的出口商，进口商应等发票、装箱单、质检单等记载详细的关键单据以及正本提单到来，经审核符合信用证条款后再付款赎单、提货，并慎重选择提货担保。

案例分析5-8　因开证行提货担保不当而蒙受损失

I行开立不可撤销自由议付信用证，该证经由A行通知给受益人。货物装运后，受益人将单据提呈给通知行要求议付，并称由于进出口港距离较近，正本提单已直接寄给申请人，请通知行发电开证行，请求其凭副本提单议付授权。A行审核单据后发现除没有正本提单外，其他都符合相符交单，同意发电I行征询意见。I行征求申请人的意见，申请人同意。I行遂电复通知行同意授权凭副本提单议付，议付行（通知行）即付款给受益人，并寄单开证行索偿。两天后，I行收到了A行的单据，发现除未提供正本提单外，其他一切条件均符合信用证规定。于是I行对A行付款并扣减了申请人账户。次日，申请人要求I行出具提货担保以便提货。因为货物已到港，而正本提单尚未收到，I行鉴于已对A行偿付并且已借记申请人之账，于是出具了提货担保，申请人以银行担保提走了货物。

一星期后，I行忽然从另一银行×行收到一套托收单据，其中的提单恰好是上述信用证下的正本提单，托收委托人却是一家不知名的公司，并非原信用证受益人，而付款人仍为原信用证的申请人。但I行已无法找到付款人，只得回复托收行并称保留单据听候托收行意见处理。托收行×行将此情况通知其客户，并请求其客户指示。

托收委托人告知×行，I行开立了提货担保，申请人已据此提走了货物。但作为物权凭证的正本提单在自己手里，开证行无权任意处理，如收不到货款，将向船公司索赔。当托收行将这一情况通知开证行时，开证行才恍然大悟受骗了。但I行认为，它已代表申请人支付了货款，不能要求它对同一批货物再次付款。但按照惯例，船公司一定凭提货担保书行使追索权，因此为了维护自身信誉，它还是代付款人付了款，然后行使追索权。

结合案例分析开证行应如何避免这类风险？

分析：开证行避免此类风险有两个节点。一是在开证环节一定要对开证申请人进行资信审核，并交纳足额保证金或进行相应抵押担保，但本案例说明不能因为已收取保证金或抵押物而疏忽大意，丧失应有的谨慎态度。二是在做提货担保时一定要慎重。做提货担保时一般是正本提单随同其他商业单据一并寄开证行，案例中的情况不符合做提货担保的常规做法，所以导致开证行陷入进出口商合谋设置的骗局。

三、银行的风险及防范

（一）进口商拒付或破产的风险与防范

开证行是以自己的信用提供付款保证、承担第一性付款责任的。因市场变化，进口商找借口拒绝付款赎单或因进口商破产而无力偿付时，只要出口商提交了相符单据，开证行就必须承担付款责任，这往往会给开证行带来巨额损失。为防范这类风险，开立信用证时，开证行要对开证申请人做资信调查，确定授信额度，在授信额度内开立信用证，并且要求开证申请人提供保证金或抵押品或保证。

（二）“正本提单直接寄进口商”或提货担保的风险与防范

有时由于航程短，货物出运后很快就抵达了目的港，为解决货物先到单据后到而不能及时提货的问题，实务中经常采用将“1/3正本提单径寄客户，2/3提单送银行议付”的信用证条款，或开证行给进口商出具提货担保，使进口商不用提单正本就能够办理提货手续。这样进口商就不付款而提走了货物，开证行则放弃了付款后应有的物权。当出口方交来相符单据时，开证行必须承担付款责任，而此时如果进口商拒不付款，就会使开证行尽管已付款，却没有得到相应的物权。为防范这类风险，开证行应要求进口商提交放弃拒绝付款的书面保证和交纳足额保证金，以防范进口商提走货物而不付款的风险。

（三）信用证打包放款风险与防范

近年来打包放款方式盛行，给进出口商带来了便利，但有些进出口商合谋欺骗银行，给银行带来了风险。例如，某外商向其在中国境内的合资企业购货，开来一张约50万美元的即期信用证。该合资企业凭信用证向当地银行申请打包放款，用来备货以及出运。信用证到期时供货方却未出运货物，原来外商并不要货，只是由于该企业资金紧张，贷款无门，假借信用证内外勾结来骗取贷款。进出口商串通一气骗取银行贷款到期不还，往往使银行蒙受巨额损失。为防范这类风险，银行必须对出口商进行资信调查，严格授信程序，在授信额度内进行打包放款，此外应要求出口商提供相应的担保。

（四）伪造信用证风险与防范

通知行面临的风险往往是因没有正确识别信用证的真伪，把伪造信用证按真实信用证通知给了受益人，形成信用证诈骗，通知行要承担其损失。为防范这类风险，通知行对信用证进行审核时，应仔细核对密押或签署以验证信用证的真伪，提防伪造的信用证。

要点导图

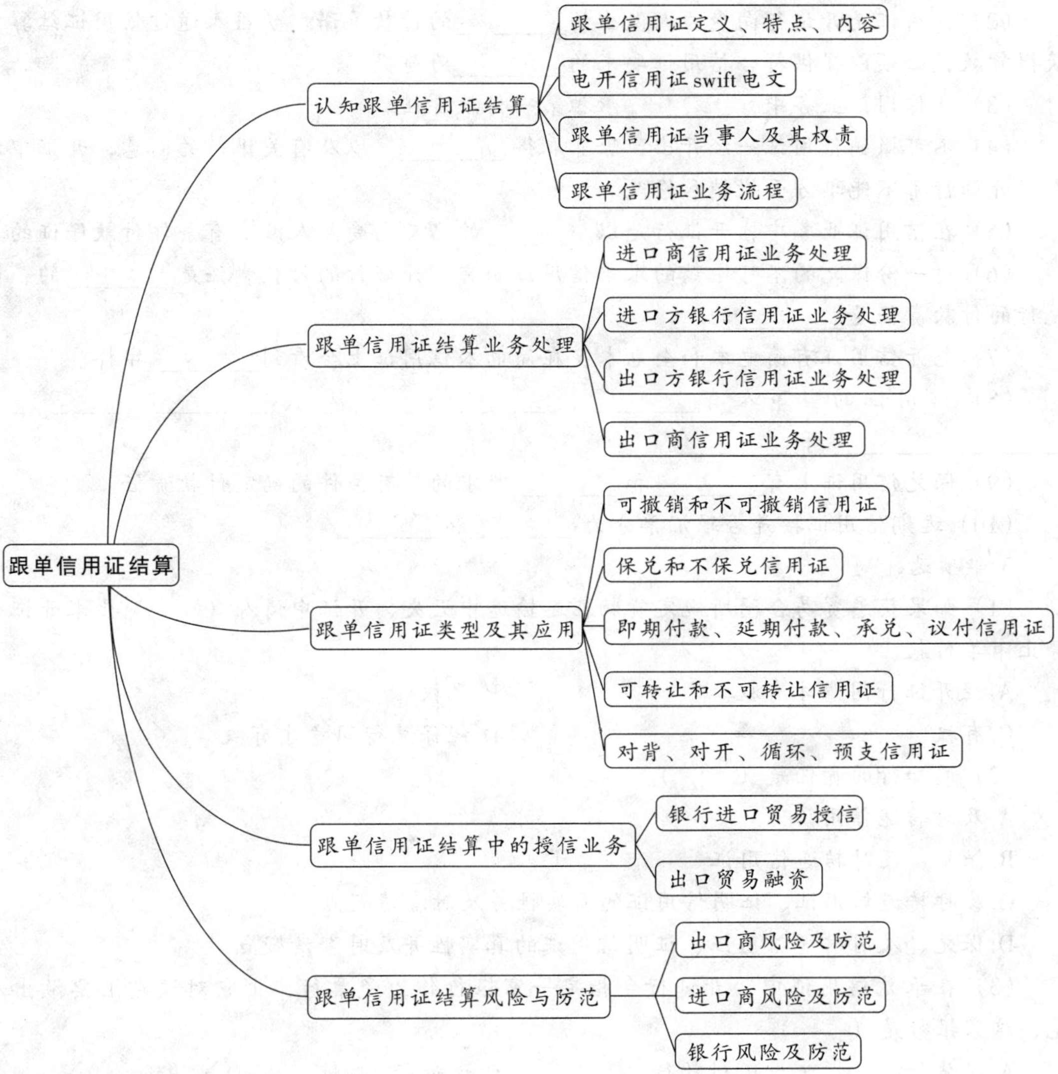

知识检测

1.简答题

（1）简述信用证的定义和特点。

（2）简述信用证的当事人及其权责。

（3）信用证的内容包括哪些？

（4）简述信用证的结算程序。

（5）如何审核信用证？

（6）如何修改信用证？

（7）在信用证结算中有哪些融资方式？

（8）如何防范信用证的结算风险？

2.填空题

（1）信用证结算方式是以________信用为基础的。

（2）信用证是开证行向受益人做出的________的付款承诺。受益人通过信用证结算要获得货款，必须以提供符合信用证要求的________为前提。

（3）在信用证业务中，________承担第一付款责任。

（4）不可撤销信用证一经开出，除非取得________ 以及有关银行的同意，开证申请人、开证行都不能单方面撤销和修改。

（5）在信用证业务中，开证行是以________的名义向受益人做出有条件付款保证的。

（6）对一份保兑的不可撤销的跟单信用证而言，开证行的付款责任是________的，保兑行的付款责任是________的。

（7）电开信用证有简电本和全电本，在简电本信用证上会看到________字样。

（8）信用证的当事人有________、________、________、________、________、________、________和________。

（9）保兑信用证上有________和________双重的、有条件的确定付款责任。

（10）远期信用证按是否跟汇票分为________和________。

3.单项选择题

（1）如果获悉贸易合同所规定货物在运输途中灭失，开证申请人（　　）要求开证行停止审单付款。

A.经开证行同意才有权　　B.无权

C.有权　　D.经保兑行同意才有权

（2）通知行的责任是（　　）。

A.及时转递信用证

B.保兑、及时转递信用证

C.及时转递信用证、证明信用证的真实性并及时澄清疑点

D.保兑、及时转递信用证、证明信用证的真实性并及时澄清疑点

（3）在承兑信用证中，开证行会指定一家银行作为受票行，由它对远期汇票做出承兑，这家银行是（　　）。

A.保兑行　　B.付款行　　C.议付行　　D.承兑行

（4）下列关于信用证说法正确的是（　　）。

A.信用证作为一种结算工具，是否被有效执行，取决于该笔交易是否得到银行认可

B.信用证是独立文件，与销售合同分离

C.单证相符时，开证行或保兑行除受买方申请人约束外，不应受其他当事人干扰

D.采用信用证方式，银行不仅处理单据，还要监管货物

（5）在信用证结算方式下，受益人所签发汇票上的付款人，不应该是（　　）。

A.付款行　　B.承兑行　　C.申请人　　D.开证行

（6）当发票金额超过信用证金额时，一定会发生（　　）的情况。

A.汇票金额小于发票金额　　B.开证行拒收超额发票

C.兑付行接受超额发票　　D.兑付行拒收超额发票

（7）使用信用证结算，除了打包放款之外，出口商可以以（　　）方式得到备货

资金。

A.预支信用证　　B.可转让信用证　　C.议付信用证　　D.循环信用证

(8) 如果来证规定汇票付款人为开证申请人，银行将此汇票视为（　　）。

A.正常的单据　　B.无须理会的单据

C.附加的单据　　D.使开证行免责的单据

(9) 信用证如果未注明是否可以撤销，则（　　）。

A.可以撤销　　B.不可撤销

C.由开证行决定是否可撤销　　D.由申请人决定是否可撤销

(10) 限制议付信用证与自由议付信用证的区别在于（　　）。

A.议付行的责任不同　　B.议付的范围不同

C.议付行是否被指定　　D.议付的方式不同

4.多项选择题

(1) 开证行在拒付时，应承担的责任是（　　）。

A.说明拒付原因，指出单据不符点　　B.保管好单据

C.保管好货物　　D.用快捷方式通知议付行

(2) 在信用证下银行审单，不需要审查（　　）。

A.单据的完整性　　B.单据的真伪性

C.单据表面是否与信用证条款相符　　D.货物发运人的诚信

(3) 受益人所签发的信用证下的汇票上的付款人，应该是（　　）。

A.开证行　　B.开证行指定的承兑行

C.申请人　　D.开证行指定的付款行

(4) 在信用证业务中，负责审单的银行是（　　）。

A.开证行　　B.议付行　　C.偿付行　　D.付款行

(5) 在可转让信用证的新证和原证的内容中，可以不相同的是（　　）。

A.受益人　　B.商品数量　　C.商品单价　　D.装运日期

5.判断题

(1) 信用证是在托收方式基础上加入银行资信而建立起来的比较完善的逆汇收款方式。（　　）

(2) 信用证方式适用于小额国际贸易结算。（　　）

(3) 信用证是一项独立的文件，即信用证一经开立，就成为独立于贸易合同以外的一项契约。（　　）

(4) 通知行就是议付行。（　　）

(5) 信用证付款后，开证银行或其指定付款行如发现单据有不符点存在，可以向受益人退回单据，索还已支付的款项。（　　）

(6) 议付行就是付款行。（　　）

(7) 偿付行是遵循开证行的要求支付款项的，因此对受益人或寄单行而言，偿付行的付款也就是最终付款。（　　）

(8) 受益人向开证行在信用证中指定的付款行交单要求付款，该行在付款后才发现单据中有一个不符点，付款行可以据此向受益人追索款项。（　　）

(9) 偿付行付款前必须认真审核单据。 ( )

(10) 甲公司将600吨货物(可转让、允许分批装运的信用证)分别转让给乙公司、丙公司、丁公司出口,每家公司各200吨,这不符合国际商会600号文件关于“可转让信用证只能转让一次”的规定。 ( )

(11) 信用证结算业务只以单据为准,而与实际货物无关。 ( )

(12) 信用证的通知行在通知信用证时,应合理谨慎地验核信用证的内容真实性。 ( )

(13) 议付行如果不是保兑行,它对受益人的付款是有追索权的。 ( )

(14) 偿付行的付款是代开证行转账的单纯付款,属于终局性付款,开证行审单后,若有拒付,不可以向偿付行追索已付之款。 ( )

(15) 信用证作为一种商业信用,起着保证与资金融通的作用。 ( )

(16) 不可撤销信用证未经受益人明确表示同意,不能撤销,但可以修改。 ( )

(17) 对于同一信用证中的修改内容,不允许部分接受,因而部分接受修改内容当属无效。 ( )

(18) 可转让信用证只能转让一次,但可转让多人。 ( )

(19) 因开证行未对即期付款的汇票和单据及时付款,受益人通过银行向开证行查询,开证行答称:正与开证申请人联系催付,待申请人付款后立即付款。这种答复符合国际惯例。 ( )

(20) 只要信用证的受益人将贸易合同规定的单据交到信用证指定的交单行,就构成了开证行确定的付款责任。 ( )

(21) 延期付款信用证下,指定银行审单无误后收进单据,在受益人开具的远期汇票上做出承兑,待汇票到期再行付款。 ( )

(22) 运输单据若未规定最迟交单日期,意指从装运日起21天内交单。 ( )

(23) 不可撤销信用证如果要修改,受益人的沉默等于接受。 ( )

(24) 可转让信用证的金额不可以被分为若干部分分别转让。 ( )

(25) 某公司将一份可转让信用证转让给其国内供货商,该供货商交来的保险单上的金额应该大于原证关于保险金额的规定。 ( )

技能训练

1.案例分析

(1) 洁净提单案例

某日,我议付行收到国内受益人交来的全套单据,审单员审单后认为全套单据已做到“单单一致、单证一致”,于是付款给客户。但当此单据寄到对方开证行索偿时,遭到了拒付。开证行认为:我方提交的单据中含有一张海运提单,该海运提单上原先与货物描述一起打上的“洁净已装船”批注中的“洁净”字样被删除了,这样就不符合信用证提供“已装船洁净提单”的要求了。由此推定提单是不洁净的。根据《UCP600》的相关规定,银行不能接受此类不洁净提单。

我方收到开证行拒付电后即刻回复:根据《UCP600》的规定,所谓的洁净提单,是指提单上未附加表明货物表面状况有缺陷的批注的提单,既然我方提供的提单无此描述,就应认为提单是洁净的，故你方的拒付是不成立的。

分析开证行的拒付是否正当？

（2）不符合常规的可转让信用证案例

一家香港公司收到了一张经一家香港金融公司加保兑并限制其议付的可转让信用证。信用证在特殊条款一栏中写明："本证可以转让。如果发生转让，转让行必须在转让当天将全部转让细节用航邮通知开证行，并提交正式转让的转让人证明。"该香港公司在信用证规定的装期内装毕货物，且在有效期内将全套单据交香港金融公司议付。香港金融公司议付后将全套单据寄开证行索偿。

开证行收到单据后以未提供转让人证明、未用航邮形式将转让细节通知开证行为由拒绝付款。议付行香港金融公司则认为提供转让人证明毫无意义，以航邮形式通知开证行转让细节实际上泄露了贸易秘密，故认为开证行的拒付是故意刁难。

结合惯例分析开证行拒付是否合理？

（3）修改信用证案例

上海大众食品公司出口5 000吨黑龙江大豆至朝鲜，与朝鲜客商约定采用信用证方式结算。朝鲜客商按规定向朝鲜外贸银行申请开立不可撤销信用证，受益人为上海大众食品公司，议付行为上海W银行。信用证的有效期为2020年5月30日，货物的装运期为2020年5月15日。

2020年4月，朝鲜客商通过朝鲜外贸银行发来修改电一份，要求货物分两批分别于5月15日、30日出运，信用证的有效期展延至6月15日。上海W银行在第一时间将信用证修改情况通知了受益人。

5月30日，上海大众食品公司将5 000吨黑龙江大豆装船出运，在备齐了所有信用证所要求的单据后，于6月3日向上海W银行要求议付。上海W银行审单后拒绝对其付款。

结合案例分析上海W银行审单后拒绝付款是否合理？在这起信用证案例中存在哪些不恰当做法？

2.综合实训

实训项目：信用证的审核。

实训目的：掌握信用证审核的方法。

实训步骤：依据国家政策、商贸合同、出口商自身条件审核信用证。

实训资料：

MT 700			ISSUE OF A DOCUMENTARY CREDIT
FORM OF DOC. CREDIT	:	40A	IRREVOCABLE
DOC. CREDIT NUMBER	:	20	T-177651
DATE OF ISSUE	:	31C	20200616
EXPIRY	:	30D	DATE 20200731 PLACE AT THE NEGO.BANK
APPLICANT	:	50	RC TRADING P.O BOX 1236，60078 SIBU，MALAYSIA
BENEFICIARY	:	59	SHANXI HONGFA IMPORT AND EXPORT COMPANY LTD. NO.91JIA XINJIAN ROAD TAIYUAN，CHINA

AMOUNT	: 32B	CURRENCY USD AMOUNT 10 800.00
AVAILABLE WITH/BY	: 41D	ANY BANK BY NEGOTIATION
DRAFT AT	: 42C	SIGHT
DRAWEE	: 42A	HOCK HUA BANK BERHAD SIBU，MALAYSIA
LOADING IN CHARGE	: 44A	CHINA
FOR TRANSPORT. TO	: 44B	SIBU，MALAYSIA
LATEST DATE OF SHIP.	: 44C	20200716
DESCRIPT. OF GOODS	: 45A	AGRICULTURAL IMPLEMENT 300 DOZEN S301B SHOVEL 100 DOZEN S302B SHOVEL 100 DOZEN S303B SHOVEL AT USD 21.60 PER.DOZEN CIF SIBU
DOCUMENTS REQUIRED	: 46A	SIGNED COMMERCIAL INVOICE IN THREE FOLD PACKING LIST AND WEIGHT NOTE IN THREE FOLD FULL SET OF CLEAN ON BOARD OCEAN BILLS OF LADING MADE OUT TO ORDER OF HOCK HUA BANK BERHAD AND ENDORSED IN BLANK MARKED FREIGHT PREPAID AND NOTIFY ACCOUNTEE
ADDITIONAL COND.	: 47A	MARINE INSURANCE POLICY/CERTIFICATE ENDORSED IN BLANK FOR FULL CIF VALUE PLUS 10 PERCENT SHOWING CLAIMS IF ANY PAYABLE AT DESTINATION IN THE CURRENCY OF THE DRAFT COVERING ALL RISKS AND WAR RISK AS PER CIC CERTIFICATE OF ORIGIN COPY OF FAX SENT BY BENEFICIARY TO THE APPLICANT ADVISING DESPATCH WITH SHIP'S NAME，BILL OF LADING NUMBER AND DATE，AMOUNT AND DESTINATION PORT DOCUMENTS MUST BE NEGOTIATED IN CONFORMITY WITH THE CREDIT TERMS A FEE OF USD 50 OR EQUIVALENT IS TO BE DEDUCTED FROM EACH DRAWING FOR THE ACCOUNT OF BENEFICIARY IF DOCUMENTS ARE PRESENTED WITH DISCREPANCY（IES） ALL DOCUMENTS MUST BEAR OUR CREDIT NUMBER COMBINED TRANSPORT B/L ACCEPTABLE ONE FULL SET OF NON-NEGOTIABLE SHIPPING DOCUMENTS MUST BE FORWARDED TO THE APPLICANT IMMEDIATELY AFTER SHIPMENT. A BENEFICIARY'S CERTIFICATE TO THIS EFFECT IS REQUIRED

CHARGES : 71B ALL BANKING CHARGES INCLUDING REIM CHARGE OUTSIDE MALAYSIA ARE FOR ACCOUNT OF BENEFICIARY.
PRESENTATION PERIOD : 48 WITHIN 15 DAYS AFTER THE DATE OF SHIPMENT BUT WITHIN THE VALIDITY OF THE CREDIT
CONFIRMATION INSTRUCTIONS : 49 WITHOUT
REIMBURSEMENT BANK : 53A UNION BANK OF CALIFORNIA INTERNATIONAL NEW YORK，U.S.A
INSTRUCTIONS : 78 ALL DOCS. MUST BE MAILED TO HOCK HUA BANK BERHAD，SIBU BY COURIER IN ONE LOT
APPLICABLE RULES : 40E UCP LATEST VERSION
SEND. TO REC. INFO. : 72 TELEBEN

实训成果：根据实训资料，完成表5-3。

表5-3 对信用证的审核

审核项目	审核结果
信用证的类型、开证日期、编号、有效期	
最迟装船日期	
开证申请人、受益人	
公开议付	
限制议付	
即期信用证	
远期信用证	
分批装运和转船的规定	
出口商品的名称、单价和信用证金额	
单据要求	
银行费用收取	
7月14日为提单日，最迟交单日	

模块六　国际结算单据缮制和审核

学习目标

在学习完本章之后，你应该能够：

1. 了解商业发票、海运提单以及保险单的基本内容；
2. 掌握商业发票、海运提单的填制方法；
3. 掌握单据审核的基本要求及方法。

引例

我国甲出口公司向日本乙公司出口玉米，来证规定装运期不得迟于20××年4月30日，交单议付期不得迟于5月10日。我国该出口公司接到信用证后即备货待装船，按原计划，该船应于4月26日到港，预计29日可装完，但因天气原因，船舶延至5月1日才到港，又因下雨无法装船，直到5月5日天气才转晴，如即日开始装船，需到8日才可装运完毕。这样，待玉米全部装运完，其提单日远远晚于4月30日的最迟装运期。为此，需等到与进口方洽谈改证后才可装船，否则，只得采用非常手段，即"倒签装运期"。轮船公司考虑到若要求开证行修改装运期，等待时间太长，不利于船舶周转。后经商议，我国甲出口公司愿出具担保书，并承担后果与责任，轮船公司遂同意采用"倒签提单"的办法处理。于是，货物在5月8日装完船并开航，而提单日则签发为4月30日。5月9日，我国甲出口公司向银行议付交单并向开证行索汇。单到开证行后，进口方发现装运日为4月30日，到货日为5月13日，按常规，运输时间有失实的可能，遂请律师查验航海日志与装货日期，当即发现提单日期是伪造的。于是，开证行对出口方拒付，并附来航海日志等影印件。我国甲出口公司持以下理由对开证行予以反驳：根据《UCP600》的规定，"各当事人所处理的只是单据，而不是单据所涉及的货物、服务及/或其他行为"；"银行必须合理小心地审核信用证规定的一切单据，以确定是否表面上与信用证条款符合"；"银行对于任何单据的形式、完整性、准确性、真伪性或法律效力概不负责"，并坚持要求开证行接受单据并付款。开证行接到我国甲出口公司的意见后立即提出反驳意见：按照《UCP600》的规定，银行确实没有义务去鉴定单据的真伪，但如事前已发现单据是伪造的，而且持有可靠的证据，则有权拒绝接受伪造的单据。我国甲出口公司后了解到日本乙公司实际上已凭保函提取了货物，由于延误了到货销售时间，市场价格下跌，日本乙公司已遭受了51 000美元的损失，要求我国甲出口公司予以赔偿。后经研究，如对方向法院起诉，由于已持有我方倒签提单的证据，我国甲出口公司将十分被动，遂以同意赔偿对方的损失而结案。

分析：单据在国际结算中起着证据作用，是出口商是否履行合约的证据，也是进口商是否付货款的重要依据。在验单付款类结算方式中，特别是在信用证结算中单据的作用十分重要。在本例中，我国该出口公司延迟装运，还伪造单据，结果被对方抓住把柄，最终造成重大损失。

任务一　认知国际结算单据

一、商业单据的含义

商业单据（Commercial Documents）简称单据，是指国际贸易结算中直接说明货物情况的商业凭证。商业单据通常由出口商制作。在现代国际结算中，出口商的交货主要是通过交单来完成的，交单是出口商履约的重要环节和内容。在常用的跟单托收和跟单信用证结算方式下，出口商的商业单据是通过银行转交给进口商的。

二、商业单据在国际结算中的作用

商业单据在国际结算中具有十分重要的作用。

1.商业单据是出口商履约的证明

单据中有详细的货物描述及卖方履约情况的相关证明，出口商只有在履行了合同义务后，才能取得相应的证据或单据。例如，出口商只有在货物交付承运人后才能取得运输单据；只有在办理了投保手续后才能取得保险单；只有在办理了出口手续后，才能取得出口放行的证明。

2.商业单据是付款依据

在跟单信用证结算业务中，开证行付款是以信用证中规定的相符单据为依据的。在国际汇付、国际托收等非信用证结算方式中，进口商一般在收到货物或单据后，在规定的时间内支付货款，所支付货款金额、时间和币种等均以汇票和发票等为依据。

3.商业单据是代表货物的凭证

在国际贸易中，单据中的货运单据通常是代表货物的凭证，出口商移交货运单据则代表交付了货物；而进口商要提货，就必须取得代表货物的单据，没有代表货物的凭证，进口商就无法提货。一些货运单据还是物权凭证，其转移意味着物权发生了变化，如海运提单、多式联运单据等。

此外，单据还是进出口报关、纳税的重要凭证。

三、商业单据的种类

根据作用的不同，商业单据可分为基本单据和附属单据两类。

1.基本单据

基本单据是国际结算中不可缺少的，也是出口商必须提供的单据。它是根据货物成交的贸易条件确定的，主要包括商业发票、运输单据和保险单三类。

2.附属单据

附属单据是指除基本单据以外的其他单据。它主要包括出口商根据进口商的要求而特别提供的单据，如领事发票、海关发票、检疫证明、装箱单、重量单和品质证明等。

四、缮制商业单据的基本要求

出口商在缮制商业单据时要保证单据内容的“三一致”，即“单证一致”、“单单一致”和“单货一致”。为此，出口商在缮制单据时必须做到以下几点：

1. 正确

正确是出口商缮制单据的基本要求。一方面，要保证上述的三个“一致”，其中，“单证一致”是指商业单据与跟单信用证保持一致；“单单一致”是指各种单据之间保持一致；“单货一致”则是指单据中所描述的货物与实物保持一致。另一方面，各种单据必须符合有关国际惯例和进出口双方所在国家的相关法律与规定。

2. 完整

单据的完整性表现在三个方面：一是单据的内容要完整；二是单据的种类要完整；三是单据的份数要完整。

3. 及时

单据的及时性是指各种单据必须符合国际贸易惯例和商业习惯，同时不能超出信用证或合同规定的有效期。

4. 简明

简明是指单据内容应按信用证和国际贸易惯例填制，尽量简明，以提高单据质量和减少差错。

5. 整洁

整洁是指单据的外观要美观、清洁，设计尽量标准化，不允许在一份单据上多次涂改，个别项目需要涂改并允许涂改的话，应加盖校正章，以免影响收汇。

五、缮制商业单据的方法

1. 制单方式与正本和副本

单据可采用打字、复写、影印、自动处理或电脑处理方式制成。

正本单据通常标明“Original”字样，出口方在单据上加盖法人章；副本单据通常注明“Copy”或“Non-negotiable”字样，也可不标明“Copy”等字样。按照《UCP600》对单据正本及副本的规定，信用证规定的每一种单据须至少提交一份正本；银行应将任何带有看似出单人的原始签名、标记、印戳或标签的单据视为正本单据，除非单据本身表明其非正本；如果信用证使用诸如“一式两份”（in duplicate）、“两份”（in two folds）或“两套”（in two copies）等用语要求提交多份单据的，则至少提交一份正本，其余使用副本即可满足要求，除非单据本身另有说明。银行接受标明“副本”字样或没有标明“正本”字样的单据作为副本单据。

2. 签字盖章

正本单据需要签字，副本单据可以不签。对于非基本单据（附属单据），如果信用证不要求签字，可不签字。

3. 单据更改

所有单据原则上应避免更改。除许可证、产地证、汇票、发票单价金额、提单包装件数外，其他单据允许三处以内的更改，但需加盖更正章（Correction Approved），或称校正章。

六、电子单据及其交单规则

随着电子商务、无纸贸易（Paperless Trade）的不断应用，为提高贸易及结算的效率和质量，电子单据越来越广泛地应用在国际结算中。电子单据是利用计算机和通信网络将各有关当事人及部门连接起来，通过信息数据的传输，取代贸易各个环节中所涉及的所有纸质单证。无纸贸易的核心是电子数据交换（Electronic Data Interchange，EDI）技术的运用。

1.电子单据的优势

（1）计算机自动审核处理数据信息，提高了结算作业的准确性。

（2）使用统一标准的信息数据，信息传递更加规范齐整。

（3）避免了人工操作的失误或纸质单据的遗失，确保了交易安全。

（4）EDI系统的快速传递，极大提高了结算效率。

（5）减少了资源消耗及费用支出，结算成本大幅降低。

2.标准单据与单据简化

电子单据的交单规则就是标准单据与单据简化。标准单据的固定格式内容包括货物情况和运输情况等。货物情况包括货物品质、规格、货物价值的计算依据、产地证明和其他证明文句等细节；运输情况包括运费缴付方式、出单日期和地点、出单人签字等。

3.电子单据的规范

联合国及相关国际组织发布的制单规范有：《联合国贸易单证设计样式》、《贸易单证中的代码位置》、《套合式国际贸易发票设计样式》、《简化的运输标志》和《国际贸易程序简化措施》。

任务二　商业发票和其他单据

一、商业发票的概念及作用

1.商业发票的概念

商业发票（Commercial Invoice）是出口商在发出货物时开立的凭以向进口商索取货款的价目清单。它是货运单据的中心和装运货物的总说明，是出口商必须提供的基本单据之一。

2.商业发票的作用

（1）出口商履约的书面证明。商业发票是由出口商在发出货物后开立、为说明履约情况而提供的证明文件。

（2）记账凭证。商业发票是进口商收货、支付货款、记账的原始凭证，也是出口商记账的凭证（副本）。

（3）报关纳税依据。商业发票是进出口双方办理报关、清关和纳税结算的依据。

（4）付款的依据。在不用汇票的情况下，商业发票可替代汇票作为索汇的依据。

二、商业发票的内容及缮制时应注意的事项

商业发票并无统一格式，但内容大致相同，这些内容可分为三部分。

1.首文部分

首文部分主要写明基本情况，通常标注出口商的名称和地址、发票名称及号码、合同或订单号码、出票日期和地点、进口商的名称和地址、信用证号码及合同号、运输工具、起运地和目的地等。

（1）出口商的名称和地址。一般在印制发票时，出口商的名称和地址在发票正上方已先期印好。

（2）发票名称。发票上应标明“Invoice”（发票）或“Commercial Invoice”（商业发票）字样。

（3）发票号码。发票号码可以用合同号码代替，也可以另行编号。

（4）出票日期和地点。发票的出票日期只要是在合同签订之后，不晚于信用证规定的交单议付日期，即不晚于汇票日期即可。

（5）进口商的名称和地址，即发票抬头。在信用证支付方式下，发票的抬头人必须是开证申请人。

（6）信用证号码及合同号。信用证项下出具的发票应注明信用证号码，一般按信用证的规定填写。信用证以外的其他支付方式，如托收、汇付等，则应注明合同号。

（7）起运地和目的地。发票上的运输航线必须与信用证上的要求完全一致，一般写明具体的起运地和目的地。货物如需转船运输，应加注转运港，要注意转运港应与提单所标明的一致。

2.正文部分

（1）唛头及号码。唛头是货物装运的标记，一般按信用证规定填制，如没有唛头（对多数散装货物而言），则填写“N/M”。唛头的内容常由货物或抬头人的名称缩写、参考号（Ref. NO.，可以是合同号、发票号、信用证号等）、目的港和件数等组成。

（2）货物描述。该部分是发票的主要内容，一般包括合同的几项主要条款：数量条款、品质条款和包装条款。根据《UCP600》的规定，信用证支付方式下的发票对货物的描述应严格与信用证的描述一致。发票上的货物名称应与信用证的商品名称完全一致。如信用证列明的商品较多，有冠以统称的，制单时在具体品名上面要照打统称。商品规格是交货的标准，一般应表明货物的品质规格。如属托收方式，则发票对货物的描述可参照合同的规定并结合实际出运情况填写。

（3）单价与金额。国际贸易单价包括计价单位、价格金额、货币名称和贸易术语四个部分，制单时一定要与合同和信用证保持一致。

对于单价乘数量得出的总金额，银行只负责从表面数字上与信用证核对。根据规定，发票总金额不得超过信用证规定的总金额，且要与汇票金额一致，除非信用证另有规定。

3.结文部分

（1）声明文句。根据买方和信用证的要求，对一些特殊事项加以注明，如加注参考号、进口许可证号、生产厂家号等；证明发票内容的正确与真实、货物产地、价值等；加注汇票出票条款等。如要求加注“证明所列内容真实无误”（We certify that the contents of this invoice are true and correct）或类似字眼的，则需要将发票下端的已经注明的“E.& O.E”（Error & Omission Excepted，错漏当查）字样删去。

（2）出口商签章。通常，由出口方在发票右下方加盖单证专用章。根据《UCP600》的规定，如信用证没有特别要求，发票可以没有签章。对于出口商签章，其名称必须与信用证规定的受益人名称一致。

对于发票的份数，一般正本不少于四份，其中两份随同提单等其他单据交银行议付或托收，另外两份则随同提单副本寄进口商，便于其做好付款赎单和收货准备。

需要注意的是，通常发票要配以装箱单（Packing List），以便说明货物的明细和包装情况，装箱单的号码一般与发票一致，不另外编号。

案例分析6-1

某信用证对货物的描述如下：7 000PCS OF 100% COTTON SHIRTS AT USD9.60 PER PCS AS PER CONTRACT NO.07 AB120 FOB QINGDAO。开证行收到单据后经审核发现商业发票上未注明FOB QINGDAO，因此认为单证不符而拒绝付款。但受益人认为，贸易术语并不是货物描述的一部分，而且其已经在提单上注明了“FREIGHT COLLECT”，表明贸易术语就是FOB，因此单证是相符的，要求银行付款。开证行不同意受益人的申辩，仍坚持拒付。

分析：开证行拒付有理。因为根据《UCP600》，商业发票对货物的描述必须与信用证相符。“FOB QINGDAO”放在货物描述这一部分，因此应被视为货物描述的一部分，需要在缮制商业发票时予以说明，以满足这一要求。由于受益人提交的商业发票上未注明FOB QINGDAO，因此开证行可以认定单据与信用证不符而拒绝接受。

资料来源　王斌义. 国际贸易实务实训［M］. 北京：首都经济贸易大学出版社，2007：159.

三、其他发票

1.海关发票（Customs Invoice）

海关发票是由出口商根据进口国海关的规定填写的一种特定格式的发票，主要供进口商在货物进口报关时使用，如用于进口国海关统计、核实原产地、查核进口商品价格的构成等。目前，使用海关发票的国家主要是英联邦的一些成员国。

海关发票主要有四个作用：①作为进口国海关统计的依据；②作为货物估价定税的依据；③便于核定货物原产地；④作为确认出口商是否倾销的依据。

在缮制海关发票时应做到：①必须与商业发票的对应项目保持一致。②海关发票的抬头人一般应填收货人或提单上的被通知人。③若成交价为CIF价，则应分别填写FOB价、运费、保险费，并保证该三项的总和等于成交价。在需列明国内市场价或成本价时，应注意其应低于销售的离岸价。④签具海关发票的人可由出口单位经办人员签字，证明人需另由其他人员签字，不能是同一人。海关发票的签字必须采用手签。

2.领事发票（Consular Invoice）

领事发票又称签证发票，是由进口国驻出口国的领事签发或出具的发票。

领事发票的主要作用是核定出口价格是否合理或有无倾销行为，充当进口许可证，增加领事馆收入。在获取领事发票时，出口商必须支付一定的费用。

领事发票的内容比普通发票更详细，通常还填写货物价值、入境港口、信用证内容等与货物有关的资料。

3.厂商发票（Manufacturer's Invoice）

厂商发票又称制造商发票，是由出口货物的制造商所出具的以本国货币计算，用来证明出口国国内市场出厂价格的发票。

进口商要求提供厂商发票的目的在于了解所进口货物在生产国国内的销售情况，也是进口国海关估价、核税、征收反倾销税的依据。

知识链接6-1

形式发票

形式发票（Proforma Invoice）是在国际结算中出口方开给进口方的假定发票。发票上一般有商品名称、品质规格、数量、单价、总价等，但它不能作为正式发票使用，对进出口双方都无约束力，只在进口商申请进口许可证或存在外汇管制的国家申请用汇时使用。

任务三　运输单据

在国际结算中，运输单据（Transport Documents）是最重要的商业单据之一，由承运人签发，证明货物已发运，或已装上运输工具，或已由承运人监管。不同的运输方式产生了不同的运输单据，而不同的运输单据在内容和作用上也各不相同。由于海运是国际货物运输中的主要方式，因此海运提单自然成为最重要的运输单据。

一、海运提单

1.海运提单的概念及作用

（1）海运提单的概念。海运提单（Marine Bill of Lading），简称提单（B/L），是由承运人或其代理人签发给托运人的证明已收到承运货物，或货物已经装上船，约定将货物运至特定目的地，交给收货人或提单持有人的运输单据。

（2）海运提单的作用。

①海运提单是货物收据。承运人签发提单，表明他已经接管或收到了提单所列货物，并且货物已装船或准备装船；托运人持有提单，表明他已经将提单货物交付给承运人。

承运人要对装船提单上描述的货物负责，并在目的地将该批货物按收到时的状况交给收货人或提单持有人。如果货物出现货损、货差，要追查原因，确定承担责任的当事人。

②海运提单是运输合同证明。在承运人和托运人之间订有运输合同，提单内容不是完整的合同内容，只是承运人和托运人履行运输合同的证明，是对运输合同的补充。如果提单记载的内容与运输合同不一致，托运人可要求承运人赔偿损失。

③海运提单是物权凭证。它是代表货物所有权的凭证，谁持有提单谁就拥有货物，因此承运人要将货物交给提单持有人。

提单具有可转让性，即提单可在载货船舶抵达目的港交货前办理转让，或凭此向银行办理抵押贷款，交付提单与交付货物所有权具有同等效力。

2.海运提单的主要项目

各国船公司大多采用自己设计的提单，格式上有所差异，但内容大致相同，主要包括正面内容和背面条款两部分。

（1）正面内容。

①承运人（Carrier）。承运人一般在提单的右上角，填写船公司名称；它的上方有B/L No.（提单号码），也是订舱后的配舱回单号。

②托运人（Shipper）。托运人一栏通常填写出口方或信用证受益人的名称。

③收货人（Consignee）。收货人即提单抬头，通常填制成指示性抬头的“To Order”，

这属于不记名指示抬头，等同于“To Order of Shipper”，需要发货人空白背书；如信用证要求做成“To Order of开证行”，则不需要发货人背书；如要填制成记名抬头，一般直接填写进口方名称，也不需要发货人背书。

④通知人（Notify Party）。通知人通常是进口方自己或其指定的代理人，填写时需要列明详细的名称、地址、联系方式。

⑤联合运输中第一程运输工具（Pre-carriage by）。通常，港至港运输不必填写。

⑥收货地（Place of Receipt）。收货地指承运人受理货物起运的地点，通常港至港运输不必填写。

⑦船名及航次（Ocean Vessel/Voyage）。通常列明承运船名及航次。

⑧装货港（Port of Loading）。

⑨卸货港（Port of Discharge）。港至港运输一般列明目的港。

⑩交货地（Place of Delivery）。港至港运输与卸货港一致，可不填写；如属于联合运输或多式联运，则与卸货港不一样；如货物需转运，则填写收货的港口名称或地点。

⑪目的地（港）船代联系方式（For Delivery Please Apply to）。填制后便于提货人接应货物。

⑫唛头及序号（Marks & Numbers）。按规定填写；如没有唛头，则填写“N/M”。

⑬包装件数（Quantity & Package）。一般小写填制。

⑭包装和货物描述（Description of Packages and Goods）。通常填货物的统称。

⑮货物总毛重（千克）（Gross Weight.kgs）。

⑯尺码/体积（立方米）（Measurement.m^3）。

⑰包装件数（Total Number of Containers or Other Packages or Units Received by the Carrier）。应列明包装方式，大写填制。

⑱运费及杂费（包括各种附加费）（Freight and Charges）。一般不填写。

⑲运费吨（Revenue Tons）。列总毛重或总体积，依船公司的计费标准定。

⑳运费率（Rate）。一般空白。

㉑运费已付/预付（Prepaid）。依价格术语定（可选项）。

㉒运费到付/托收（Collect）。依价格术语定（可选项）。

㉓汇率（Exchange Rate）。一般空白。

㉔（汇价）实际折算按……（Prepaid at...）。通常空白。

㉕总预付货币（列名币种）（Total Prepaid in National Currency）。通常空白。

㉖正本提单份数（No. of Original B/L）。

㉗已装船批注（Laden on Board the Vessel）。

㉘签发地点和日期（Place and Date of Issue）。

㉙右下角——船公司/承运人或其代理签字盖章。

（2）背面条款。提单的背面是规定承运人与托运人责任的条款。

①首要条款。该条款说明提单所适用的法律条款或规则。

②承运人责任。该条款说明承运人从装船开始到卸货为止对货物承担的责任。

③包装与标志。该条款规定托运人应妥善包装货物，使之适合海运。

④留置权条款。该条款规定若托运人不支付货款，承运人有权扣押或出售货物。

⑤转运条款。该条款规定，如有需要，承运人有权转船或换船。

⑥赔偿条款。

3.海运提单的类型

根据不同标准，提单可以分为不同的类型。

（1）按是否有批注分为清洁提单与不清洁提单。

清洁提单（Clean B/L）：承运人或船方在收到货物或装载货物时，货物或外包装没有缺陷或不良情况的提单。

不清洁提单（Unclean B/L）：承运人或船方在收到货物或装载货物时，发现货物或外包装有不良情况，给予相应的批注的提单。对于不清洁提单，银行将拒绝接受，无法议付。

（2）按已装船时是否签发提单分为已装船提单和备运提单。

已装船提单（Shipped B/L）：提单上记载的货物已经装上提单所指明的船只后签发的提单，提单上明确记载装船的日期。

备运提单（Received for Shipment B/L）：托运人将货物交给承运人接管，因船公司的船期关系，或船只尚未到港，暂存仓库由其保管，而凭仓库收据签发的提单。

跟单信用证所要求的提单是已装船提单。

（3）按运输方式分为直达提单、转船提单和联运提单。

直达提单（Direct B/L）：装货船只自装货港直接到达最终目的港，中途不转船的提单。

转船提单（Transshipment B/L）：货物从装运港装船后，中途转换另一条船，或改换其他的运输方式才到达目的港或目的地的提单。

联运提单（Through B/L）：需经两种或两种以上运输方式（海陆、海河、海空等）联运的货物，由第一承运人（第一程船运输的承运人）收取全程运费后，在起运地签发到目的港的全程运输的提单。由于联运提单包括全程运输，故第一程承运人或其代理人应将货物转交给下一程承运人，有关货物中途转换运输工具及其交接工作，均不需托运人重新办理。

（4）按提单的抬头分为记名提单、不记名提单和指示提单。

记名提单（Named B/L）：在提单上的收货人一栏中已具体载明收货人名称的提单。一般这类提单不能转让，收货人提货时可以不出示提单正本，提交身份证明文件即可。由于这类提单不能转让，因此在国际贸易中很少使用。

不记名提单（Open B/L）：也称空白抬头提单，指不填具体收货人名称，即承运人将货物交给提单的持有人，谁持有提单，谁就可以提货。这类提单仅凭交付即可转让，遗失提单的风险也很大，国际贸易中已很少使用。

指示提单（Order B/L）：按记名人指示或不记名人指示而交货的提单，即在提单收货人一栏内填写“凭指定”（To Order）或“凭某人指定”（To the Order of...）字样的提单，此种提单可通过背书转让。一般背书人“凭指定”时是托运人，“凭某人指定”时是此“某人”。背书的方式有“空白背书”和“记名背书”，“空白背书”只有背书人签字盖章；“记名背书”除背书人签字盖章外，应列明被背书人名称。指示提单经背书后可转让给第三者，在国际贸易中被广泛采用。通常，采用“凭指定”并经空白背书的提单，习惯上被称为“空白抬头、空白背书”提单。

（5）按航运的经营方式不同分为租船提单和班轮提单。

租船提单（Charter B/L）：承运人根据租船合约签发的提单。

班轮提单（Liner B/L）：由班轮公司承运货物后签发给托运人的提单。

（6）按签发提单的时间不同分为正常提单、过期提单和倒签提单。

正常提单（Current B/L）：货物运达目的港之前已交给收货人的提单。

过期提单（Stale B/L）：它有两种含义，一是超过规定交单日期的提单，包括超过信用证规定的最后交单期或在提单签发日后21天交付的提单。在跟单信用证结算方式下，这类过期提单构成不符点，银行有权拒付。二是晚于货物到达目的港的提单。在近距离海运及船速越来越快的情况下，常常产生过期提单，实际业务中收货人要提货，一般需向承运人出具银行保函。

倒签提单（Anti-dated B/L）：承运人或其代理人应托运人的要求，在货物装船以后，以早于该批货物实际装船完毕的日期作为签发日期所签发的已装船提单。倒签提单实际上是伪造的单据。

（7）按提单的格式和条款是否全面分为全式提单和简式提单。

全式提单（Long Form B/L）：提单的正面和背面都有内容，全面记载了承运人和托运人的责任、义务和权利等方面的条款。

简式提单（Short Form B/L）：只有正面有条款，而背面没有任何记载内容的提单。

二、多式联运单据

1.多式联运单据的含义

国际多式联运是指按照多式联运合同，以至少两种不同运输方式完成的国际运输。为了提高运输效率，国际多式联运大多采用集装箱运输的方式。国际集装箱多式联运最明显的特点是将传统的国际海运“港到港”运输发展成为“门到门”运输。因此，传统的“两点一线”运输方式已演变为“四环一链”运输方式，即：

第一环：出口国内陆集疏点（内陆货运站CFS）；

第二环：出口国集装箱码头（CY）；

第三环：进口国集装箱码头（CY）；

第四环：进口国内陆集疏点（内陆货运站CFS）。

多式联运单据（Multimodal Transport Document，MTD）则是由多式联运人在收到或发运货物后签发给托运人的运输单据。

2.多式联运单据的作用

（1）货物收据。多式联运人签发多式联运单据，表明他已经接管或收到了单据上所列的货物，并向托运人保证，负责完成运输并赔偿货物在整个联合运输过程中所发生的灭失或损坏。

（2）运输合同。多式联运单据是多式联运人和托运人处理双方在运输中的权利与义务问题的依据。

（3）可能的物权凭证。多式联运单据是否具有物权凭证的作用，取决于多式联运单据的抬头。当单据做成空白指示或来人抬头时，是物权凭证，可以转让；当单据做成记名抬头时，则不是物权凭证，不能转让。

3.多式联运单据与联运提单的区别

多式联运单据与海运中联运提单的性质不同：

（1）运输方式不同。联运提单只能用于海运和其他运输方式组合完成的运输，它的第一程运输一定是海运；而多式联运单据所适用的运输范围很广，且不一定包含海运。

（2）运输责任不同。联运提单的责任人实行责任分担制，每一承运人只负责自己的航段，提单签发人只对第一程运输负责；而多式联运单据的签发人则是对运输的全过程负责。

三、其他运输单据

1.海运单（Seaway bill）

海运单又称海上运送单或海上货运单，是承运人向托运人或其代理人签发的表明货物已收妥待装的单据，也是一种不可转让的单据，即无须以在目的港提示该单据作为收货条件，无须待单据寄到，船主或其代理人可凭收货人收到的货到通知或其身份证明而向其交货。

海运单与提单的区别：①提单是货物收据、运输合同，也是物权凭证，海运单只具有货物收据和运输合同这两种性质，它不是物权凭证，不能转让流通；②提单的合法持有人和承运人凭提单提货和交货，海运单上的收货人并不出示海运单，仅凭提货通知或其身份证明提货，承运人凭收货人出示的适当身份证明交付货物。

海运单的优点：①海运单是一种安全凭证，不具有转让流通性，可避免单据遗失和伪造所产生的后果；②提货便捷、及时、节省费用，收货人提货无须出示海运单，这既解决了近途海运货到而提单未到的问题，又避免了延期提货所产生的滞期费、仓储费等；③海运单不是物权凭证，扩大海运单的使用，可以为推行EDI电子提单提供实践的依据。

2.航空运单（Airway Bill，AWB）

航空运单是承运人（航空公司）或其代理人向托运人签发的货物收据，还可作为核收运费的依据和海关查验放行的基本单据。但航空运单不是代表航空公司的提货通知单。在航空运单的收货人一栏内，必须详细填写收货人的全称和地址，而不能做成指示性抬头。

航空运单有如下特点：①航空运单是运输合同；②航空运单是货物收据；③航空运单是承运人据以核收运费的账单；④航空运单是报关单据之一。

航空运单的正本一式三份，每份都印有背面条款，其中一份交发货人，是承运人或其代理人接收货物的依据；第二份由承运人留存，作为记账凭证；最后一份随货同行，在货物到达目的地交付给收货人时作为核收货物的依据。

3.铁路运单和公路运单

铁路和公路运输业务主要集中在欧亚大陆以及内陆相邻国家，其中以铁路运输量为最大。

铁路运单（Railway Bill）是铁路运输承运人与货主间缔结的运输契约。它以目的地收货人做成记名抬头，一式两份，正本随货物同行，到目的地交收货人作为提货通知；副本交给托运人作为收到托运货物的收据。在货物到达目的地之前，托运人可凭运单副本指示承运人停运，或将货物运给另一个收货人。

铁路运单只是运输合约凭证和货物收据，不是物权凭证，不能转让。但在托收或信用证支付方式下，托运人可凭运单副本办理托收或议付。

公路运单与铁路运单基本类似。

4.邮包收据和专递

邮包收据（Parcel Post Receipt）是邮包运输的主要单据，它既是邮局收到寄件人的邮包后所签发的凭证，也是收件人凭此提取邮件的凭证；当邮包发生损坏或丢失时，它还可以作为索赔和理赔的依据。但邮包收据不是物权凭证。

专递（或快递）是比一般航空邮件更为快捷的运送方式，它按照预先确定的计划赶班发运，传递物件的过程衔接紧密。专递公司（如EMS、DHL、UPS等）签发的收据或证明与一般的邮包收据相同。

四、电子提单

电子提单是指通过电讯传输的有关海上货物运输合同的电子数据。它不同于传统提单，电子提单是无纸单证，即按照一定规则组合而成的电子数据。各有关当事人凭密码通过EDI进行电子提单相关数据的流转，这样既解决了因传统提单晚于船舶到达目的港，不便于收货人提取货物的问题，又具有一定的交易安全性，因而有着广阔的应用前景。

随着计算机技术和海上货物运输，尤其是集装箱运输的迅速发展，电子提单的使用将日益广泛。由于立法的滞后，目前我国尚无关于电子提单的强制性法律规定，有关传统提单的强制性法律仍适用于电子提单。

拓展思考6-1 A银行是否应当赔偿甲厂的损失?

20××年3月某服装厂（甲厂）与某国外商（乙公司）签订销售协议，乙公司向甲厂订购30 000件服装，其中空运20 000件，海运10 000件，付款方式为D/P即期。同年5月，甲厂按时交货并分别办理了空运、海运出口手续，委托A银行收款放单。但一个月后，A银行通知甲厂，乙公司未付款但提走了空运的20 000件服装，海运的10 000件服装未付款也未提货。对此，甲厂一方面指示将海运货物运回，同时认为，销售协议明确的付款方式是D/P，乙公司未付款就应拿不到提单，则不可能将空运货物提走。因此，甲厂认定是A银行违背了付款交单的原则，在收到货款之前就将空运运单交给了乙公司，致使其无法收款。因此，甲厂要求A银行赔偿损失。试问A银行是否应当赔偿甲厂的损失？为什么？

答：A银行不用赔偿甲厂损失。因为空运单与海运提单不同，它不是物权凭证，没有空运单正本，只要证明提货人的身份与收货人一致，就可以办理提货手续。因此，乙公司在不付款、没有空运正本提单的情况下，只要能用身份证件证明自己是收货人，就可提走货物。A银行是无过错的，损失是因为甲厂没能正确使用付款放单方式造成的。

任务四 保险单据

一、保险单及其作用

1.保险单的含义

保险单是指保险人与投保人之间订立的保险合同，即保险人在收取保险费后，向被保险人签发的对其承保的书面说明。它具体规定了保险人与被保险人的权利和义务。

2.保险单的作用

作为书面证明或文件，保险单主要有两方面的作用：

（1）保险单是保险合同的证明。虽然按保险业的惯例，只要保险人在投保单或投保申请书上签字，保险合同关系即告成立，但按法律规定，投保单并不具有合同证明文件的效力。因此，在办理保险时，保险人必须签发保险单。

（2）保险单是赔偿证明。它是一种补偿性合同或证明文件，在保险标的物出险时，被保险人有权根据保险合同（即保险单）要求赔偿，保险单是赔偿权的证明文件，即保险单是索赔和理赔的依据。

作为一种权利凭证，保险单可以背书转让。

二、货物运输的保险当事人

货物运输保险当事人主要是保险人和被保险人。

1.保险人

保险人是保险合同中与被保险人签约的一方，既有取得保险费的权利，也有根据承保责任赔偿的义务。常见的保险人包括保险公司、保险商和保险经纪人。

2.被保险人

广义的被保险人是指与保险人相对应的当事人，包括投保人（订约者）、狭义的被保险人（出险时的受损者）、受益人（出险后的索赔者）。

三、保险人承保的损失类型

海上货物运输保险中保险人承保的损失又叫海损（Average）。海损一般指在海洋运输中由于海上风险所造成的损失和灭失。根据保险业务习惯，海损也包括在与海陆连接的陆运过程中所发生的损失或灭失。就货物损失的程度而言，海损可分为全部损失和部分损失；就货物损失的性质而言，海损又可分为共同海损和单独海损。

根据损失的程度不同，海损可分为以下内容：

1.全部损失（Total Loss）

全部损失简称全损，指运输过程中的整批货物或不可分割的一批货物的全部损失。根据全损的确定方法的不同，全损又可分为：

（1）实际全损（Actual Total Loss）。它指货物全部灭失或失去原有性质和用途。其主要表现形式有丧失并无法挽回，丧失商业价值或失去原有用途，船舶失踪达到一定时期等。

（2）推定全损（Constructive Total Loss）。它指保险标的物在遇险后，虽然没有直接造成全部损失，尚有部分残值，但要挽回这些残值还需要支付更多费用，因此宁愿放弃救助。

2.部分损失

部分损失指除全损以外的其他损失。根据海损的性质不同，海损可分为：

（1）共同海损（General Average）。它指在海洋运输中，当船舶、货物或其他财产遭遇共同危险，威胁到船货等各方面的共同安全时，为了解除这种威胁、维护船货安全或者使航程得以继续，由船方有意识、合理地采取措施而造成的特殊损失或支出的特殊额外费用。

在船舶发生共同海损后，凡属共同海损范围内的牺牲和费用，均可通过共同海损理算，由有关获救受益方（即船方、货方和运费收入方）根据获救价值按比例分摊——共同海损分摊。

（2）单独海损（Particular Average）。它是指被保险货物受损，未达到全部损失程度，而且是单独一方的利益受损，并只能由该方单独负担的一种损失。例如，船舶在航行中遇到飓风，由于海水浸泡致使部分货物受损，该批货物的损失只与货物所有人有关，而与船方或其他货主无关。

知识链接6-2 **货物运输保险适用条款**

货物运输保险适用条款主要有中国保险条款和协会货物保险条款，一般在保单中加以注明。

中国保险条款（China Insurance Clause，CIC），是指由中国人民保险公司（PICC）制定的《中国人民保险公司海洋货物运输保险条款》。货物运输保险分为基本险和附加险两大类，基本险包括平安险、水渍险和一切险，可以单独投保其中的一种，附加险不能单独投保。目前，在我国出口业务中多选用一切险。

协会货物险条款（Institute Cargo Clause，ICC），是由伦敦保险协会制定的。伦敦保险协会所制定的保险规章制度，特别是保险单和保险条款对世界各国影响很大，目前世界上大多数国家在海上保险业务中直接采用。协会货物险条款包括ICC（A）险、ICC（B）险、ICC（C）险、协会战争险条款——货物（Institute War Clause—Cargo）、协会罢工险条款——货物（Institute Strikes Clause—Cargo）、协会恶意损坏险条款（Institute Malicious Damage Clause）六种。

四、海洋运输保险类别

保险类别是确定保险人和被保险人权利与义务的条款，也是保险人承保责任大小和收取保费多少的依据。保险类别是根据造成损失的原因和损失的类型确定的。中国保险条款是参照国际保险业的习惯并结合我国保险业的实际制定的。海洋运输货物保险条款所承保的险别包括基本险和附加险。

1.基本险

基本险又叫主要险，是保险人对承保货物所负担的最基本的保险责任，是投保人必须投保并且可以单独投保的险别。

（1）平安险（Free from Particular Average，FPA）。其英文原意是指单独海损不赔。最初，平安险的保障范围只局限于全部损失和共同海损。随着实践的发展，平安险的保障范围已经超出了全损和共同海损的限制。平安险要承保以下范围：海上风险造成的全损、海上风险造成的共同海损、意外事故造成的单独海损。平安险是保险人承保责任最小的一种基本险。

（2）水渍险（With Particular Average，WPA）。其英文原意是单独海损赔偿。保险人的承保范围大于平安险，其责任范围除包括平安险的责任范围外，还负责被保险货物由于自然灾害所造成的部分损失（单独海损），具体包括：海上风险造成的全损、海上风险造成的共同海损、意外事故造成的单独海损、自然灾害所造成的单独海损（如恶劣天气所造成的部分损失）。因此，水渍险的承保范围包括海上风险造成的全损和部分损失。

（3）一切险（All Risks，AR）。其责任范围除了水渍险的各项责任外，还负责货物在运输途中由于一般外来原因所造成的全损或部分损失。一切险的责任范围具体包括：海上风险造成的全损；海上风险造成的共同海损；意外事故造成的单独海损；自然灾害所造成的单独海损；一般外部原因所造成的损失（如偷窃、雨淋、短量、包装破裂、破损、串味、受潮等）。

因此，一切险包含了水渍险、平安险的承保范围；水渍险包含了平安险的承保范围。投保人在办理货物运输保险时，只需要任选一种投保即可。

2.附加险

附加险是指投保人在投保基本险后，又增加投保的险别。它由外来风险引起。根据造成损失的程度不同，附加险可分为两类：

（1）一般附加险。它是指由外来原因所引起的一般风险而造成的各种损失的险别。常见的一般附加险有11种，投保人可根据需要选择一种或多种投保：偷窃提货不着险、淡水雨淋险、短量险、混杂玷污险、渗漏险、碰损破碎险、串味险、受热受潮险、钩损险、包装破裂险、锈损险。

一般附加险的各项责任都已包括在一切险的责任范围内，如投保了一切险，则无须再加一般附加险，投保人可在投保平安险或水渍险的基础上，根据货物的特点加投若干附加险。

（2）特殊附加险。它是指由于特殊外来原因引起的特殊风险而造成的损失的特殊险别，一般包括：战争险、罢工险、交货不到险、进口关税险、舱面险、拒收险、黄曲霉素险等。

由于特殊附加险不包括在一切险的责任范围内，因此被保险人只有在投保某一项基本险后，再加投有关的特殊附加险，才能获得特殊附加险别责任范围内的风险保障。

五、保险单的类型

根据内容和性质的不同，保险单主要分为以下几类：

1.基本保险单

（1）保险单（Insurance Policy）。保险单即“大保单”，是一种正规保险合同，除载明投保人名称、货物名称、数量或重量、金额等之外，还列出保险人的责任范围，以及保险合同双方的权利与义务等，在实务中使用较多。

（2）保险凭证（Insurance Certificate）。保险凭证即“小保单”，是简化了的保险合同，与保险单的唯一区别就是背面不附有保险条款。如果信用证规定必须提供保险单，则银行就不能接受保险凭证；若信用证规定可以提供保险凭证，则银行可接受保险单或保险凭证。

2.其他保险单

（1）联合保险凭证（Combined Insurance Certificate）。它是一种更为简化的保险凭证。

（2）预约保险单（Open Policy）。它又称“开口保单”或“敞口保单”，是保险公司承保被保险人在一定时期内发运的、以CIF价格条件成交的出口货物或以FOB、CFR价格条件成交的进口货物的保险单。

（3）暂保单（Cover Note）。它可以是保险经纪人签发的保险代办协议，也可以是保险人证明承诺保险责任的一种临时性文件。

保险人在收到被保险人的装船通知后才出立正式保险单，但在FOB或CFR条件下由进口商投保时，若进口商收到出口商的装运通知后再投保，则货物已在运输途中，保险人对投保前的这段航程内的风险损失不负责任。为了分散风险，进口商通常预先与保险人订立合同，这时保险人就要签发暂保单。

六、保险单的内容与缮制

保险单主要包括以下内容：

1.保险人

保险人即承保人，一般填写保险公司或保险商或其代理人，但不能填写保险经纪人。

2.被保险人

一般填写投保人，在CIF价格术语下，一般填写信用证的受益人，也就是出口合同的出口商名称与地址。

3.标记与件数

标记与件数又称唛头，可按发票或提单上的唛头填写，如果信用证没有特别规定，可简写为“详见/按××号发票或提单”。

4.包装及数量

一般按实际投保数量填写货物外包装件数和包装种类，并且注意与发票和信用证有关内容保持一致。

5.保险货物项目

此栏填写投保货物名称，内容应与发票一致。如果名称繁多，根据《UCP600》的规定填写统称即可，并注意与提单及其他单证一致。

6.保险金额

根据国际惯例，保险金额应为CIF价值的110%，小数点后尾数一律记为整数，并且所用的币制必须与信用证的币制一致。

7.总保险金额

该栏填写投保后的大写金额，币别与金额应该与上述小写金额保持一致，为防止涂改，可在此结尾处填写“ONLY”字样。

8.保费

保费一般由保险公司填写。若信用证规定要具体列出保费等情况，则应明确填写。

9.费率

一般保险公司已印好，按约定办理，即有“Order”字样无须填写。

10.装载运输工具

海运且为直达船填写船名、航次；若为中途转船，则应填上第一程船船名，后加填第二程船船名（With Trans shipment at...）；若为其他运输方式，则相应地填写“By Railway”或“By Train，Wagon No....”（陆运）；“By S.S.... and thence by Overland Transportation to...”（海陆联运）；“By Train/Air/Truck”（TAT联运）。

11.开行日期

填写运输单据的签发日期或“As Per B/L”（以提单为准）。

12.起讫地点

起讫地点是保单的重要内容，与提单密切相关，在不违背信用证的前提下，应力求与提单保持一致。首先填写装运港（地）名称，再写目的港（地）名称。如果需要转运，加注转运港（地）名称。

13.赔付地点

赔付地点按合同约定。如果使用信用证结算，需要按照信用证的规定填写。当信用证未规定时，填目的港名称，同时注明赔款货币符号。

七、保险单背书

从保险单的背书形式上看，保险单背书一般分为空白背书和记名背书两种。

从不同形式背书的做法与作用看，空白背书的具体做法是在保险单背面打上被保险人公司的名称或盖上公司图章，再加上背书人签字，除此之外不再做任何批注。信用证上如果明确规定“Endorsed in Blank”或“Blank Endorsed”或对保险单的背书无明确规定，都应做成空白背书。保险单做成空白背书意味着被保险人或任何保单持有人在被保货物出险后享有向保险公司或其代理人索赔的权利并能得到合理的补偿。记名背书的具体做法是除了在保险单背面做成上述“空白背书”外，还应在被保险人的公司名称上面打印上“Delivery to（The Order of）××Bank（Co.,）”，即“交由××银行（或公司）的（指示）”。

记名背书必须以银行或公司为背书人，多数交由开证行，在日常业务中较少使用。保险单做成记名背书意味着保险单的受让人在被保货物出险后享有向保险公司或其代理人索赔的权利。保险单的被保险人，如果不是我方出口公司而是其他国家或地区的“××Co.，Ltd.”，则我方出口公司不用背书。如果被保险人需转让海运提单，保险单上则由其他国家或地区的“××Co.，Ltd.”背书。如果保险单的被保险人是托运人，即我国外贸进出口公司或企业，根据信用证的不同规定，可做成空白背书，也可做成记名背书。

从保险单的背书与提单的背书的区别和关系看，在CIF价格条件下成交，提单的背书关系到货物所有权的归属，保险单的背书关系到被保货物出险后对保险公司及其代理人的索赔权和合理补偿权，所以货物出险后，只有掌握了提单和保险单，才是真正掌握了货权。

一般说来，保险单的背书应与提单的背书保持一致，即通过背书的保险单的转让范围应等于或大于提单的转让范围。如果提单做成记名背书，保险单可做同样内容的记名背书或空白背书；如果提单做成空白背书，保险单也应该做成空白背书。在FOB和CFR价格条件下成交，由买方投保，如买方需要转让提单，保险单也需要转让，两者的转让如上所述必须保持一致，在被保货物出险后，保单持有人可凭保单向保险公司索赔并取得合理的补偿。

案例分析6-2

某出口商向日本出口了100箱茶叶，并按贸易合同规定投保了一切险。货物在运输过程中由于船舱管道破裂漏水，致使部分茶叶受潮。

试问对此损失出口商应向保险公司索赔还是向船公司索赔?

分析：出口商应当向保险公司索赔，因为一切险的承保范围包括了一般附加险——淡水雨淋险。

拓展思考6-2　　保险公司对两次损失是否都应赔偿

我国某出口商向国外出口一批货物，并按贸易合同规定加一成投保了一切险。装载该批货物的船只于12月10日在海面遇到台风袭击，致使部分货物受潮。该船只在继续航行过程中又于当月15日受暴风雨袭击，部分货物再次受到损失。试问保险公司对两次损失是否都应赔偿?

答：保险公司都应该赔偿。因为一切险的赔偿范围包含了共同海损免责险和单独海损险以及一般附加险。这属于单独海损险赔偿范围，所以保险公司应给予赔偿。

任务五　审核国际结算单据

审核单据是指对已经缮制、备妥的单据对照信用证（在信用证付款情况下）或合同（非信用证付款方式）的有关内容及时进行单单、单证的检查和核对，发现问题，及时更正，以达到安全收汇的目的。

本节以信用证项下单据的审核为例，介绍单据的审核方法。

一、单据审核的基本要求

1.及时性

及时审核有关单据可以对其差错做到及时发现、及时更正，有效避免因审核不及时造成的各项工作的被动。

2.全面性

应当从安全收汇和全面履行合同的高度来重视单据的审核工作：一方面，我们应对照信用证和合同认真审核每一份单据，不放过任何一个不符点；另一方面，要善于处理所发现的问题，加强与各有关部门的联系和衔接，使发现的问题得到及时、妥善的处理。

3.做到“单单相符、单证相符”

单单相符、单证相符是安全收汇的前提和基础，在所提交的单据中存在任何的不符，哪怕是细小的差错都可能会造成一些难以挽回的损失。

二、单据审核的基本方法

单据审核的方法概括起来有以下几种：

1.纵向审核法

纵向审核法是指以信用证或合同为基础对规定的各项单据进行审核，要求有关单据的内容严格符合信用证或合同的规定，做到“单证相符”。

2.横向审核法

横向审核法是指在纵向审核法的基础上，以商业发票为中心审核其他规定的单据，使有关的内容相互一致，做到“单单相符”。

3.纵横审单法

纵横审单法首先对信用证和出口单据中的发票自上而下进行逐字逐句的核对，再将其他单据与信用证的有关条款进行核对，这叫纵向审单。完成纵向审单之后，再以发票为中心与其他种类的单据进行核对，特别注意共有项目是否相一致，这就是横向审单。这种方法概括为纵横审单法。

4.先数字后文字审单法

在单据的数量比较集中时，可以先对各种单据的所有数字，如单价、总价、数量、毛净重、尺码、包装件数等进行全面的复核，然后采用纵横审单法对其他内容进行审核。

针对多套单据的审核有以下两种方法：

（1）按装运日期审单法。它是指按照货物装运日期的先后顺序依次进行审单，争取在提单签发之前完成预审工作，以便在取得正本提单后立即向银行交单。

（2）分地区、分客户审单法。不同的国别地区、不同的进口商对出口单据的要求各异，但同一国别地区或同一客户对出口单据的要求基本相同。为了提高效率和质量，业务量较大的单位可以采用分地区、分客户审单的工作方法。

上述审核一般由制单员或审单员完成，为第一道审核。为审慎起见，应当对有关单据进行复审。

三、主要单据的审核要领

1.汇票审核要领

（1）金额大小写、币别代码应规范、一致。

（2）付款期限符合合同或信用证的规定。

（3）金额不能超出信用证限额。

（4）正确填写基本当事人。

（5）正确填写出票条款。

（6）出票人印章、签字不得遗漏。

（7）信用证规定的其他条款。

2.商业发票审核要领

（1）将发票的付款人（抬头人）做成信用证的开证人或与信用证的特别要求相一致。以非信用证方式收汇时，一般将合同的买方作为发票的抬头人。

（2）发票的出票人必须与信用证显示的受益人名称、地址相符。以非信用证方式收汇时，该栏目显示合同的卖方。

（3）发票的内容应严格按信用证的要求表述。若信用证上有详细品名，发票上要完全照样显示。若信用证上只显示统称，如“General Merchandise”，发票上可按照合同和实际装运货物显示详细品名，但不能与信用证上的统称相矛盾，而且必须与其他单据上的商品描述相符。

（4）发票上要完整、正确地显示价格条款（如提单上的运费支付方式），做到与相应单据的表述相一致。

（5）发票金额、数量要符合信用证的要求，正确运用《UCP600》的有关规定。发票金额不能超过信用证金额，发票上要显示信用证所要求的折扣，其货款、数量要与信用证的要求一致。

（6）发票上必须列明与其他相关单据相一致的总包装件数、总毛重、总净重、总尺码等数据。

（7）审核信用证对发票的其他规定，如按要求显示有关号码、相关证明文句等。

3.运输单据审核要领

（1）运输单据的格式性质必须与信用证的规定一致，若信用证规定要出具特定承运人的运输单据应予以照办，出具人应符合信用证的规定。

（2）托运人一般应为出口商（信用证的受益人）。若有特殊要求，提单的收货人必须与信用证的规定相符。若为指示抬头提单，交单前必须正确背书，以便办理清关提货手续。

（3）装运地/港、目的地/港、航程路线、通知人、提单日期等均应符合信用证的规定。

（4）提单上必须明确注明“运费预付”或“到付”字样。

（5）货名可用统称，并与信用证和发票一致。

（6）唛头、数量、毛重和净重应与其他单据相一致，大小写应相符。

（7）交银行的提单的正副本张（份）数应符合信用证的规定，承运人的签章和签发日期也要确保正确。

（8）运输单据不能有不清洁批注。

4.保险单审核要领

（1）保险人和保险单据的名称应符合信用证的规定。

（2）被保险人（投保人）应为信用证的受益人。

（3）保险标的物应与运输单据中的相同。

（4）承保风险应符合信用证关于保险险别的规定。

（5）保险期限应符合信用证的规定，有关起运地、目的地、运输工具、航程等，必须与运输单据一致。

（6）保险金额大小写必须一致。金额必须符合信用证的要求，如信用证未注明金额要求，应按发票上货物金额的110%投保，投保币种要符合信用证的规定（有特殊规定的除外）。

（7）保险费除信用证要求显示外，一般可不显示，只打“Arranged”字样。

（8）代理人即保险公司在目的地的代理人，应有全称和详细地址。

（9）理赔地点一般应为目的地。

（10）保险公司签章不得遗漏。

（11）保险单的签发日期不得迟于运输单据的签发日期。

（12）保险单的背书需按信用证的规定办理。

模拟操作6-1

登录http：//www.zsyun.com.cn，进行审核单据模拟操作。

四、单据不符的处理

若单据有不符点，一般有两种处理方式：

（1）出口商在向议付行交单时如发现有不符点，凡是来得及并可以修改的，可直接修改或联系相关部门（质检部门、运输部门、保险部门等）修改这些不符点，使之与信用证相符，正常议付货款。

（2）出口商在向议付行交单时如发现有不符点，但已来不及修改或相关部门不同意修改，或者单据已寄交开证行而无法修改的，可以立即联系开证申请人（进口商），说明单据存在的不符点，请其来电确认接受不符点，同时"电提"或"表提"开证行，请开证行表示接受不符点。如果开证行、开证申请人都接受不符点，出口方仍可以收回货款，不过这只限于单据与信用证的规定不相符合，但货物与合约相符合并无质量问题的情况。

上述第二种存在不符点的交单收汇，实际上结算方式已经由信用证性质变成了托收性质，即由原来的开证行所承诺的第一付款责任的地位不复存在了，开证行退为托收行的地位。这种变化是由单证不符引起的，出口商收款的风险加大了。

因此，信用证结算的首要问题就是出口方一定要满足"单证相符"和"单单相符"的要求，这样才能保证安全收汇。

案例分析6-3　　发票货物名称描述不全引起的结算争议

某地工艺品进出口公司对外出口一批玉制品。信用证是国外第一国民银行通过中国香港分行开立的，并由国内A银行通知给受益人——工艺品进出口公司。信用证中规定："100 cartons of Jade Products，including 50 cartons of Chang E Flies to the Moon and 50 cartons of Xichun at Drawing."（100箱玉制品，包括50箱"嫦娥奔月"和50箱"惜春作画"），在特别条款中对议付行规定："Instructions to Negotiating Bank... The Negotiating Bank is required to send the first set of documents direct to our Hongkong Branch by registered airmail and the second set by following airmail."（议付行注意……要求议付行将其中第一套单据以航空挂号邮寄给中国香港分行，第二套单据由次班航空邮寄）。工艺品进出口公司根据此信用证的有关规定按时装运，于8月14日备妥规定单据向A银行办理议付手续。A银行审核单据后当天即向信用证规定的开证行香港分行寄出单据。8月18日香港分行收到单据后，又将单据寄给开证行——第一国民银行。第一国民银行于8月26日收到单据后审核发现单证不符，于8月29日向A银行发出因单证不符拒付货款的函电：

"第×××号信用证项下的单据经我审核发现单证不符：

你方第×××号发票对商品名称的描述不全。我信用证规定商品名称为'玉制品'，你方发票上寻找不到'玉制品'的商品名称，仅表示50箱'嫦娥奔月'和50箱'惜春作画'，不符合信用证要求。根据《UCP600》相关条款的规定，商业发票中的货物描述必须符合信用证的描述，故我无法接受你方单据。经研究决定将你方原套单据全部退回，请查收。

第一国民银行

8月29日"

工艺品进出口公司接到开证行上述拒付函电后，立即召集有关人员讨论，研究结果认为开证行的意见不成立。因为我方出口的商品有两种，即"嫦娥奔月"和"惜春作画"，其具体规格和计价都不一样，作为发票，要把具体的商品名称分别计价列出。按开证行的要求，因为“嫦娥奔月”和“惜春作画”两种商品是利用一个信用证开出的，才不得不出现了“玉制品”这个统称。所以“嫦娥奔月”和“惜春作画”这两个品名是主要的，而“玉制品”这个统称在发票上有无均可。

工艺品进出口公司将讨论结果与议付行A银行商讨，要求A银行发电反驳开证行。A银行有关人员研究后，认为工艺品进出口公司的意见不符合单证原则。本信用证明确规定：“This credit is subject to Uniform Customs and Practice for Documentary Credit（2007 Revision），International Chamber of Commerce，Publication No.600.”（本证根据国际商会第600号出版物《跟单信用证统一惯例》2007年修订本解释）。该惯例审核单据的原则就是单据表面上是否与信用证条款一致，如果单据表面与信用证不符，开证行可以拒绝单据。信用证既规定了商品的统称，又规定了商品的具体品名，发票也应该将两者都表示出来，这样才能算单据表面上符合信用证要求。

最后工艺品进出口公司只能接受开证行不付款的事实。

分析：在本案例中，来证中对商品的描述用的是统称，为做到单证表面一致，在签发的商业发票上也必须有商品统称，然后写上商品的具体名称。而本案例中所签发的商业发票上只有具体的商品名称，存在单证不符点，因此开证行拒付款符合《UCP600》的规定，其拒付是有正当理由的。本案例告诉我们签发商业发票时填写的商品名称一定要符合信用证对商品描述的要求。本案例还表明按照《UCP600》，当开证行认为出现不符点时，可以选择把单据退给寄单人，也可以保管单据听候处理。但在实践中，一般做法是当开证行认为存在不符点时，采取保管单据听候处理的方法，而不是直接把单据退给寄单人。

案例分析6-4　**误解提单抬头条款损失**

某地B进出口公司与瑞士商人达成一笔交易。国外开来的信用证部分条款中规定：“We hereby open our documentary Letter of Credit No.9389321 by order of A.P.C.Trading Co., Ltd....Full set clean on board ocean Bill of Lading made out to orderer marked Freight Prepaid”。B进出口公司根据信用证的规定按时装船并按上述要求缮制了海运提单，该提单收货人栏内填写了“To orderer”。外轮代理提出疑问，是否系“To order”之误，多了“er”两个字母。B进出口公司又核对了信用证，并告诉外轮代理原提单制法完全正确，如做成“To order”则无法结汇。

B进出口公司取得提单并缮制完其他单据后即办理议付手续，议付行对提单抬头也提出了异议。B进出口公司经办人员坚持认为提单的填法与信用证的规定丝毫不差，信用证规定“To orderer”，我们也是“To orderer”，而且该提单系船长亲自签发，船早已离港无法更改。但议付行坚持不同意接受，最后B进出口公司出具保函，以单据不符点担保议付方式寄单。

单据寄达国外后，开证行提出：

“第9389321号信用证项下担保议付的单据经联系申请人后，因该提单收货人一栏的填制不符合我信用证规定，故无法接受。单据暂代保管，听候处理意见。

6月20日”

B进出口公司仍然认为提单的收货人一栏与信用证一致，意欲通过议付行向开证行抗辩。但议付行不同意，称寄单时已向开证行宣称不符点并以担保方式寄单，现怎能再抗辩不承认单据存在不符点呢？

B进出口公司只好通过驻外机构向进口方通融，最后拖延了4个多月才收回货款，仅利息就损失了8 400美元。

分析：本案例中出口商提交的提单表面上与信用证的要求完全一致，为什么开证行会指出“该提单收货人一栏的填制不符合我信用证规定”呢？

通过分析案例资料，我们发现出口商如此填制收货人一栏，的确存在单证不符点。信用证系开证行受开证申请人的委托开立的，所以本案例的信用证明确表述：“We hereby open our documentary Letter of Credit No.9389321 by order of A.P.C.Trading Co., Ltd. ...”（我行受A.P.C.公司委托开立第9389321号跟单信用证……）。很明显“orderer”一词即指上述“by order of...”（受×××委托、指示）的委托人，也就是“Applicant”“Accountee”等，即A.P.C贸易有限公司。因此，信用证对提单的规定应该是：（做成）以委托人（开证申请人）为收货人。而出口商未理解“To orderer”的意思，误以为“orderer”与“order”同义，没有按规定将提单做成以开证申请人A.P.C.Trading Co., Ltd.为抬头，却直接照打“orderer”，因此遭开证行拒付是必然的。因为提单的关系人是承运人和托运人（也叫发货人、委托人，即发出指示的人），如果提单的收货人为委托人，从运输角度来说，就被认为是托运人，即B进出口公司，自然是单证不符而遭拒。

案例分析6-3和案例分析6-4告诉我们：信用证下的付款也不是简单的单证表面一致即可。案例分析6-3因为单证表面不一致而遭拒付，案例分析6-4看起来是单证表面一致但也遭拒付，因此信用证下审单必须领会单证表面一致的精髓。

案例分析6-5 **单据轻微瑕疵**

某日，受益人向议付行交来全套单据，经审核，议付行认为单单、单证一致，于是向受益人办理结汇，同时单寄开证行进行索偿。开证行审核单据后，认为议付行交来的全套单据不能接受，因为提单上申请人的通信地址的街名少了一个g（正确的地址为：Sun Chiang Road，现写成：Sun Chian Road）。

议付行依据《UCP600》和国际商会《跟单票据争议专家解决规则》（DOCDEX）申辩“申请人的通信地址的街名少了一个g”不能被视为不符点，而申请人执意不肯。事实上，开证申请人通过借单看过货物后才决定拒绝接收货物，并由此寻找单据中的不符点，以此为借口拒绝付款。目前此案在进一步磋商之中。

结合案例，分析当事人业务处理是否恰当？是否存在不符点？

分析：受益人、议付行处理业务没什么不妥，开证行处理业务不妥。按照国际惯例《UCP600》和国际商会《跟单票据争议专家解决规则》，微小的不符点可以忽略，这是明显的打印错误，应该属于微小的不符点，可以视同是相符交单，开证行应该接受单据，按规定支付货款。

要点导图

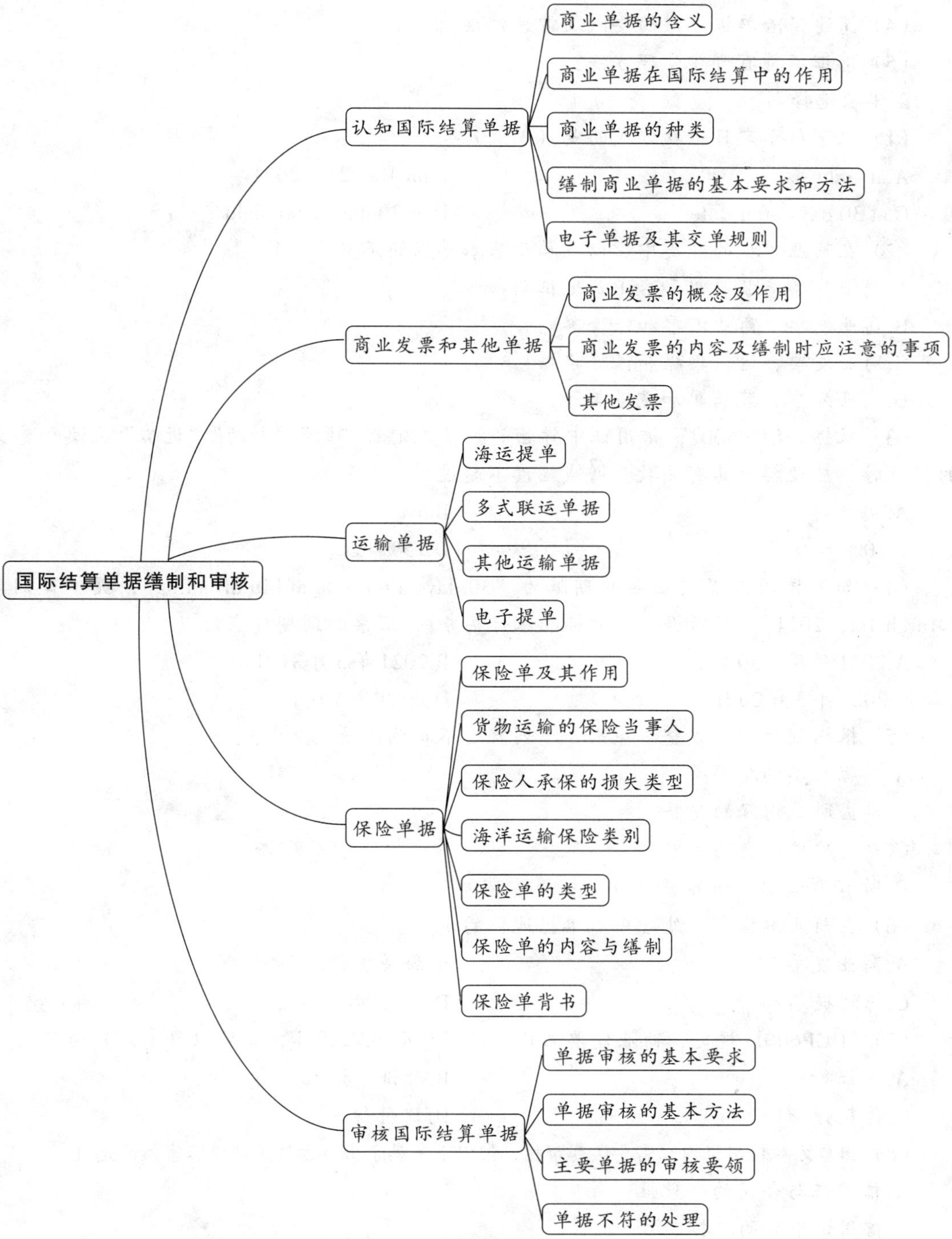

知识检测

1.简答题

（1）简述商业发票的作用和缮制要点。

(2) 海运提单的作用是什么?

(3) 什么是不清洁提单? 开证银行为何不能接受?

(4) 简述保险单据审核的要点及常见错误。

(5) 单证不符有哪些处理方法?

2.单项选择题

(1) 以下属于定日付款方式的是(　　)。

A.at sight　　B.on May 21, 2021

C.at 30 days after date　　D.at 30 days after sight

(2) 在商业单据的分类中, 以下属于基本单据的是(　　)。

A.商业发票、装箱单和GSP产地证明书等

B.商业发票、商业汇票和保险单

C.商业发票、运输单据和保险单据

D.商业发票、装箱单和重量单等

(3) 根据《UCP600》, 信用证中货物的数量规定有"约""大约""近似"或类似意义的词语时, 应理解为其有关数量增减幅度不超过(　　)。

A.3%　　B.5%

C.10%　　D.15%

(4) 如果信用证规定汇票的期限为"30 days after date of bill of lading", 提单日期为"March 1st, 2021", 则根据《国际标准银行实务》, 汇票的到期日应为(　　)。

A.2021年3月30日　　B.2021年3月31日

C.2021年3月20日　　D.2021年4月1日

(5) 根据制单的"完整"原则, 下列表述不正确的是(　　)。

A.单据种类的完整

B.单据所填内容的完整

C.每种单据份数的完整

D.所有单证都必须签署

(6) 在商业单据中, 处于中心单据地位的是(　　)。

A.商业发票　　B.海关发票

C.海运提单　　D.保险单

(7)《UCP600》规定, 商业发票必须由信用证受益人开具, 必须以(　　)为抬头。

A.开证行　　B.开证申请人

C.付款行　　D.议付行

(8) 出口方对信用证内容需要认真审核, 但以下不属于出口方信用证内容审核的是(　　)。

A.信用证与合同的一致性

B.信用证条款的可接受性

C.价格条件的完整性

D.开证银行的资信

(9) 开证行或付款行如发现单据和信用证不符, 应在不迟于收到单据的次日起(　　)个营业日内通知议付行表示拒绝接受单据。

A.7　　B.6

C.5　　D.3

(10) 提单日期为7月15日，信用证的有效期为8月15日，按《UCP600》的规定，受益人向银行交单的最迟日期为（　　）。

A.7月15日　　B.8月5日

C.8月15日　　D.7月31日

(11) 在审单工作中，银行将审查（　　）。

A.单据的完整性　　B.单据的真伪性

C.单据的法律效力　　D.单据表面是否与信用证条款相符

3.多项选择题

(1) 以下属于商业单据的是（　　）。

A.商业发票　　B.保险单

C.汇票　　D.B/L

(2) 在下列情况中，开证行有权拒付票款的是（　　）。

A.单据内容与信用证条款不符

B.实际货物未装运

C.单据与货物有出入

D.单据与单据之间不符

(3) 商业发票是国际货物买卖中的中心单据，其作用表现为（　　）。

A.交接货物的依据　　B.登记入账的依据

C.报关纳税的依据　　D.买卖合同的证明

(4) 在审核信用证金额与货币时，需要审核的内容包括（　　）。

A.信用证金额的大小写必须一致

B.来证采用的货币与合同规定的货币必须一致

C.发票或汇票金额不能超过信用证规定的总金额

D.若合同中订有溢短装条款，信用证金额应有相应规定

(5) 在制单原则中所说的"正确"是指（　　）。

A.单单相符　　B.单证相符

C.单约相符　　D.符合有关国际惯例和进口国有关法令法规

(6) 在下列信用证条款中属于软条款的是（　　）。

A.三份正本已装船海运提单做成"凭指定"抬头，通知买方

B.一份开证申请人手签质量检验证书，字迹需和开证行预留签字样本相符

C.待进口商取得进口许可证后，开证行通知信用证生效

D.所装船名和船期由进口商通知开证行，开证行通知受益人

4.判断题

(1) 根据《UCP600》，自信用证开立之时起，开证行即不可撤销地受到兑付责任的约束。（　　）

(2) 出口公司在收到对方开出的信用证后，应严格按照信用证的有关条款进行发货、装运、制单结汇。不管发生什么情况，都无权要求开证行修改信用证。（　　）

(3) 根据《UCP600》，信用证必须规定提示单据的有效期限。规定的用于兑付或者议付的有效期限将被认为是提示单据的有效期限。 ( )

(4) 除商业发票外，其他单据中的货物、服务或行为描述若需规定，可使用统称，但不得与信用证规定的描述相矛盾。 ( )

(5) 按照指定行事的被指定银行、保兑行（如有）或开证行可以接受金额超过信用证所允许金额的商业发票，倘若有关银行已兑付或已议付的金额没有超过信用证所允许的金额，则该银行的决定对各有关方均具有约束力。 ( )

(6) 开证行应劝阻申请人将基础合同、形式发票或其他类似文件的副本作为信用证整体组成部分的做法。 ( )

(7) 发票的开立日期不能早于信用证的开证日期，也不能迟于信用证的最迟交单日期。 ( )

(8) 议付与出口押汇都是银行对出口商垫款或融资的授信行为。 ( )

(9) 信用证关于货物的描述为"blue cotton wears"，发票显示为"colored cotton wears"是可以的。 ( )

(10) 当买卖合同与信用证的内容有差别时，卖方应按合同来履行义务，这样才能保证按期得到足额货款。 ( )

(11) 指示性抬头的提单不能做记名背书。 ( )

(12) 开证银行在得知开证申请人将要破产的消息后，仍需对符合其所开的不可撤销信用证下的单据承担付款、承兑的责任。 ( )

(13) 根据《URC522》的规定，未经银行事先同意，货物不能直接发给银行，也不能做成以银行为收货人的记名提单；否则，发货人自行承担货物的风险和责任。 ( )

(14) 银行对于信用证未规定的单据将不予审核。 ( )

(15) 若单据与信用证规定略有不符，只要货物相符，出口商就能顺利结汇。 ( )

技能训练

1. 案例分析

(1) 凭预借提单提货案例

我某外贸公司与某国A商达成一项出口合同，付款条件为D/P 45天付款。当汇票及所附单据通过托收行寄抵进口地代收行后，A商及时在汇票上履行了承兑手续。货抵目的港时，由于用货心切，A商出具信托收据向代收行借得单据，先行提货转售。汇票到期时，A商因经营不善，失去偿付能力。代收行以汇票付款人拒付为由通知托收行，并建议由我某外贸公司直接向A商索取货款。

分析我某外贸公司应向谁索取货款，并说明理由。

(2) 过期交单案例

中国A公司与美国B公司签订了一份国际货物买卖合同，由A公司向B公司销售一批工艺品，双方在合同中约定采用信用证方式付款。合同订立后，B公司依约开来信用证。该信用证规定，货物最迟装运期为9月30日，提单是受益人A公司应向银行提交的单据之一，信用证到期日为10月15日，信用证未规定交单期。A公司于9月12日将货物装船并取得提单，提单的日期为9月13日。10月5日A公司向银行交单议付。

分析A公司能否顺利得到货款，并说明理由。

（3）分批装运不符合规定案例

我某公司与德国客商签订一出口合同，德国客商按时开来了信用证，证中规定的装运条款为：1月装100吨，2月装100吨，3月装150吨。我某公司1月份按规定如数装运并顺利收到货款。考虑到货源分散，经与船公司协商，由大洋号轮于2月10日在烟台、2月11日在青岛共装运200吨。当我某公司持单据到银行要求付款时，遭到开证行的拒绝。

请问开证行的拒付理由是否合理？并说明理由。

（4）来证中未规定允许货物数量浮动案例

我某公司向韩国出口一批大豆，双方签订的合同中规定：数量2 000吨，单价150美元/吨，允许10%的数量增减。对方如期开来了信用证，证中规定：总金额300 000美元，数量2 000吨。我方未要求改证，直接发货2 100吨。

请问如果按发货数量制单我方是否能安全收汇？并说明理由。

（5）开证不及时案例

我某公司与外商按CIF条件签订一笔大宗商品出口合同，合同规定装运期为8月份，但未规定具体开证日期。外商拖延开证，我方见装运期快到，从7月底开始，连续多次电催外商开证。8月5日，我方收到开证行简电通知，因怕耽误装运期，即按简电办理装运。8月28日，外方开来信用证正本，正本上对有关单据做了与合同不符的规定。我方审证时未予注意，交银行议付时，银行也未发现。开证行以单证不符为由，拒付货款。

你认为我方应从此次事件中吸取哪些教训？

2.综合实训

（1）商业单据缮制实训

实训项目：商业单据缮制。

实训目的：掌握商业单据缮制方法。

实训步骤：出口商缮制单据。

实训资料：根据“模块五　跟单信用证结算”实训题提供的信用证资料，按该信用证要求制单（对于单据上必须填写的事项，请自己合理设定），见样式6-1、样式6-2、样式6-3、样式6-4。

样式6-1 商业发票

Commercial Invioce

一般在右上角标注发票号码、日期、合同号、L/C号码

From Name: ______________________

Address: ______________________

____

Contact Name: ______________________

Phone Number: ______________________

To Name: ______________________

Address: ______________________

____

Contact Name: ______________________

Phone Number: ______________________

空运单号码

AWB:

Description of Goods	Number of Items	Unit Value	Total Value

重量（磅）

Pieces		Weight	Lbs.	Total Value for Customs	

The value declared is for custom clearance purpose only. All value in USD.

Reason for Export: ______________________

Country of Origin: ____________ Country of Destination: ____________

Name (in print): ____________ Signature: ____________

样式6-2 国内某外贸企业发票（已填制）

广州市鑫禧科贸有限公司

GUANGZHOU XINXI TECHNICAL & TRADING CO.， LTD.

25/F，NO.449，TIANHEBEI ROAD，GUANGZHOU，CHINA

TO：FDJFDFTRCVBC INVOICE NO.INVOS03108

INVOICE DATE：JULY 3，2021

S/C NO.CZ038982

LOADPORT：HUANGPU VIA：HONGKONG DESTINATION：LONDON

PAYMENT：L/C At Sight L/C NO：LC462323

MARKS & NO.	DESCRIPTION & SPECIFICATION	QUANTITY	UNIT PRICE	AMOUNT
			FOB	
DFGDF G/F GHFG VGHF GHFGH	COLORFUL PENCIL	34SETS	USD56	USD1 904.00
	SPORTS SHOES	344PAIRS	USD345	USD118 680.00
	DENIM JACKET（DENIM+CORDUROY）	22PCS	USD435	USD9 570.00
	SPORTS SHOES	222PAIRS	USD3	USD666.00

TOTAL： 11 256PAIRS+890PCS+3 600SETS USD130 820.00

LESS COMMISSION OR DISCOUNT：3% USD3 924.60

TOTAL NET AMOUNT： USD126 895.40

TOTAL PACKAGE： 308CTNS

G.W.：25 025KGS N.W.：23 883KGS

SAY USD ONE HUNDRED AND TWENTY-SIX THOUSAND EIGHT HUNDRED AND NINETY-FIVE AND FORTY CENT ONLY

INVOICE SPECIAL TERMS

盖章签字

PAGE：1/1

样式6-3 海运提单样本

Shipper		COSCO B/L No. 中国远洋运输公司 CHINA OCEAN SHIPPING COMPANY Cable: Telex: COSCO BEIJING 22264PCPK CN GUANGZHOU 44080COSCA CN SHANGHAI 33057COSCO CN
Consignee		
Notify Party		
Pre Carriage by	Port of Receipt	
Ocean Vessel	Port of Loading	
Port of Discharge	Place of Delivery	

Container No.	Seal No. Marks & Nos.	Kind of Packages; Description of Goods	Gross Weight (kgs)	Measurement (m^3)

TOTAL NUMBER OF CONTAINERS OR PACKAGES (IN WORDS)	

Freight & Charges	Revenue Tons	Rate Per	Prepaid	Collect
Ex.Rate	Prepaid at	Payable at	Place and Date of Issue	
	Total Prepaid	No.of Original B/L	Signed for the Carrier	

LADEN ON BOARD THE VESSEL (30) Date: (COSCO STANDARD FORM 07) BY: ______________________ ENDORSEMENT:	COSCO SHANGHAI SHIPPING CO., LTD.

样式6-4　　保险单样本

中国人民保险集团股份有限公司

THE PEOPLE'S INSURANCE（PROPERTY）COMPANY OF CHINA

发票号码　　保险单号次

Invoice No.　　Policy No.

海洋货物运输保险单

MARINE CARGO TRANSPORTATION INSURANCE POLICY

被保险人：

Insured: ______________________________

中国人民保险集团股份有限公司（以下简称本公司）根据被保险人的要求，及其所缴付约定的保险费，按照本保险单承担险别和背面所载条款与下列特别条款承保下列货物运输保险，特签发本保险单：

This policy of insurance witnesses that the People's Insurance（Property）Company of China（hereinafter called "The Company"）at the request of the insured and in consideration of the agreed premium paid to the company by the insured, undertakes to insure the undermentioned goods in transportation subject to the conditions of this Policy as per the clauses printed overleaf and other special clauses attached hereon.

保险货物项目 Description of Goods	包装 Packing	单位 Unit	数量 Quantity	保险金额 Amount Insured

总保险金额：

Total Amount Insured: ______________________________

保费：Premium_____装载运输工具：Per Conveyance: _____开航日期：Date of Commencement: ______

起运港　　目的港

From________________　To________________

承保险别

Condition:

所保货物，如发生本保险单项下可能引起索赔的损失或损坏，应立即通知本公司下述代理人查勘。如有索赔，应向本公司提交保险单正本（本保险单共有2份正本）及有关文件。如一份正本已用于索赔，其余正本则自动失效：

In the event of loss or damage which may result in a claim under this Policy, immediate notice must be given to the company's agent as mentioned hereunder.Claims, if any, one of the Original Policy which has been issued in 2 Original（s）together with the relevant documents shall be surrendered to the company.If one of the Original Policy has been accomplished, the others to be void.

中国人民保险集团股份有限公司

THE PEOPLE'S INSURANCE（PROPERTY）COMPANY OF CHINA

赔款偿付地点：

Claim Payable at________________________

出单日期：

Issuing Date____________________________

地址：

Address: ______________________________

（签名）

Signature:

（2）单据审核实训

登录http://www.zsyun.com.cn进行单据审核模拟操作。

模块七 银行保函和备用信用证

学习目标

知识目标：

1. 了解银行保函的含义、开立程序；
2. 了解备用信用证的含义；
3. 理解备用信用证与银行保函的区别与联系；
4. 了解银行保函的种类。

技能目标：

1. 会开立银行保函；
2. 会开立备用信用证。

引例

银行慎防保函业务风险

20××年8月1日，船公司甲所属某货轮在中国香港承运一批货物。货物装船后，船公司甲签发正本提单一式三份。8月10日，货轮抵达目的港，船公司甲通知乙公司提货，因乙公司不能出示正本提单，船公司甲拒绝交付货物。8月13日，乙公司向船公司甲出具一份“A银行提货担保书”，提货担保书在提取货物栏记载：信用证号码、货值、货名、装运日期、船名等。在保证单位栏记载：上述货物为本公司进口货物，倘因本公司未凭正本提单先行提货致使贵公司遭受任何损失，本公司负责赔偿。本公司收到上述提单后将立即交还贵公司换回此担保书。担保书由乙公司负责人签字并盖章；在银行签署栏记载“兹担保上述承诺之履行”，A银行负责人签字并盖国际业务部业务专用章。船公司甲接受提货保函，签发了提货单。但乙公司其后没有交款赎单，提单最终被退给托运人。

次年4月6日，托运人持正本提单在中国香港法院以错误交货为由，对船公司甲提起诉讼，要求赔偿货价损失、利息和其他费用。中国香港法院判令船公司甲向托运人支付赔偿金并承担托运人所发生的律师费。

船公司甲随后向A银行提出索赔，认为保函申请人乙公司于20××年8月13日凭提货保函提取货物后，至今未将该项货物的正本提单交还，要求A银行赔偿货款损失、利息及其他相关费用。A银行审核相应单据后向船公司甲进行赔付，并向乙公司提出索赔。

分析：本案例给船公司甲（承运人）、乙公司（申请人）和A银行（担保行）都带来了一定的启示。对船公司甲来说，虽然根据提货保函提货是国际惯例，但是这对于承运人而言有一定的风险，因此承运人应该仔细审核提货担保条款以及提货人和担保银行的资信，从而保障自己的权益。

对于乙公司来说，凭保函提货本是国际惯例，但是该公司在提货后没有按照正常程序付款赎单并将提单交还承运人，企图赖掉其付款责任。这种做法大大损害了自己的信誉和与银行的业务关系，得不偿失。

对于A银行来说，出具保函就意味着承担保证责任，因此一定要谨慎审查保函申请人的资信，并要求申请人交纳相当于货物价值的保证金，还应严格控制根据提货保函提取的货物的所有权，从而有效控制自身风险。

任务一 认知银行保函

银行保函是一种灵活的国际结算方式，在国际贸易中，由于银行保函采用第三方担保，可以减少履约风险，因此受到买卖双方欢迎。由于银行具有雄厚的资金实力和较高的信誉，所以由银行开具的银行保函和备用信用证得到广泛使用。

一、银行保函的定义和特点

1.银行保函的定义

银行保函（Letter of Guarantee，L/G）是银行或其他金融机构应申请人的要求向受益人开出的担保申请人正常履行合同义务的书面保证，又叫银行担保书。它实际上是金融机构有条件承担一定经济责任的契约文件或金融机构有条件付款和赔偿的书面承诺。一旦银行保函规定的条件成立（一般是申请人未能履行其所承诺的义务），金融机构就负有向受益人赔偿经济损失或支付货款的责任。

在一般的经济合同中，虽然已规定当事人的责任和义务，一方违约时，另一方可要求其赔偿经济损失，但这种约束仅仅是商业信用。因此，银行保函使交易双方履行义务受到了双重信用保障，其性质是一种备用的银行信用。

国际结算中使用的银行保函主要是见索即付保函，它是一种独立性保函，是不依附于基础合同而存在的保函。国际商会制定的，于2010年7月正式生效的《见索即付保函统一规则》（Uniform Rules for Demand Guarantees），是银行保函的最新国际惯例规则，它是国际商会第758号出版物，简称URDG758。

随着银行保函在国际上使用的范围不断扩大，其内容也逐渐复杂化。为了便于研究和使用，国际商会于1978年制定了《合约保函统一规则》（URCG325），于1982年又制定了《开立合约保证书模范格式》，供实际业务参考和使用。之后随着国际经济贸易的发展和变化，在1991年国际商会又对《合约保函统一规则》进行了修订，并于1992年4月出版发行《见索即付保函统一规则》，简称URDG458，URDG758是它的修订版。

2.银行保函的特点

（1）开立银行保函的目的是促使申请人履行合同。银行保函与跟单信用证相比，虽然都属于银行信用，但两者又有一定区别。银行保函的侧重点是提供信用担保而非付款，因而保函只有在申请人违约或具备索偿条件时才发生支付；而跟单信用证作为国际结算方式，其主要目的在于由银行支付货款，而非信用保证，在交易正常进行时通常发生支付。

（2）开立保函的银行承担第一赔偿和付款责任，即只要受益人能提出与保函条款相符的索赔或要求付款的单据和证明，担保银行就必须赔付；而跟单信用证中开证行的付款责任是第一性的，受益人如果能做到相符交单，开证行就必须付款，而不管申请人的付款意愿或支付能力如何。

（3）开立银行保函的依据是单据及其他证明文件，即保函赔付款的依据是受益人提出的索偿条件，包括受益人证明、申请人违约声明、有关单据的副本及其他证明文件。跟单信用证的付款依据通常是与信用证条款相符合的一套完整的商业单据，一般包括代表物权的正本单据和一系列其他正本单据。

（4）银行保函适用范围广。它除用于国际贸易结算外，还可应用于投标、履约、预付款、维修、质量等各种国际经济交易的履约担保。保函的申请人可以是出口方，而受益人也可以是进口方。跟单信用证一般只适用于货物贸易，用途较单一，申请人是进口方，受益人则是出口方。

（5）国际结算使用的银行保函是独立性保函。银行保函主要根据保函与基础业务合同的关系不同，可分为从属性保函和独立性保函。国际结算中使用的保函以独立性保函为主。独立性保函是指保函根据基础合同开立后，不依附于基础合同而存在，它是具有独立的法律效力的文件。独立性保函能使受益人的权益不因基础合同纠纷而遭受损失；能使担保银行不卷入复杂的商业纠纷中。从属性保函是指保函是基础合同的一个附属性契约，其法律效力随着基础合同的存在而存在，随着基础合同的改变、灭失而发生相应改变。各国国内的保函基本上是从属性的。

跟单信用证的性质类似于独立性保函，它是独立、自足的文件，不依附于合同而存在，合同发生变化并不影响信用证的内容和效力。

（6）担保银行承担独立性的赔付责任。在从属性保函中，银行的付款责任是第二性的，即当申请人违约后，担保银行才负责赔偿。这就是说，第一性责任是申请人履行合同，通常是支付货款或偿还借款等，只有在申请人不履行其责任的情况下，担保银行才履行责任，即赔偿。在独立性保函中，银行的付款责任是独立性的，只要受益人提出的索赔要求符合保函规定的条件，担保银行就必须付款，而不管申请人是否同意支付，也无须调查合同履行的事实。合同的履行情况与保函的赔付没有直接联系。在独立性保函中，即使申请人履行了合同，如果受益人仍能提出合理索赔，担保银行也应付款；反之，即使申请人没有履行合同，如果受益人提出的索赔要求不符合保函规定的条件，担保银行也不会付款。

案例分析7-1　　从属性保函与独立性保函

保函1：甲公司与乙公司签订一份合同，应甲公司的要求，A银行开出以乙公司为受益人的保函。保函规定：若甲公司未能履行上述合同项下的契约责任，我行保证赔付你方之损失，最高不超过10万美元。

保函2：甲公司与乙公司签订一份合同，应甲公司的要求，A银行开出以乙公司为受益人的保函。保函规定：我行保证凭首次书面索赔文件向你方支付索款要求的金额，最高不超过10万美元。

试问上述哪个保函是从属性保函？哪个是独立性保函？

分析：保函1是从属性保函，担保人的责任取决于委托人的违约，且仅限于受益人实际遭受的损失。

保函2是一份见索即付的独立性保函，因为付款责任仅仅取决于书面要求文件的提交。

资料来源　李国莉. 国际结算［M］. 北京：化学工业出版社，2008：90.

拓展思考7-1

应甲公司要求，A银行开立了一张以乙公司为受益人的独立性保函，乙公司在索偿时提交了保函规定的书面声明，说明甲公司未按合同要求履行义务。甲公司认为乙公司涉嫌欺诈，但又拿不出证据。试问A银行应当如何处理？

答：因为A银行开立的是独立性保函，所以应按保函规定如数向乙公司赔付。

二、银行保函主要当事人及其权责关系

1.申请人

申请人即委托人，是指向银行提出申请并委托银行开立保函的当事人。申请人履行合同项下的义务，并在担保人为履行担保义务而向受益人做出赔付时补偿担保人所做的任何支付。

2.受益人

受益人是指接受保函、并向担保行提出索赔的一方。受益人履行了其在合同项下的有关义务，并具备保函规定的索赔条件时，有权在保函有效期内提交相符的索款声明，或连同有关单据，向担保人索款并取得赔付。

3.担保人

担保人是指接受委托、开立保函的银行。其有如下权利和义务：

（1）在接受申请后，依委托人的指示开立保函给受益人。

（2）保函一经开出，担保人就有责任按照保函承诺的条件，合理审慎地审核受益人提交的包括索赔书在内的所有单据，向其付款。

（3）在委托人不能立即偿还担保行所做赔付的情况下，担保人有权处置押金、抵押品、担保品。如果处置担保品后仍不足以抵偿，则担保人有权向委托人追索不足部分。

4.通知行

通知行也称转递行，只负责核对保函的签字或密押，不承担其他经济责任，收取转递手续费。

5.保兑行

保兑行即第二担保人。一旦担保人未能按保函的规定付款，保兑行就必须代其履行付款义务。保兑行付款后，有权凭担保函及担保人要求其加具保兑的书面指示向担保人索赔。

6.反担保行

反担保行是接受申请人的委托向担保行出具不可撤销反担保，承诺在申请人违约且无法偿付担保行所做赔付时，负责向担保行进行支付的银行。

反担保行只是向担保人承担责任，而不与受益人发生直接关系，也不受理受益人的索赔。

三、银行保函基本内容

银行保函虽然种类繁多，用途不一，但目前各国银行开出的保函已经逐渐形成了一个较为统一、完整的格式，其基本要素是相同的，归纳起来主要有以下几项内容：

1.当事人的名称和地址

银行保函应写明各当事人（包括申请人、受益人、担保行、通知行等）的完整名称和详细地址。明确当事人（尤其是担保行）的名称和地址，不仅可以保证保函的完整性，而且对于明确各当事人的权利、义务，处理纠纷都十分重要。

2.合同的主要内容

在保函中写明交易合同、协议或标书的号码，签约日期，签约双方及其规定的主要内容，以作为判断交易双方是否违约的依据。

3.保函的编号和开立保函的日期

为了便于管理和查询，银行通常要对保函进行编号。注明开立保函的日期有利于确定担保银行的责任。

4.保函的类型

对于不同性质的保函，必须注明其类型，如投标保函、付款保函等。

5.保函金额

它是担保人担保责任的最高限度，通常也是受益人的最高索偿金额。保函的金额可以是具体的金额，也可以用交易合同的一定比例来表示，一般还要写明货币的种类。

6.保函的有效期

保函的有效期包括生效日期和失效日期。不同的保函的生效日期是不同的，例如投标保函一般自开立之日起生效，预付款保函则在申请人收到款项之日生效，以避免申请人在收到预付款之前被无理索赔的风险。

保函的失效日期是指担保人收到受益人索偿文件的最后期限。原则上应规定一个明确时间，期限一到，担保人应立刻要求受益人将保函退还注销。这是因为有些国家规定保函不得失效，收回保函可以避免一些不必要的纠纷。

7.索偿条件

索偿条件，即判断是否违约和凭以索偿的证明。现在采用较多的方法是，凭受益人提交的符合保函规定的单据或证明文件付款。这种方法认为索偿条件不必与事实相联系，由受益人在有效期内提交保函规定的单据或书面文件，即可认定所规定的付款条件已经具备，索赔有效。

8.其他条款

其他条款包括与保函有关的转让、保兑、修改、撤销及仲裁等内容。

任务二 认知银行保函的类型

从贸易方向上划分，银行保函可以分为出口保函、进口保函两类，每类保函中又包括多种类型，以下介绍几种常见的类型。

一、出口保函

1.出口保函的定义

出口保函是银行应出口方的申请（即商品或劳务提供者）向进口方开立的书面保证文件，以保证出口方按合同履约，否则由担保行负责赔偿。

2.常见的出口保函

预付款保函、议付保函、投标保函、履约保函、质量保函和海关保函都属于出口保函。其中预付款保函、议付保函是国际贸易中常见的保函。

（1）预付款保函又称“还款保函”。它是担保银行应申请人（预付款收取人）要求向受益人（预付款支付者）开出的担保文件，保证如申请人不按合同规定履行义务，也未将受益人预付给申请人的任何资金以其他方式偿还时，由担保行向受益人赔付一定金额款项。它适用于进出口贸易、工程承包和技术贸易中一切预付款和带有预付性质的业务。

（2）议付保函是指在信用证结算中，受益人向议付行提交跟单汇票时，若单证不符，议付行拒付，则受益人可要求担保银行开立议付保函给议付行，请求议付行议付，并保证当开证行拒付时，由受益人或担保行赔偿议付行全部损失。

知识链接7-1 投标保函

投标保函是指担保银行应投标人委托向招标人开出的书面保证文件，保证投标人在开标前不中途撤标，不片面修改投标条件，中标后不拒绝交付履约保证金，不拒绝签约，并承诺当投标人出现上述违约行为时，由担保人赔偿招标人的全部损失。它以招标人为受益人，以投标人为申请人。提交投标保函是投标人参加投标的必要条件之一。

投标保函金额一般为投标报价的1%~5%，但一般不写出具体金额，否则可能被推算出投标报价而失去中标机会。投标保函一般从开出日起生效，到开标日后一定天数内（如30天）若未收到中标通知则保函失效。

履约保函是担保银行应申请人要求向受益人开出的保证申请人按合同履行各项义务，否则由担保人赔偿受益人一定金额损失的保证文件。由于履约保函覆盖面广而担保金额相对较高，因此许多担保银行都尽量将履约保函下的一些担保行为分离出来，成为独立的保函，以担保金额较少、风险较小的保函替代履约保函执行某一专门领域的担保任务。例如，在承包工程时，承包人的履约保函只开到工程完工时为止，而对工程今后的维修和质量责任则通过另开一份质量维修保函来承担，而不是将履约保函开至质量、维修责任期，从而降低成本，减少风险。

质量保函是指担保银行就合同标的物的质量所出具的一种担保。质量保函的申请人为卖方或承包方，受益人是买方或业主，担保银行的责任是保证在交货或施工完毕之后规定的时间（保修期）内，若货物或工程的质量不符合要求，而供货方或承包商又不愿意维修，则买方或业主有权向银行索赔。

海关保函适用于国际承包工程入境机械设备的关税免征。在国际承包工程中，工程所在国海关往往要对因施工、安装需要而入关的机械设备征收关税作为押金，待工程完工、设备运出海关后退还。承包人为了加速资金周转，往往请担保行开立海关保函，保证在施工结束后，将机械运回国，否则由担保行支付这笔税金，借以免缴押金。

二、进口保函

1.进口保函的定义

它是指银行应进口方申请，向出口方开立的一种书面保证文件，保证进口方在收到出口方交来规定的货运单据时履行付款义务，否则担保行负责支付进口方应付而未付款项。

2.常用的进口保函

付款保函、提货保函、留置金保函、补偿贸易保函、加工装配保函等都是进口保函。其中付款保函、提货保函是在国际贸易中常用的保函。

付款保函是指担保银行应申请人（进口商）要求向受益人（出口商）开出的保证进口商在收到符合合同规定的货物后向出口商支付全部货款，否则由担保人赔偿出口商损失的书面保证文件。

付款保函适用于进出口贸易，其担保金额一般为货物价款及相应利息，有效期从保函开立之日起至出口方收到货款或双方约定的具体时间为止。

提货保函是指在进出口贸易中，当货物先于提单到达目的港时，进口商为了防止货物因压仓、变质或遭遇市场价格波动而受到损失，在提单到达前可要求银行出具的保函，凭此保函向运输公司提前提货、报关并销售。提货保函保证进口商在收到提单后立即交还运输公司。

知识链接7-2 **留置金保函**

留置金保函是指在国际承包以及大型成套设备进出口业务中，业主或进口商为了确保工程质量和保证设备安装调试后能正常运转，达到预定要求，在支付工程款时往往留置一定比例（一般为5%~10%）的款项作留置金不付给承包商或出口商，待工程和设备验收合格再付款。由于留置金金额较大，对承包商或出口商影响大，因此通常会要求进口商或业主提供留置金保函。留置金保函是由进口商作为保函申请人，承包商或出口商作为受益人，由银行开立保函担保只要在规定时间内没有出现设备或工程质量问题，进口商或业主将如数退还留置金，否则承包商或出口商可以向担保银行索赔。

补偿贸易是由出口商提供该项目生产所需要的设备和技术，由进口商提供厂房、劳动力进行生产，产成品以返销的形式来补偿出口商的设备款、技术转让费及相应的利息。在补偿贸易中，出口商为了避免因进口商违约，不能按时补偿设备价款、技术费而遭受损失的风险，往往要求进口商提交补偿贸易保函，保证在合同规定的期限内补偿设备款及利息，否则由担保人负责赔付。

加工装配保函是指为防止加工方不能按时加工装配成品以偿还设备及零部件价款，委托方往往要求对方提交银行开具的加工装配保函，保证加工方在收到符合合同规定的生产设备、原材料及相关技术和资料后，在合同规定期限内按质按量将产品交给委托方，否则担保行负责赔偿。

任务三　银行保函业务处理

一、直接保函

直接保函是指担保银行直接将保函开给受益人，以承担担保责任的保函开立方式。根据转递方式的不同，直接保函又可分为两种：

1.直接将银行保函开给受益人

担保银行直接将保函开给受益人，中间不经过其他当事人转递。其业务具体流程如图7-1所示。

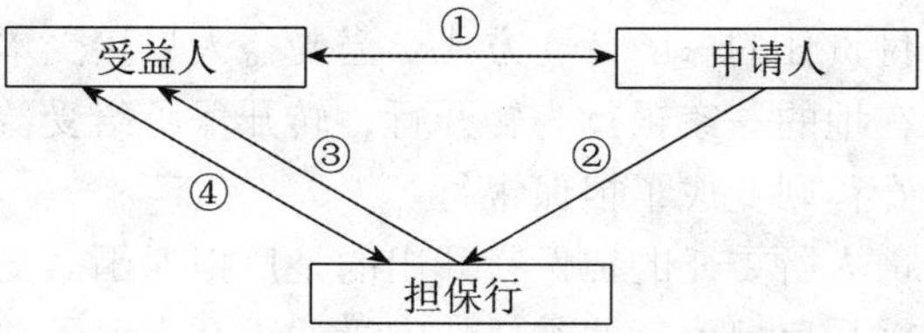

图7-1　直接向受益人开立保函流程图

注：①申请人和受益人订立合同。

②申请人申请开立保函（开立银行保函申请书的样式见样式7-1）。

③担保行向受益人开立保函（担保行受理保函业务审核表见样式7-2、业务回单见样式7-3、发送开立保函电文见样式7-4）。

④受益人索赔，担保行赔付。

在实际业务中，很少采用这种方式开立银行保函，因为受益人一般不愿意接受这种形式的保函。这主要有两方面的原因：一是受益人对担保银行开来的保函无法鉴别真伪，因此无法保障自身利益；二是索偿不方便，即使申请人（委托人）违约，受益人具备索偿条件，但要求国外担保行进行赔偿却不太方便，如文件的起草和翻译、对所依据的标准和法律的了解等都比较困难。

2.通过通知行转递银行保函

担保银行应申请人要求开出保函后，将保函交给受益人所在地通知行或转递行，由该行将保函通知或转递受益人。

其业务具体流程如图7-2所示。

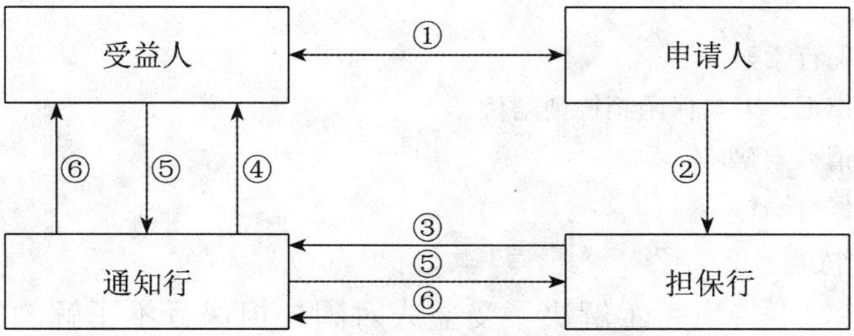

图7-2　通过通知行转递银行保函流程图

注：①申请人和受益人订立合同。

②申请人申请开立保函（开立银行保函申请书的样式见样式7-1）。

③担保行开立保函，交付通知行（担保行受理保函业务审核表见样式7-2、业务回单见样式7-3、发送开立保函电文见样式7-4）。

④通知行向受益人通知保函。

⑤受益人在申请人违约后通过通知行向担保行索赔。

⑥担保行赔付。

这种保函的特点主要是银行保函真伪易辨，但受益人索赔不便。因为受益人只能通过通知行或转递行向担保行索偿，而通知行或转递行只有转达义务，它们本身不承担任何责任，因此实际上还是受益人向国外担保行索偿。

二、间接保函

1.间接保函的定义

间接保函是指申请人请求当地银行以提供反担保的形式委托受益人所在地银行代其开立保函，并代其承担赔付责任的保函开立方式。当受益人只接受本地银行为担保人时，原担保银行要求受益人所在地的一家银行为转开行，转开保函给受益人，这样原担保银行就变成了反担保人，而转开行则变成了担保银行。

在间接保函中，申请人所委托的担保行开出的是反担保函。受益人当地的银行（一般是反担保行的关系行）接受反担保行的委托，向受益人开立保函并向其承担符合约定条件的赔付义务，开立反担保函的银行并不直接对受益人承担赔付义务。

2.间接保函业务具体流程（如图7-3所示）

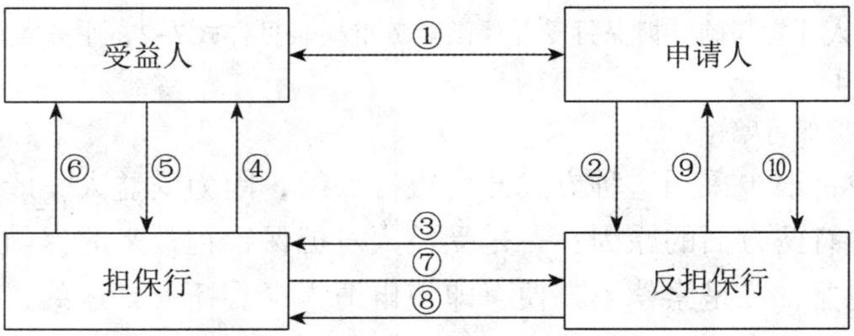

图7-3　间接保函流程图

注：①申请人和受益人订立合同。

②申请人申请开立保函（开立银行保函申请书的样式见样式7-1）。

③反担保行指示担保行开立保函（反担保行受理保函业务审核表见样式7-2、业务回单见样式7-3）。

④担保行按反担保行指示向受益人开立保函。

⑤受益人在申请人违约后提交有关单据，向担保行索赔。

⑥担保行赔付。

⑦担保行向反担保行索赔。

⑧反担保行审核单据，若与保函相符则赔付。

⑨反担保行向申请人索赔。

⑩申请人向反担保行赔付。

3.间接保函的特点

间接保函具有如下特点：①解决了受益人对国外担保行不了解的问题，反担保行是本地的银行，受益人能够信任；②真伪易辨；③受益人与反担保行同在一个国家，所以索偿方便。

三、开立银行保函申请书、审核表、业务回单、电文样式

1.开立银行保函的申请书（如样式7-1所示）

样式7-1 APPLICATION FOR GUARANTEE OR STANDBY L/C

Date Jun 24，2020

<table>
<tr><td>TO：Bank of China Shanxi Branch</td><td>Guarantee/Standby L/C NO.:</td></tr>
<tr><td>Applicant（Full Name and Address）:
Shanxi Import and Export Co.Ltd.
No.116 Shuangta East Street，Taiyuan，Shanxi Pr.China</td><td rowspan="2">Please Issue:
☐ by mail ☐ by SWIFT
☐ by Standby letter of credit account to
UCP600
ISP98
Demand Guarantee As per
attachment As per URDG758</td></tr>
<tr><td>Beneficiary（Full Name and Address）:
Daysty Corporation
1-16-6
Niina，Mino，Osaka，Japan</td></tr>
<tr><td>Type of Guarantee/Standby L/C:
Payment Guarantee</td><td>Guarantee Party（Full Name and Address）:</td></tr>
<tr><td>Currency and Amount（in figures and word）
USD 360 000.00（Say in USD three hundred sixty thousand only）</td><td rowspan="2">Expiry date/Condition and Expiry Place:
3 months after the day of issue in China</td></tr>
<tr><td>Advising Bank/Reissuing Bank:
Bank of China Osaka Branch
SWIFT CODE：BKCHJPJTOSA</td></tr>
<tr><td colspan="2">Documents required for drawings（optional）（marked with “X”）
Demand in writing Sight draft
The demand in writing stating that the applicant has failed to make payment in accordance with the contract within 60（sixty）days after receiving the goods.
Signed beneficiary certificate stating a default，reading as follows（please state below exact wording to appear on the statement）:
Copy of transport document（specify）；Copy of bill of lading indicating the applicant as the consignee，name of the carrier and signed by the carrier or agent of the carrier，the goods have been shipped on board，the contract NO，date of the shipment to the port of destination on（Shanghai China）.
Copy of invoice made out by the beneficiary in the name of the applicant indicating the contract number，amount to be paid and date issue.
Document as per format attached
Other（specify）</td></tr>
</table>

续表

Special instructions (optional): Automatically renew this Standby L/C or guarantee (specify): Drawings not permitted prior to ---------. This Standby L/C or guarantee shall be automatically reduced by----------- (Amount) ---------- (Frequency) commencing ------------------ (Date). All banking charges outside the issuing bank are for account of beneficiary. Drawings: (Select one) beneficiary can make One Multiple demands for payment (drawings). Other (Specify): 本申请依据我公司2020年5月17日在太原与Daysty Corporation公司签订的进口合同、标书（编号）提出。 声明：贵行已依法向我方提示了本申请书及其背面承诺书相关条款（特别是黑体字条款），应我方要求对相关条款的概念、内容及法律效果做了说明。我公司已对本申请及其背面承诺书各条款进行审慎阅读，对各条款含义与贵行理解一致。我公司在此签章表示对本申请书及背面承诺书条款的接受，愿依照执行。 申请人签章 法定代表人或授权代理人 年 月 日
同意受理 银行签章 负责人或授权人签章 年 月 日
以下是申请书背面的内容 尊敬的客户：为了维护您的权益，请在签署前仔细阅读本承诺书各条款（特别是黑体字条款），关注您的权利义务。如有任何疑问，请向经办行咨询。 开立涉外保函、备用信用证申请人承诺书 我公司已依法办妥一切必要手续，兹请贵行依照本申请书所列条款开立保函/备用信用证，并承诺如下： 一、我公司已充分知悉贵行业务办理相关规定，无条件同意贵行按照国际惯例和有关规定办理保函/备用信用证项下的一切事宜，并承担由此产生的一切责任。贵行有权根据自身管理规定进行审核并决定是否开立。 二、在保函/备用信用证有效期内，如受益人按保函/备用信用证约定要求贵行履行担保义务对外赔付时，贵行无须事先征得我公司的同意即可对受益人付款。我公司将在贵行付款通知书规定期限内及时履行赔付责任，无条件偿还贵行保函/备用信用证下的垫款、费用和利息等款项。贵行有权借记我公司在贵行的保证金账户或在中国银行各机构开立的账户。贵行依照法律规定或者合同约定行使抵销权的，我公司异议期间为7个工作日，自贵行以书面、口头或者其他形式通知我公司之日起计算。 三、贵行只负责处理保函/备用信用证所要求提交的单据或证明，对其所涉及的基础合同纠纷不负任何责任。贵行对任何讯息、信函、付款要求或单据的真伪及在传递中的延误及/或遗失所产生的后果，或对于任何电讯在传递中发生的延误、残缺或其他差错，不负任何责任。 四、我公司保证及时支付本保函/备用信用证项下产生的一切费用（包括国外受益人拒绝承担相关银行费用）。 五、本申请书一律用英文填写。如用中文填写而引起的歧义，贵行概不负责。 六、对由于执行我公司指示和因申请书字迹不清或词义含混而引起的一切后果均由我公司负责。

2.开立保函的审核表

受理保函申请书后，要审核客户提交的资料，填制保函审核表，如样式7-2所示。

样式7-2

开立保函审核表

2020年6月24日

<table>
<tr><td colspan="4">经营单位填写保函基本情况</td></tr>
<tr><td>保函申请人</td><td>山西省进出口有限责任公司</td><td>申请保函金额</td><td>360 000.00美元</td></tr>
<tr><td>保函保证种类及比例</td><td>付款保函</td><td>授信币种及金额</td><td>360 000.00美元</td></tr>
<tr><td>保函有效期</td><td>4个月</td><td>保函开立方式</td><td>(×) 电开 (　) 信开</td></tr>
<tr><td>基础合同号码</td><td>进口合同号码
SHXI2017101</td><td>货物项目名称</td><td>焊接机</td></tr>
<tr><td>授信额度</td><td>500 000.00美元</td><td>授信协议编号</td><td>2020LG0009</td></tr>
<tr><td colspan="4">开立保函意见：
同意
经办客户经理：签字　　　　负责人：签字
签章　　　　签章</td></tr>
<tr><td colspan="4">国际业务部门对政策和条款审核意见</td></tr>
<tr><td colspan="4">(　) 符合外汇管理规定，保函条款正常，同意开立保函
(　) 其他：
经办人：　　　　复核：　　　　负责人：</td></tr>
</table>

审核客户材料的重点主要有以下几方面：

(1) 保函金额是否在本行非融资类保函额度内；

(2) 保函申请书的印鉴是否与本行预留印鉴一致；

(3) 申请人提交的进出口合同、协议条款是否符合我国相关的规定和批准程序；

(4) 申请人是否在本行开设基本账户或一般账户；

(5) 申请担保的内容是否符合我国的经济和贸易政策；

(6) 如果保函格式由受益人提供，应审核保函约定条件、责任条款、索偿办法和保函有效期是否符合国际惯例，是否有利于保护申请人和本行权益。

3.开立保函业务工作单（如样式7-3所示）

4.开立保函银行向通知行发送MT760电文

MT760的标准电文格式如样式7-4所示。

样式 7-3

开立保函业务工作单

<table>
<tr><td colspan="2">保函编号</td><td>LG20170302</td><td>币种金额</td><td>360 000.00美元</td><td>期限</td><td>4个月</td></tr>
<tr><td colspan="2">受理申请</td><td colspan="5">（ ）开立保函申请书内容完整，无前后矛盾的条款
（ ）合同条款符合国家管理规定，内容清楚完整
（ ）开立保函申请书加盖的印鉴与预留印鉴相符
（ ）已提交有关抵押或担保的承诺函
（ ）已提交申请人营业执照以及基本情况资料
（ ）其他
经办人：　　　　　　　　复核人：
年　月　日</td></tr>
<tr><td rowspan="3">业务处理</td><td>业务审查</td><td colspan="5">（ ）已填写开立保函审批单；（ ）在我行审批权限内或虽超权限但已报总行审批
（ ）已落实付款保证；（ ）保函内容及格式符合国家管理规定和国际惯例
（ ）其他</td></tr>
<tr><td rowspan="2">开立保函</td><td colspan="5">（ ）已按开立保函申请书条款起草保函样本
（ ）已出具收费凭证交会计记账
（ ）保函币种、金额、期限、付款条件、索赔方式符合开立保函申请书要求
（ ）已建立保函档案
（ ）其他</td></tr>
<tr><td colspan="5">经办人：　　　　复核人：　　　　日期：</td></tr>
<tr><td colspan="2">业务交涉记录</td><td colspan="5">经办人：　　　　复核人：　　　　日期：</td></tr>
<tr><td colspan="2">结档处理</td><td colspan="5">（ ）我行已拒付，已出具收费凭证交会计记账，保证金已通知会计退还保函申请人
（ ）保函已过期，已出具收费凭证交会计记账，保证金已通知会计退还保函申请人
（ ）保函已正常付汇并做如下处理：
（ ）付汇款已通知会计售汇/扣账
（ ）已出具收费凭证交会计记账
经办人：　　　　复核人：　　　　日期：</td></tr>
<tr><td colspan="2">归档</td><td colspan="5">（ ）档案已整理装订，符合档案管理要求，可以办理移交归档手续
移交人：　　　　复核人：　　　　批准人：　　　　日期：</td></tr>
<tr><td colspan="2">备注</td><td colspan="5"></td></tr>
</table>

样式7-4

MT760 标准电文格式

M或O	Tag（代号）	Field name（栏目名称）	字符数
M	27	Sequence of Total（报文页数）	1个数字
M	20	Sender's Number（编号）	
M	23	Further Identification（报文性质，填写Issue或Request）	16个字
O	30	Date（日期）	6个数字
M	40C	Applicable Rules（适用规则）	4个字母、35个字
M	77C	Details of Guarantee（保函条款）	150行，每行50个字
O	72	Sender to Receiver Information（发报行给收报行的指示）	6行，每行35个字

任务四　认知备用信用证

一、备用信用证的定义及适用惯例

1.备用信用证的定义

备用信用证是指由银行应申请人的要求或以自己名义向受益人出具的，保证凭规定的单据向受益人赔偿或付款的书面凭证。

备用信用证和跟单信用证不同，不是由开证行向受益人承担首先支付货款的责任，而是由开证行向受益人保证申请人能够履行有关合同义务，若申请人未能履约，则由开证行负责向受益人承担赔付责任。

因此，备用信用证要求受益人提交的不是代表物权证明的商业单据，而是关于申请人违约的声明或证明文件。如果申请人按合同履约，备用信用证开证行就不必履行赔付责任。

2.备用信用证适用惯例

备用信用证是美国银行为了规避商业银行不能为公司、企业提供担保的管制而做的一项金融创新。美国的国际银行法律与惯例学会最初起草《国际备用信用证惯例ISP98》，后来国际商会认识到备用信用证业务在国际经贸活动中的重要性，由国际商会的银行技术与惯例委员会于1998年4月6日批准了该惯例，于1999年1月1日生效，并在全世界推广。

备用信用证也适用于《跟单信用证统一惯例》（UCP600），开证行也可规定其适用于《见索即付保函统一规则》。这些说明它既具有跟单信用证的特点，也具有银行保函的特点。

二、备用信用证与银行保函的比较

从法律角度观察，备用信用证往往被看作是具有信用证性质的银行保函，因为两者都是银行因申请人的违约向受益人承担赔偿责任；而付款依据也都是违约声明或有关证明文件，但两者也有区别。

1.备用信用证与银行保函的相同点

（1）都是保证性文件。备用信用证和银行保函都是银行根据申请人的要求向受益人出具的书面保证文件。

（2）当事人基本相同。其主要当事人包括申请人、受益人和担保人（开证人）。

（3）并非必然赔付。开证银行都是在申请人没有履约时才对受益人做出赔付。

（4）交易基础相同。交易基础都是单据而非货物，开证行在受益人提交了符合备用信用证或保函规定的索赔文件后就必须履行赔付义务。

2.备用信用证与银行保函的不同点

（1）开立方式不同。备用信用证是由开证行开立，通过通知行转递给受益人。而银行保函的开立则有直接保函和间接保函两种方式。

（2）遵循的惯例不同。虽然备用信用证是一种信用证形式的银行保函，但备用信用证的索赔依据可以是《跟单信用证统一惯例》、《国际备用信用证惯例ISP98》和《见索即付保函统一规则》，而银行保函的索赔依据则是《见索即付保函统一规则》。

三、备用信用证与跟单信用证的比较

1.备用信用证与跟单信用证的相同点

备用信用证与跟单信用证的开证行所承担的付款义务都是第一性的，都是凭符合信用证规定的单据或凭证付款，都是在买卖合同或其他合同的基础上开立的，二者一旦开立，就都独立于合同。

2.备用信用证与跟单信用证的不同点

（1）适用范围不同。跟单信用证通常只用于国际货款结算；而备用信用证则可广泛适用于各种形式的国际经济交易担保，包括国际贷款、国际融资租赁等担保。

（2）作用形式不同。跟单信用证是一种国际支付方式，而备用信用证则兼具保函的性质。在跟单信用证下，受益人只要提交与信用证要求相符的单据，即可向开证行要求付款。而在备用信用证下，受益人只有在开证申请人未履行义务时，才能行使信用证规定的权利。因此，备用信用证常常是一种备而不用的文件。

（3）单据要求不同。虽然两者都规定以受益人提交一定的单据作为开证行承担付款责任的根据，但其要求的具体单据种类截然不同。跟单信用证要求受益人必须提交符合信用证条款规定的单据、保单、发票、装箱单等商业单据；而备用信用证要求的单据主要是开证申请人未履行其义务的证明文件和声明。

案例分析7-2　备用信用证与商业信用证的不同的案例

某银行开出不可撤销的备用信用证，经A银行加保并通知受益人。该证要求：

①提供一份违约证书，声明："根据X公司与Y公司2020年1月1日签订的第111号合同，我们在2020年2月2日装运1 000升油。按照上述合同条款要求，我们从装船日起已等待Y方付款达120天，Y方未付应付款。因此Y方已违约，应在备用信用证项下向我方支付××美元。"

②商业发票副本一份，注明装运商品的细目。

③运输单据副本一份，证明货物已装运及注明装运日期。

受益人按合约发了货，并按销货条件向Y方开出了120天到期付款的发票。在发货后的120天，由于未直接从Y方收到款项，受益人缮制了备用信用证所要求的文件，提交给保兑行A。

保兑行A审核了违约证书、商业发票副本和运输单据副本，认为单证相符，即向受益人付了款，并以快邮方式向开证行寄单索款。

收到单据后，开证行以下述理由拒绝付款，并把不符点情况通知了A行。该不符点为：晚提示。根据《UCP600》第14条c款，单据不得迟于装船后21天提示，而货物早已于2020年2月2日装运，单据迟至2020年3月6日才提示。

A行对此拒付不同意，复电如下："来电拒付无理。《UCP600》第14条c款适用于商业跟单信用证，而非备用信用证。后者是为担保你客户履约而立的。只要证明客户违反和受益人之间的商业合同条款，即为有效。此外，为了履行商业合同，受益人必须在发货后等待120天，以便你客户付款。如后者违约不付，则受益人将使用备用信用证取得该证项下的付款。因此，在装运后，做出必要的违约证书前，受益人既要给予120天的融资，同时又要按信用证要求，在发货后21天之内提交信用证要求的单据是不可能的。据此，我行认为你行拒付无根据，并希望偿付我行已付的款项，加上我行付款日到你行偿付我行之日的利息。"根据惯例，结合案例分析各方当事人业务处理是否妥当。

分析：开证行拒付是不符合惯例的。开证行以"根据《UCP600》第14条c款，单据不得迟于装船后21天提示，而货物早已于2020年2月2日装运，单据迟至2020年3月6日才提示"为由认为是过期交单，是不成立的。备用信用证可以适用《UCP600》惯例，但无法满足的条款是可以修改的，它选用《国际备用信用证惯例ISP98》惯例应该更为方便些。保兑行针对受益人的交单，进行了审核，认为是相符交单，并把款项付给受益人是符合国际惯例的，业务处理是恰当的。

拓展思考7-2

一张备用信用证规定单据必须通过EMS快递给开证人，但不要求有快递收据。在实际操作时寄单人是通过DHL寄单的，问此时开证人可否拒付？

答：根据《UCP600》的相关规定进行判断，如受益人通过DHL寄单，开证人可在正常的业务操作中判定备用信用证的寄单条款没有满足，开证人有权拒付。

要点导图

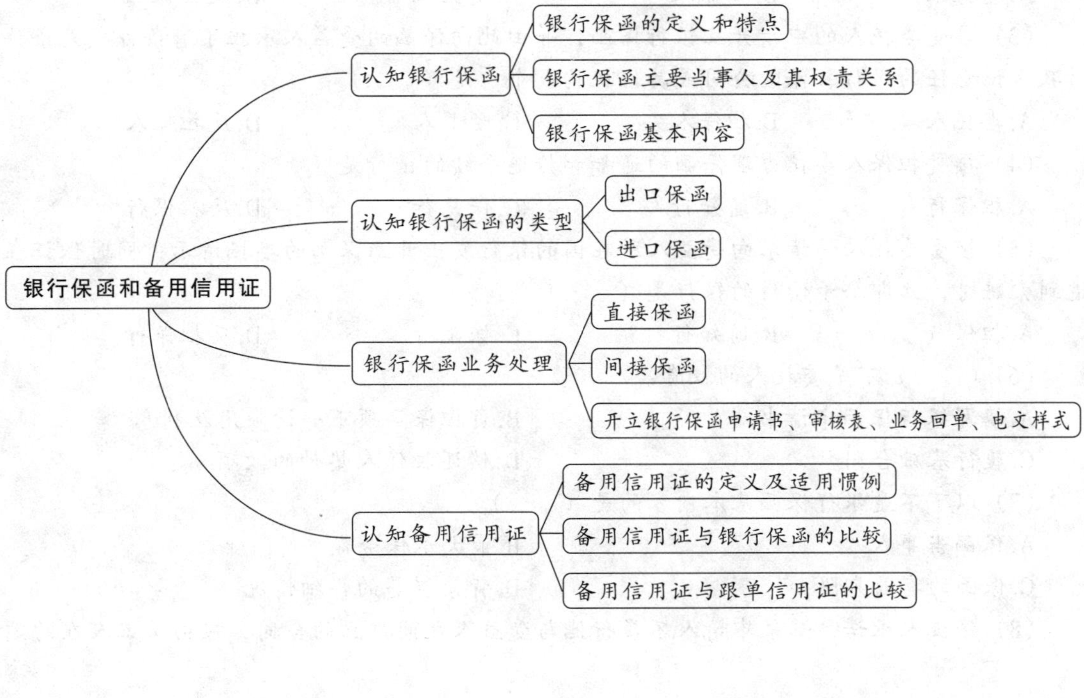

知识检测

1.简答题

(1) 银行保函的开立方式有哪几种?

(2) 简述银行保函的特点。

(3) 简述备用信用证与银行保函的异同。

(4) 简述备用信用证与跟单信用证的异同。

2.填空题

(1) 银行保函(Letter of Guarantee, L/G)又称银行保证书,是________根据申请人的请求,向________开立的书面保证文件。

(2) 银行保函以________替代商业信用作为履约保证的金融产品。

(3) 银行保函已被广泛应用于国际和国内________、________及各种商务项目中。保函是一种项目全过程的金融产品。

(4) 投标人中标后不能按照招标文件的规定提供履约保证,________应承担保证责任。

(5) 履约保函常用于________等项目。

(6) 预付款保函适用于进出口贸易、工程承包和技术贸易中________和带有预付款性质的业务。

3.单项选择题

(1) 向银行或保险公司申请开立保函的人是(　　)。

A.委托人　　B.担保人　　C.受益人　　D.反担保人

(2) 保函业务项下担保权利的享受者,有权按保函的规定出具索款通知或连同其他单据,向担保人索取款项的当事人是(　　)。

A.委托人　　B.担保人　　C.受益人　　D.反担保人

(3) 接受委托人的申请开立银行保函,并由此向保函的受益人承担了有条件或无条件付款保证责任的银行、保险公司或其他机构或个人是(　　)。

A.委托人　　B.担保人　　C.受益人　　D.反担保人

(4) 接受担保人委托办理保函的通知和传递手续的银行是(　　)。

A.担保行　　B.通知行　　C.保兑行　　D.反担保行

(5) 接受委托人的请求向受益人所在国的银行发出开立保函的委托请示,同时保证在遭到索赔时,立即给予偿付的银行是(　　)。

A.担保行　　B.通知行　　C.保兑行　　D.反担保行

(6)(　　)不是委托人的权责。

A.填写银行保函申请书　　B.负担保函项下一切费用及利息

C.履行基础合同　　D.偿还担保人垫付的款项

(7) 以下不是银行保函基本内容的是(　　)。

A.保函当事人　　B.最大承保金额

C.保函的有效期限　　D.背景贸易的详细情况

(8) 保证人承诺,如果申请人不履行他与受益人之间订立的合同,应由保证人在约定的金额限度内向受益人付款，该保函是（ ）。

A.投标保函 B.履约保函 C.付款保函 D.延期付款保函

（9）（ ）不是进口类保函。

A.补偿贸易保函 B.投标保函 C.付款保函 D.提货保函

（10）反担保保函不应包括（ ）。

A.银行保函的主要内容 B.担保金额

C.反担保人的责任、义务 D.受益人的违约责任

（11）用于担保申请人对受益人的预付款所应承担的责任和义务是（ ）。

A.预付款保函 B.直接付款保函 C.融资保函 D.履约保函

（12）若投标人未能履行合同，开证人须按保函的规定向受益人履行赔款义务的是（ ）。

A.预付款保函 B.投标保函 C.融资保函 D.履约保函

（13）（ ）不是备用信用证的性质。

A.不可撤销性 B.独立性 C.跟单性 D.流通性

4.多项选择题

（1）见索即付银行保函的特点有（ ）。

A.保函独立于基础交易

B.保函不独立于委托人和担保人之间的契约关系

C.保函具有单据化特征

D.索赔须与保函条款相符

（2）符合国际商会《见索即付保函统一规则》（URDG758）的银行保函的性质有（ ）。

A.不可撤销性 B.单据性 C.独立性 D.从属性

（3）银行保函基本内容有（ ）。

A.当事人的权利和义务 B.索偿条件

C.保函的有效期限 D.背景贸易的详细情况

（4）受益人的权责包括（ ）。

A.履行基础合同 B.有权提出索赔

C.负担保函项下一切费用及利息 D.填写银行保函申请书

（5）反担保人存在的原因有（ ）。

A.委托人和受益人属于不同的国家 B.受益人所在地的法律限制

C.受益人只接受本国银行所开立的保函 D.委托人自愿

（6）银行保函注销的原因有（ ）。

A.保函到期，且受益人没有索赔

B.保函未到期，但受益人授权撤销银行保函

C.法院裁决不予理赔

D.保函未到期，委托人要求撤销

技能训练

1.案例分析

（1）有关备用信用证的单证要求案例

I银行开立了一张不可撤销备用信用证，该证经由A行通知受益人。A行告知受益人该证的到期地点在I行。该证要求提交的单据有：

①以开证行为付款人的即期汇票。

②未支付的商业发票副本。

③受益人授权代表的声明书，声明所附发票已向申请人要求支付，但已过期至少30天还未获得支付。

在该证到期前5天，申请人通知开证行称：证下已没有应付而未付账款，开证行不得再在证下付款。

通知行在有效期的前一天用快邮代受益人寄给开证行下列单据：

①以开证行为付款人的即期汇票。

②未获支付的商业发票副本，该发票副本未注明日期，所列交运货物的日期在交单前15天内。

③备用信用证所要求提供的违约声明书。

在审核了全套单据后，I行贷记了A行账，借记了申请人之账。

尽管申请人早已掌握了货物，但他不同意借记其账。申请人称：

①他已事先通知I行，对受益人已没有欠款，因此I行不应支付。

②I行应意识到，尽管有信用证要求的违约声明书说明申请人违约，但显然不可能有超过30天尚未付款的事情发生。

③申请人要求立即冲回账款。

I行拒绝冲账，该行认为该证的一切条件已予履行。结合案例分析当事人对业务处理是否正确。

（2）担保行拒不履行保函义务案例

意大利甲银行于2019年6月15日开立一份见索即付保函，受益人为中国乙公司，申请人为意大利A公司。保函适用国际商会《见索即付保函统一规则》（URDG 758）。

由于A公司提供的生产线存在质量问题，且经要求后仍未能妥善解决，受益人乙公司遂于2019年8月6日向甲银行发出了保函项下的索偿通知。甲银行于2019年9月13日发来电文，告知由于A公司在意大利法院申请了保全措施，故而无法支付该保函项下款项。后受益人委托律师和商会与甲银行反复交涉，指出根据意大利民事诉讼法第669条，凡申请诉前保全措施者，须在申请之日30天内提起正式诉讼，否则有关当事人可以申请撤销保全裁定。但是，时至2020年3月19日，意行仍声称法院止付令有效，无法付款，但拒不提供法院止付令或其向法院提出合理抗辩的任何证据。结合案例，分析保函受益人应该如何主张自己的权利？担保行业务处理是否妥当？

2.综合实训

实训项目：国际保函业务处理。

实训目的：掌握国际保函类型、主要条款、保函当事人承担的责任。

实训步骤：模拟角色：保函申请人、保函开立方、保函受益人。

实训资料：2019年1月，我国A公司（以下简称我方）受用户委托向J国W公司订购精密仪器一套，价值150万美元，交货期为次年3月份。由于W公司出售的仪器技术较先进，故需经相应机构批准方能出口。合同规定，支付方式为：签约一个月后我方凭W公司银行出具的保函支付合同价款的20%，系合同定金；凭我方开出的信用证支付70%；凭我方在安装调试后出具的验收报告支付最后的10%。关于W公司银行出具的保函有效期，双方经过多次商谈，最后同意如下："This Letter of Guarantee is in any event to become null and void on the end of April 2017, unless we shall have in the meantime agreed to extend such expiry date." 据此，该保函到2020年4月底失效，即交货期后一个月。合同执行情况如下：

2019年2月，W公司取得银行保函。

2019年3月初，我方审核无误支付20%定金，计30万美元。

2019年7月，卖方按合同规定向相应机构提出申请出口许可证。

2019年11月，我方开出了银行信用证。

2020年1月，W公司通知货已备妥，请我方告订舱情况；我方通知W公司，因厂房尚未竣工，要求推迟到4月底发运；W公司确认同意，我方作L/C变更，交货期延至4月份。

2020年2月，W公司电告，因手续等原因，出口许可尚未得到批准，要求我方速寄最终用户用途担保。

2020年3月初，W公司电告，货物被海关扣留，要求我方速寄最终用户用途担保。

2020年4月，W公司电告，因手续等原因无法及时装运，要求推迟至5月底发运，我方同意，并相应修改L/C装运期，L/C效期至6月21日。

2020年6月初，W公司宣布破产，当地法院指定财产清算委员会进行清算，全部资产被冻结，对此，我方一无所知。

2020年7月，J国B公司来华通知，W公司被拍卖并已被B公司买进，B公司负责W公司合同履约等事项。为此，我方立即通知开证银行拒付任何单据，经查，此时L/C及W公司的银行保函（L/G）已失效。双方就20%的定金进行了协商，我方要求原W公司相关人员协助追还20%的定金。但B公司坚持由于拍卖过程中未得到该笔款项，不承担义务。我方则坚持己见，双方僵持不下。后因用户要货急，双方商定协议如下："The Buyer shall increase the returned down payment into the newly opened L/C upon getting the refunded down payment from the ×× bank." 即一旦买方从××银行得到上述款项，该款项将追加到新开设的信用证金额中去。在此情况下，双方签订了合同变更协议，即供货方由W公司变为B公司，合同其他条款照旧。与此同时，我方急告使馆商务处，并与W公司所在国驻华领馆联系，追索20%定金。

2020年9月，由于对W公司所在国破产法等不甚了解，几经周折，我方将追索对象转向财产清算委员会，要求将我方列入债权人，但该委员会迟迟未复。

2020年11月，该委员会在我方几番催促下，同意将我方列入普通债权人，而非第一债权人。为此，我方一方面聘请律师，寻求法律根据，草拟索款方案；另一方面与其驻华使馆联系，以求协助。在得到有关部门同意后，我方迅速派出以本公司、银行、律师和用户四方组成的索款小组赴J国索款，拟定索款对象如下：财产清算委员会、卖方银行、B公司。索款途径为：派员交涉，请求银行协助，通过使馆做工作，诉诸法律。

实训成果：W公司申请开立保函；担保行开立保函；保函条款的拟定。

A公司作为保函受益人进行索赔，提交索赔依据。

模块八　国际保理和福费廷业务

学习目标

知识目标：

1. 掌握国际保理和福费廷业务的基本知识；
2. 掌握国际保理和福费廷业务流程；
3. 了解国际保理和福费廷业务在中国的开展情况。

技能目标：

1. 会处理国际保理业务；
2. 会处理福费廷业务。

引例

国际保理促成出口签单

随着国际纺织品市场竞争的日益加剧，从我国进口纺织品的国外公司不断提出对我方不利的贸易条件。比如几年来一直采用信用证方式结算的英国A公司，突然提出采用赊销（O/A）的付款方式，这使我国纺织品出口公司B感到进退两难。放弃这单生意，失去的不仅仅是一个合作良好的贸易伙伴，而且可能是一个区域的市场；接受这一结算条件，又会带来一定的收汇风险和资金周转困难。无奈之下，B公司向当地中国银行进行咨询，寻求解决办法。中国银行根据实际情况，决定向其提供保理服务。

分析：通过国际保理业务，进口商可以得到赊销的优惠付款条件，出口商也可得到控制风险的保障和占发票金额一定比例的贸易融资。国际保理业务的开展带给我们的启示是，进出口商仅靠公司规模以及产品声誉不足以应对跨国贸易中的各种问题，为使国际贸易顺利进行，应该充分利用银行提供的各种金融服务。事实证明，选择高效的结算方式是解决这些问题的一条有效途径。

任务一　认知国际保理

一、国际保理的概念

国际保理（International Factoring）是国际保付代理业务的简称。它是指国际保理专门机构或银行为国际贸易赊销方式（O/A）或承兑交单方式（D/A）提供出口贸易融资、销售账务处理、收取应收账款及买方信用担保的综合性财务服务。它是集融资、结算、财务管理和信用担保于一身的融资结算方式，是继汇款、托收、信用证之后，目前较为流行的国际结算方式之一。

1992年，中国银行正式加入国际保理商协会，此后中国银行在北京、上海和广州地区的分行相继开办了保理业务。目前我国开展国际保理业务的机构有兼做国际保理业务的商业银行和专门做保理的国际保理公司，国际保理业务正在迅速发展。

知识链接8-1　达泰（天津）国际保理服务公司在天津开发区运营

10月26日，达泰（天津）国际保理服务有限公司在天津开发区正式投入运营。这是在天津开发区落户的第五家保理企业。对于在市场上正在致力于扩大销售或者买家有赊销需求的出口企业，都可以选择保理服务，利用赊销拓展国际贸易。

据了解，达泰（天津）国际保理服务有限公司和其母公司德达贸易融资有限公司隶属于三德达金融集团。三德达金融集团总部位于英国伦敦，该集团的全球雇员超过23 000名，主要涉及国际贸易融资类和房地产领域的投资业务。达泰（天津）国际保理服务有限公司成立后将从事保理服务，为中国出口企业提供包括资信调查、应收账款购买、风险管理、应收账款管理、应收账款催收和追收在内的综合服务。

资料来源　陈璠. 达泰（天津）国际保理服务公司在天津开发区运营［N］. 天津日报，2010-11-02.

二、国际保理的当事人

国际保理业务一般有四个当事人：①出口商/销售商（Exporter/Seller），其对所提供的货物或劳务出具发票，其应收账款由出口保理商续做保理业务。②进口商/买方/债务人（Importer/Buyer/Debtor），其对提供货物或劳务所产生的应收账款负有付款责任。③出口保理商（Export Factor），其与出口方签订保付代理协议，在协议约定范围内对出口方的应收账款续做保理业务，其通常在出口方所在地。④进口保理商（Import Factor），其依照约定同意为出口保理商代收应收账款，按照《国际保理业务惯例规则》，其对出口保理商承担担保付款的责任。

三、国际保理主要业务

国际保理主要业务包括：出口贸易融资、销售账务处理、代收应收账款和买方信用担保四项。

1. 出口贸易融资

出口贸易融资是指出口商发货后，将发票副本提交给保理商，保理商无追索权地按一定折扣买入应收账款，对出口商提供贸易融资。折扣大小根据进口商的资信而定，一般不超过发票金额的80%，最高可达90%。保理项下的融资既不像信用贷款那样需经过复杂的审批手续，也不像抵押贷款那样需办理抵押品的移交和过户手续，因此具有简便易行的特点。与普通授信不同之处还在于它重点考察进口商资信情况，而不是需要融资的出口商资信。出口贸易融资期限一般不超过180天。

2. 销售账务处理

国际保理商大多为规模较大的商业银行附属机构，它们拥有完善的账务管理制度，当保理商收到出口商的发票后，即在计算机系统中为出口商设立有关分类账户，输入有关债务人、金额、支付方式、付款期限等信息，以后由计算机系统进行自动记账、催收、清算、计息、收费、打印报表和账单等。这项服务为出口商节省了账务处理成本。

3.代收应收账款

债款回收是一门技术性、法律性很强的工作，在付款人所在地用自己的网络机构收账更为方便。由于出口商不具备独立收账款的优势，往往因应收账款不能及时收回而造成资金周转不灵。国际保理商一般都设有专职机构和人员负责债款清收，具备专业的收债技术和丰富的收债经验，可以为出口商提供良好的收债服务。

4.买方信用担保

出口保理协议签订后，进口保理商要在协议生效前对进口商核定一个信用额度，出口商在此额度内的销售债权称为已核准应收账款，超过额度的销售债权称为未核准应收账款。买方信用担保也叫坏账担保，是对因买方无力支付而导致的坏账，保理商在已核准应收账款的范围内承担100%的赔偿责任。这种赔偿在付款到期后的第90天无条件进行。总之，出口商只要保证出售给保理商的是正当的、无争议的偿债请求权，就把可能发生的坏账风险转嫁给了保理商。

案例分析8-1　　**国际保理实现三方共赢**

开展日用纺织品贸易的英国Tex UK公司主要从中国、土耳其、葡萄牙、西班牙和埃及进口有关商品。几年前，当该公司首次从我国进口商品时，采用信用证结算方式。采用这种结算方式对初次合作的双方是有利的，但随着贸易额的增长，英方越来越感到这种方式的烦琐与呆板，每次必须向开证行提供足够的抵押。为了保持业务持续增长，Tex UK公司开始谋求至少60天的赊销付款方式。虽然它们与我国出口商已建立了良好的合作关系，但是考虑到这种方式下收汇风险过大，因此被我国供货商拒绝。之后，该公司转向其国内保理商Alex Lawrie公司寻求解决方案。该保理商为Tex UK公司核定了信用额度，并通过中国银行通知了我国出口商，我国出口商同意60天赊销付款方式。通过保理机制，进口商得到了赊销的优惠付款条件，而出口商也得到了100%的风险保障以及发票金额80%的贸易融资。目前Tex UK公司已将保理业务推广到了5家中国的供货商以及土耳其的出口商。分析国际保理业务的主要作用。

分析：金融机构利用机构网络的强大优势，对进口商进行资信调查，并为之授信，拓展了其中间业务收入，续做应收账款买入业务拓展了其资产业务，增加了利息收入。进口商取得银行等金融机构的授信，可以赊销方式获得货物，减少资金占用，解决资金不足困难；出口商通过采用国际保理方式减少信用证使用，这样既有利于拓展市场、扩大销售，又能控制收货款风险，在市场竞争中处于优势。

四、国际保理的种类

1.根据运作模式的不同，国际保理可分为单保理和双保理

（1）单保理（Single Factor System）。单保理被称作“一个半保理商”的运作模式。在这种模式下，出口商与进口保理商签署保理分协议，再由出口商所在地的保理机构与进口保理商签署保理总协议。在整个保理业务中，出口商所在地的保理机构对出口商不承担保

理项下的任何责任，只是为出口商和进口保理商传递函电和将收到的应收账款划入出口商账户。由此可见，在单保理业务中，出口商和出口地的保理机构不签订保理协议。

出口商采用单保理可以不必支付双重保理费以减轻费用负担，但由于出口商和进口保理商是分处两个国家（或地区）的不同性质的经济主体，存在着业务沟通、法律和语言理解等方面的障碍，运作起来有很多不便，因此，实务中应用比例较小。

（2）双保理（Two Factors System）。双保理是有两个保理商、两个保理协议的运作模式，即出口商与出口保理商签署保理协议，出口保理商与进口保理商也签署协议，相互委托代理业务。在这种模式下有出口商、出口保理商、进口保理商和进口商四个基本当事人。

与单保理相比，双保理虽然增加了出口商的保理费用，但由于出口保理商和进口保理商同时具备金融机构信息覆盖广、专业性强的特点，可以有效地消除在单保理模式下存在的业务沟通、法律、语言等方面的障碍，因此，双保理更便于促进国际贸易的开展，成为被广泛运用的一种保理业务模式。

2.根据保理商是否对出口商提供融资便利，国际保理可分为到期保理和预支保理

（1）到期保理（Maturity Factoring）。到期保理也称非融资保理，是一种比较原始的保理业务，即保理商在买入出口商提交的有关单据时，并不立即向出口商支付一定比例的应收账款，而是在票据到期时从进口商那里收回货款，扣除相关费用后，将净款支付给出口商。如果保理协议中规定保理商承担买方信用风险，则即使进口商到期无力支付，保理商也要在到期后的第90天向出口商无条件偿付货款。

（2）预支保理（Advance Factoring）。预支保理也称融资保理，它是一种标准的、常见的国际保理业务，即保理商在无追索权地买入出口商提交的有关单据时，立即向出口商预付一般不超过货款80%的款项，待票据到期时从进口商所支付的货款中，扣除垫款和有关费用后，将余额付给出口商。

3.根据出口商是否将债权转让的事实通知进口商，国际保理可分为公开型保理和隐蔽型保理

（1）公开型保理（Disclosed Factoring）。公开型保理也称明保理，是指出口商把出售应收账款的事实通知给进口商，并以书面形式详细说明保理商的参与情况，同时要求进口商将货款直接付给保理商。实务中这种保理被较多采用。

（2）隐蔽型保理（Undisclosed Factoring）。隐蔽型保理也称暗保理，是指出口商不把出售应收账款的事实及保理商的参与情况通知给进口商，这样进口商仍然要将货款付给出口商，出口商收到货款再转付给保理商，也就是保理业务只在出口商与保理商之间进行，进口商并不知情。

根据《民法典》的定义，保理合同是应收账款债权人将现有的或者将有的应收账款转让给保理人，保理人提供资金融通、应收账款管理或者催收、应收账款债务人付款担保等服务的合同。保理合同应当采用书面形式，其内容一般包括业务类型、服务范围、服务期限、基础交易合同情况、应收账款信息、保理融资款或者服务报酬及其支付方式等条款。

知识链接8-2　国际保理商组织、国际保理商联合会和中国保理商协会

目前，国际上有国际保理商组织（International Factors Group，IFG）和国际保理商联

合会（Factors Chain International，FCI）两大行业协会。这两个组织各自开展业务，IFG的会员多数是非银行专业保理商，FCI的会员基本是各大商业银行。

国际保理商组织于1963年成立，总部设于比利时布鲁塞尔，主要致力于帮助全球保理商之间更好地发展业务，现在IFG已在50个国家拥有近100个成员，这些成员基本上都是大型跨国公司，具有优良的商誉。IFG创立了国际保理业务双保理体系（Two Factors System），并于1979年开发了电子数据交换系统，用于各计算机之间的数据交换以支持业务系统的运行。国际保理商组织制定了系统的法律规则和文件，适用于所有组织成员及与成员进行保理交易的其他人，用以规范和保证保理服务的标准化、高质量，同时也明确和简化了成员从事保理业务时涉及的相关法律文件、法律程序，当保理交易发生争议时，组织依据这些法律规则和文件进行仲裁。由国际保理商组织与国际保理商联合会共同制定的《国际保理业务通用规则》（General Rules for International Factoring，GRIF）是当今全球通用的国际保理业务基本规则。

国际保理商联合会是规模和影响力最大的国际性保理机构，它成立于1968年，总部设在荷兰的阿姆斯特丹，是一个由各国保理公司参与的、开放性的跨国民间会员组织，目前有来自60多个国家的150多个会员，多为设有国际保理专业部门的全球知名公司或银行。FCI独立制定了《国际保付代理惯例规则》，明确了进出口保理商在保理业务中的责任。

国际保理商组织和国际保理商联合会的宗旨是相同的，都是为促进保理业务在全球范围内的竞争与发展，为会员提供国际保理业务的统一标准、规章制度以及人员的培训，并负责会员间的组织协调，以提高保理业务的服务水准。

我国最早推出保理业务的是中国银行，该行于1987年试办国际保理业务，1993年加入了FCI。其后，各商业银行陆续开展了保理业务，并相继加入FCI。FCI加强了国内各银行在开展保理业务中的交流和合作，维护了中国保理商在国内和国际上的合法权益，创造了更有利于保理业务发展的国内监管环境，同时促进了行业自律，推动了保理业务在国内的健康发展。2006年11月1日，中行、工行、建行、农行、交行、光大、中信、浦发、招商、民生、上海银行、汇丰上海等12家内地FCI成员代表在北京召开了中国保理商协会成立大会，会议通过了中国保理商协会章程，成立了中国保理商协会理事会。中行和全球超过60家保理商签署了合作协议，成为我国在世界上合作伙伴最多、业务网络最大的保理商。近年来，中国银行更与中银保险、中信保险、平安保险、大地保险等保险机构强强联手，将其保理业务的覆盖范围拓展到我国进出口企业交易伙伴所在的绝大部分国家和地区。根据FCI的统计，2008年中国银行出口双保理业务量成功跻身世界首位。这是中国银行自2007年以9.92亿美元的出口双保理年交易量在229家FCI会员中位居第二，并创造FCI历史上单月出单量最高纪录之后，在国际保理业务领域取得的又一历史性突破。

任务二　国际保理业务处理

一、单保理业务流程

单保理的到期保理业务处理过程包括15个步骤，如图8-1所示：

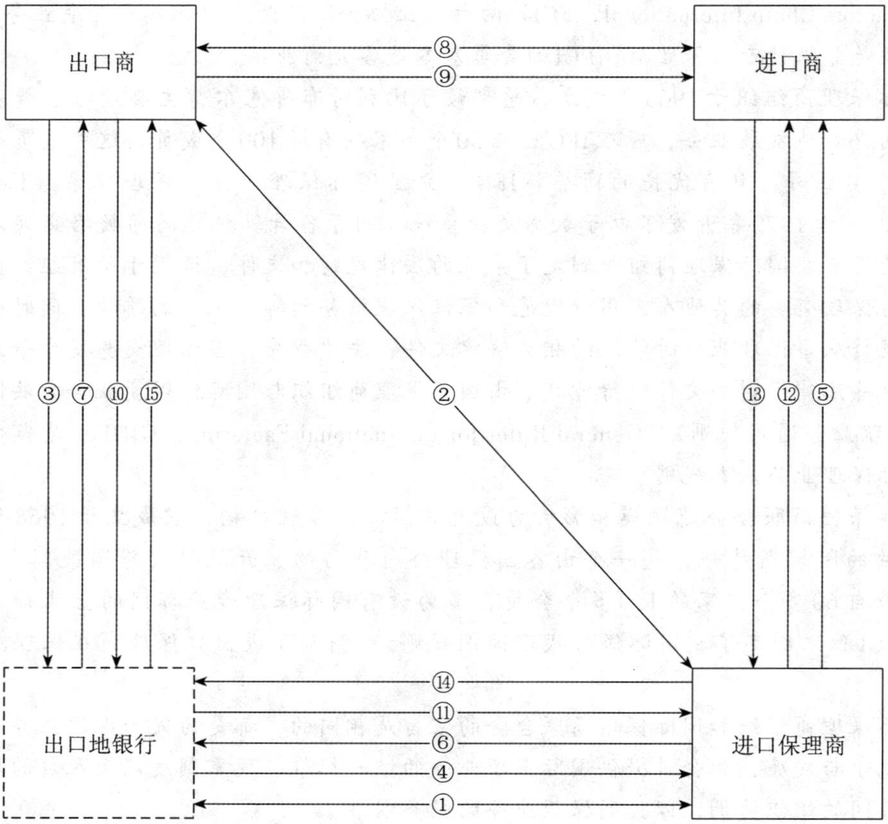

图 8-1 单保理业务流程图

注：①出口地银行与进口保理商签订国际保理总协议；

②出口商与进口保理商签订国际保理分协议；

③出口商将进口商信用额度申请表提交给出口地银行；

④出口地银行将信用额度申请表传递给进口保理商；

⑤进口保理商对进口商进行信用评估；

⑥进口保理商将其对进口商核准的信用额度通知给出口地银行；

⑦出口地银行把核准的信用额度通知书传递给出口商；

⑧出口商与进口商签订贸易合同；

⑨出口商装运货物并寄送货运单据给进口商；

⑩出口商将发票副本及应收账款转让通知书提交给出口地银行；

⑪出口地银行将发票副本及应收账款转让通知书转递给进口保理商；

⑫进口保理商向进口商催收货款；

⑬进口商付款给进口保理商；

⑭进口保理商将收到的货款汇交出口地银行，同时将对账单寄给出口地银行；

⑮出口地银行将汇入汇款记入出口商账户，并将对账单交给出口商。

二、双保理业务流程

双保理业务过程处理包括16个步骤，如图8-2所示：

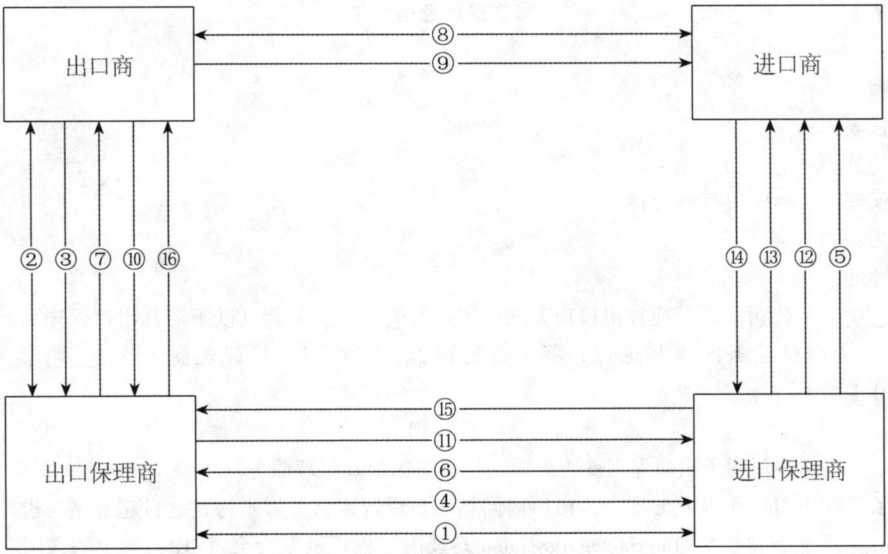

图8-2 双保理业务流程图

注：①出口保理商与进口保理商签订国际保理代理协议，明确双方的委托代理关系和应收账款的转让、受让关系。

②出口商与出口保理商订立出口保理业务协议（见样式8-1），该协议由出口商和出口保理商双方代表签字并盖公章，构成该笔保理业务的基本文件。

③出口商填写“信用额度申请表”（见样式8-2），将其交给出口保理商，以申请与其交易的进口商信用额度。

④出口保理商使用EDI系统中MSG01 Seller's Information做卖方信息登记，向进口保理商发送MSG02买方信用申请评估电文。

⑤进口保理商收到MSG02电文后，对进口商进行信用评估。

⑥进口保理商将其对进口商核准的信用额度，使用EDI系统中MSG03买方信用评估回复电文，通知给出口保理商。

⑦出口保理商将进口保理商核准进口商的信用额度通知给出口商，使用“出口保理信用额度通知书”（见样式8-3）。

⑧出口商与进口商签订贸易合同，约定支付方式为O/A或D/A或类似方式。

⑨出口商按贸易合同规定装运货物，并将提单发票正本直接寄给进口商。

⑩出口商将发票副本及“债权转让通知书”（见样式8-4）提交给出口保理商。如出口商需要向出口保理商融资，可填写“出口保理融资申请书”（见样式8-5）。

⑪出口保理商签署应收账款转让通知书，并在发票副本上加盖“再让渡”印戳，表示将该笔应收账款再转让给进口保理商，然后将“应收账款转让通知书”和发票副本传送给进口保理商。出口保理商也可以使用EDI系统发送MSG09发票及融资票据转让电文，进行应收账款的再转让。

⑫进口保理商监控付款到期日前进口商的动态。

⑬进口保理商于付款到期日向进口商索取应收账款。

⑭付款到期日进口商付款给进口保理商。

⑮进口保理商将收到的货款汇给出口保理商，并寄对账单。进口保理商可以使用EDI系统发送MSG11进口保理商付款给出口保理商电文。

⑯出口保理商为出口商办理结汇收账，将已融资的预付本息从收汇金额中扣还。

样式8-1

出口保理业务协议

编号：

出口商：

法定代表人：

注册地址：

出口保理商：中国银行××分行

负责人：

注册地址：

鉴于________公司（以下简称出口商）向中国银行________分行（以下简称出口保理商）申请出口保理服务，为保证业务的顺利进行，经友好协商，出口商与出口保理商于________年________月日，特签订本协议。

总 则

第一条 本协议适用于出口保理商为出口商提供的出口双保理服务。

第二条 在出口双保理业务项下，出口商同意出口保理商自签署本协议之日起遵循与进口保理商签订的《国际保理业务协议》(Interfactor Agreement）及国际保理商联合会（FCI）制定的《国际保理业务通用规则》(General Rules for International Factoring，以下简称《规则》）办理相关业务。

第三条 如国际保理商联合会对《规则》进行修订，或者出口保理商与进口保理商对《国际保理业务协议》进行修改，出口保理商应将变更内容以快捷方式通知出口商，自通知发出之日起，本协议所涉及内容也相应变更。如无特殊需要，协议双方无须另行签订补充协议。

第四条 出口商保证其在此过程中尽最大努力协助出口保理商在本协议和《规则》下履行义务、享有权利。

第五条 本协议引用了某些重要的术语。这些术语的定义如下：

1.出口双保理业务：出口商在采用赊销（O/A)、承兑交单（D/A）等信用方式向债务人（进口商）销售货物时，由出口保理商（在出口商所在国与出口商签有协议的保理商）和进口保理商（在债务人所在国与出口保理商签有协议的保理商）共同为出口商提供的一项集商业资信调查、应收账款催收与管理、信用风险控制及贸易融资于一体的综合性金融服务。

2.信用评估：出口商为了测算其对特定债务人采用信用销售时能获得多少信用担保而通过出口保理商向进口保理商提出信用调查申请，由进口保理商据以对债务人进行调查评估后将结果通过出口保理商通知出口商的过程。信用评估分为初步信用评估及正式信用评估。初步信用评估结果不构成对进口保理商的一项有确定约束力的信用承诺。正式信用评估的结果是进口保理商为债务人核定了信用额度。出口商在额度内以信用销售方式向债务人销售货物所产生的信用风险由进口保理商承担。该额度可以是一个可循环使用的信用额度，也可以是针对某一单笔合同/订单的额度。

3.担保付款：进口保理商就已核准的应收账款因债务人既未提出争议，又未能于规定的期限内付款而自行垫款支付。

4.发货：用通常的运输工具或出口商自己的运输工具将订购的货物发运给债务人或其指定人。

5.转让通知文句：出口商向债务人说明应收账款已经转让并仅付给进口保理商的书面通知。转让通知文句通常记载在发票上，但在某些情况下也可能另外出具信函。

额度的申请与核准

第六条 出口商应向出口保理商提交《出口保理业务申请书》，通过出口保理商向进口保理商提出信用评估申请。

第七条 无论出口商申请的信用额度将来是否获得进口保理商的核准，出口保理商保证在收到进口保理商有关通知后的一个工作日内通知出口商。

第八条 若申请的信用额度获得进口保理商的核准，出口商保证在基础交易合同规定的期限内按约定向进口商发运货物。

若出口商在额度的有效期内或从额度核准之日起半年之内（以短者为限）未向进口商发货并续做保理业务，出口保理商有权按自定的收费标准向出口商收取资信调查费。

第九条 额度规定的有效期内，出口商向进口商发货所产生的应收账款超过信用额度的部分将不受进口保理商的核准，但超出额度的应收账款将补足限额内已被债务人或进口保理商偿还或贷记的金额。这些应收账款的替代将按它们付款到期日的顺序进行并始终仅限于当时已被偿还或贷记的金额。

出口商对应收账款及其转让的保证与陈述

第十条 出口商保证自收到（出口保理信用额度核准通知书）之日起将把随后产生的对债务人的所有应收账款全部转让给出口保理商，再由出口保理商转让给进口保理商，即使在这些应收账款仅获部分核准或根本未获核准的情况下也是如此。

第十一条 出口商保证向出口保理商提交的每笔应收账款均代表一笔在正常业务过程中产生的真实善意的货物销售，该应收账款可转让，据此向进口保理商转让的应收账款所涉及的货物销售符合凭以核准应收账款的相关信息中所述及的出口商的经营范围和付款条件。

第十二条 出口商保证无条件地享有向进口保理商转让的每笔应收账款的全部所有权，包括与该应收账款有关并可向债务人收取的利息和其他费用的权利。该笔应收账款不能用来抵销、反诉、赔偿损失、对销账目、留置或做其他扣减等。但发票上列明的出口商给予债务人的一定百分比的佣金或折扣除外。

第十三条 出口商保证对每笔发货出具的发票均附有说明，表明该发票涉及的应收账款已经转让并仅付给作为该应收账款所有人的进口保理商。

第十四条 出口商保证对已经转让给进口保理商的应收账款未经进口保理商允许，不再进行处理、转让、赠送等，也不再向债务人追索。

第十五条 出口商同意向进口保理商转让应收账款适用进口保理商所在地的法律，任何转让将采取进口保理商规定的转让通知文句和转让程序。

第十六条 出口商同意作为应收账款受让人的进口保理商对每笔应收账款均享有与出口商同等的一切权利，包括强制收款权、起诉权、留置权、停运权、对流通票据的背书权和对该应收账款的再转让权以及未收货款的出口商对可能拒收或退回的货物所拥有的所有其他权利。

第十七条 出口商同意进口保理商有权在自认为适当的时候要求出口商与自己联名采取诉讼和其他强行收款措施，并有权以出口商名义对债务人的汇票背书托收。

信用额度的变更及取消

第十八条 出口商可要求出口保理商向进口保理商申请对现行信用额度予以变更（包括增额、减额、展期）及取消。

第十九条 出口保理商保证在收到进口保理商变更信用额度的通知后一个工作日内通知出口商。对于收到的进口保理商取消信用额度的通知，则应立即以最快捷的方式通知出口商。

第二十条 出口商在收到进口保理商变更信用额度的通知前所有发货产生的应收账款是否受核准，取决于变更前的信用额度；收到通知后发货所产生的应收账款，其受核准与否要受变更后的信用额度的约束。出口商在收到取消信用额度通知后发货所产生的应收账款均属不受核准之列。

单据的提交与寄送

第二十一条 出口商在发运货物后应将事先已同债务人在商务合同/订单中订明的凭以向债务人收款的全套单据（包括货运单据）按出口保理商的指示提交和寄送。

第二十二条 出口保理商可以随时要求出口商向其提交任何涉及所转让应收账款的单据和文件。

账务设立及核对

第二十三条 出口保理商有权根据自己的需要，采用自己认为适合的记账方式及时记录每笔业务的发生情况，并定期同出口商核对有关账目。

第二十四条　出口商应建立相应账目，以便同出口保理商做好对账工作。出口商在收到出口保理商的对账单后的七天之内未提出任何异议，即可认为该对账单是准确无误的。

融　资

第二十五条　出口商可凭已转让给进口保理商的受核准的应收账款向出口保理商申请融资。

第二十六条　出口保理商有权根据自己的判断确定是否批准出口商的融资申请，并确定融资的前提条件、融资的数额、融资利率及融资期限。

第二十七条　出口保理商向出口商提供的融资本息原则上应在收到国外付款时扣收。

第二十八条　出现下列情况之一时，出口保理商可提前收回融资本息：

1.在相关发票到期日后30天内收到进口保理商发来的争议通知。

2.已超过相关发票到期日30天，但仍未收到进口保理商付款，也未收到进口保理商的争议通知。

第二十九条　对相关发票到期日后30天仍未归还的融资，出口保理商将收取逾期利息。出口保理商有权从出口商账户中主动扣款或采取其他办法强行收款，直至收回融资本息。

付　款

第三十条　出口保理商应于收到进口保理商付款后的一个工作日内区分下述情况将款项做相应处理：

1.对于已向出口商提供了融资的应收账款的付款，出口保理商有权优先用来偿付已提供给出口商的融资本息及相关保理费用，然后将余额贷记出口商的账户。

2.对于事先未向出口商提供融资的应收账款的付款，出口保理商在扣除相关保理费用后，将余额贷记出口商的账户。

第三十一条　出口保理商在出现下列情形之一时，应有义务向进口保理商索要担保付款：

1.在发票到期日后90天内未收到进口保理商的付款通知，亦未收到争议通知。

2.在发票到期日后180天内收到进口保理商发来的争议通知，出口商与债务人已同意以协商方式解决争议，并在出口保理商收到争议通知后180天内出口商的权益得到了确认或部分确认。

3.在发票到期日后180天内收到进口保理商发来的争议通知，出口商与债务人采取“诉诸法律”方式解决争议，并在出口保理商收到争议通知后3年内出口商的权益得到了确认或部分确认。

第三十二条　出口商如收到用于清偿已转让给进口保理商任何应收账款的任何现金，或支票、汇票、本票等支付工具，必须立即通知出口保理商，并将款项或支付工具转交出口保理商处理。

第三十三条　出口商在向债务人出具任何贷项清单时须事先征得出口保理商同意，并应在贷项清单上载明进口保理商提供的转让通知文句，交由出口保理商处理。

争　议

第三十四条　如果债务人提出抗辩、反索或抵销（争议），并且出口保理商于发生争议的应收账款所涉及的发票的到期日后180天内收到该争议通知，则该应收账款立即变为不受核准的应收账款，无论先前是否为已受核准的应收账款。

第三十五条　出口保理商收到进口保理商转来的争议通知时，应将已涉及有关应收账款的细节和争议的性质通知出口商。

第三十六条　如争议的提出在进口保理商担保付款之后但在发票到期日后180天内，则出口保理商有权从出口商账户中主动扣款或采用其他办法强行收回出口商已收到的担保付款款项及相关利息、费用，并将收回的款项退还进口保理商。

保理费用

第三十七条　出口保理商有权按照自行确定的收费标准向出口商收取保理费用，并可以接受进口保理商的委托代其收取保理费。

第三十八条　出口保理商收取自身保理费用和/或代进口保理商收取保理费用，原则上应在收到国外付款时逐笔扣收。

第三十九条　出口商对已转给进口保理商但却发生争议的应收账款仍应负有支付相关保理费用的义务，即出口保理商有权从出口商账户中主动扣款或采用其他办法强行收款，以收取进出口保理商费用。

协议的生效及终止

第四十条　本协议自签署之日起生效，有效期2年。如协议双方无异议。本协议期满后将自动延展2年。

第四十一条　本协议的任何一方如要提前终止协议，必须提前15天书面通知另一方，在征得另一方同意后，本协议方可提前终止。

第四十二条　本协议的终止并不影响出口商与出口保理商对协议终止前已转让应收账款的权利和义务，双方应继续执行本协议，直至所有已转让应收账款全部被收回或被贷记为止。

协议条款的更改

第四十三条　本协议的任何一方未经另一方同意，无权单方面更改本协议的任何条款。协议的一方若要求对本协议之条款进行任何修改，应书面通知协议的另一方，在取得另一方的书面同意后，修改才被视为有效。

仲　裁

第四十四条　出口商与出口保理商若在本协议的执行过程中发生纠纷，应本着友好协商的原则解决。若经双方协商仍不能解决纠纷，应提交中国国际经济贸易仲裁委员会仲裁。此仲裁结果为终局性的，对双方具有约束力，法律另有规定者除外。

其他事项

第四十五条　本协议的签署人必须是出口商及出口保理商双方的法定代表人或是经法定代表人书面授权的有权签字人员。

第四十六条　出口商及出口保理商的人事组织变动不影响本协议的效力及双方在本协议下各自的权利和义务。

第四十七条　本协议一式两份，出口商与出口保理商各执一份，两份具有同等的法律效力。

中国银行总行/分行签字盖章　　　　　　　　公司签字盖章

年　月　日　　　　　　　　　　　　　　　　年　月　日

样式8-2

出口保理信用额度申请表

APPLICATION FOR A CREDIT APPROVAL

（表一）

进口商名称 NAME OF IMP.		
详细地址及邮编 ADDRESS AND POST CODE		
联系人（Contact Name）：	电话（Tel.No.）：	传真（Fax No.）：
往来银行及账号 DEBTOR'S BANK AND ACCOUNT NO.		
母公司名称 NAME OF THE PARENT COM.		
地址及邮编 ADDRESS AND POST CODE		

续表

发票地址 INV.ADDRESS
以前有无业务往来？从何时开始？ WHEN BUSINESS CONTACT START ED
以何种付款方式结算？ L/C % D/A % D/P % O/A % T/T %
进口商以往的付款情况如何？是否发生过争议？如何处理的？
目前尚有多少逾期款？原因？
如已约定宽限期，请填写（Grace Period，if any）
若提前若干天支付，允许买方折扣率 Discount days and discount pct %

（表二）

出口商名称 NAME OF EXP.	
详细地址及邮编 ADDRESS AND POST CODE	
联系人（Contact Name）： 电话（Tel.No.）： 传真（Fax No.）： E-mail：	
往来银行账号（A/C No.）： 银行名称（Name of Bank）： 分行（Name of Branch）：	
O/A（赊销）年营业额（Expected Open Account Turnover）	
其他结算方式年营业额（Expected Other Turnover） 进口商数量（Expected No.of buyers in the import country）	
发票货币种类（Invoice Currency）	
出口商代理名称（英文）	
详细地址	
代理商联系人 电话 传真	
出口商品名称（中英文）	
合同号或订单号	
预计未来 月与该进口商的交易总额	
付款条件	
发票使用货币	发票平均数值
价格条款： FOB C&F CIF 其他	发运间隔期
集中发运： 从 月至 月 申请信用额度：	集中发运时发票的最高数值 信用额度的使用时间
保理商可以直接联系进口商： 可以 不可以	

样式8-3

出口保理信用额度核准通知书

编号：

致：________公司

为保证你公司能采用国际保理方式向________（进口商名称）出口________（货物名称），我行于________年________月________日申请________（进口保理商名称）为上述进口商核定信用担保额度，现已获进口保理商正式核准。详情如下：

核准信用额度		额度有效期	
费率		付款条件	

□此额度为循环信用额度。

□此额度为单笔额度，只适用于第（　　）号商务合同/订单下交易，不可循环使用。最迟装运期为________年________月________日。

请你公司发货时务必在每份发票上注明付款条件及货款到期日，并载明如下债权转让条款：

特此通知。

中国银行××分行

年　月　日

（签字盖章）

样式8-4

债权转让通知书

致：中国银行________分行

根据贵行与我公司双方________年________月________日共同签署的第（　　）号《出口保理业务协议》以及贵行于________年________月________日向我公司签发的第（　　）号《出口保理信用额度核准通知书》，我公司于________年________月________日与________（进口商名称）签订了第（　　）号商务合同，并于________年________月________日装运了该合同项下货物________（数量）（总金额）________（品名）。发票号码为________。我公司同意将上述发运货物的应收账款的债权转让给贵行，并同意贵行有权根据贵行与上述《出口保理信用额度核准通知书》提及的进口保理商签订的有关协议行使一切权利。

________公司

年　月　日

（签字盖章）

样式8-5

出口保理融资申请书

编号：

致：中国银行________分行

根据贵行与我公司双方________年　________月________日共同签署的第（　　）号《出口保理业务协议》，我公司拟凭下列出口保理项下受核准的应收账款向贵行申请提供资金融通。

发票日期	付款到期日	发票号码	发票金额	受核准金额	申请融资金额

我公司保证按贵行要求支付融资利息及费用，并郑重声明若发生上述《出口保理业务协议》提及的情形致使贵行不能按期从国外收回该款项等，贵行有权从我公司在贵行开立的账户（账号为：______）中主动扣款或采取其他办法强行收款，直至全部收回贵行的融资本金、利息及相关费用为止。

融资利率按贵行公布的相关贸易融资业务利率计收。

________公司
年　月　日
（签字盖章）

以下部分由银行填写审批意见：

中国银行××分行
年　月　日
（签字盖章）

任务三　认知福费廷业务

一、福费廷的定义

福费廷源于法语“À FORFAIT”，意思是“放弃或让出某种权利”，引申到银行的融资服务，成为英文中的“FORFAITING”，音译为福费廷，俗称“包买票据业务”。概括地讲，它是无追索权的中长期出口信贷。具体而言，它是指福费廷融资商（俗称包买商）以无追索权形式买入出口商已由进口商承兑并附有银行担保的远期票据，使出口商提前取得货款的一种出口信贷方式。福费廷融资商通常是出口商所在地商业银行或其附属机构。

福费廷业务中所使用的票据通常是出口商开立的远期汇票或进口商开立的远期本票。如果是前者，须经进口商承兑和进口地银行担保；如果是后者，只需进口地银行加保证或提供保函。

二、福费廷业务适用的条件

福费廷业务是一种固定利率、无追索权、期限比较长（5年左右）的出口贸易融资方式，与其他融资方式相比，其独特的适用条件表现在以下几个方面：

1.关于商品

福费廷业务承做大型机械设备、船舶、基建物资等资本性货物交易，以及农产品、能源等大宗交易项目的结算和融资，此外还为国际建筑项目提供结算融资服务。

在我国，福费廷业务主要支持机电产品和成套设备的出口，在国际工程承包中也有应用，但规模不大。

2.关于交易规模

交易规模在10万美元至2亿美元之间的交易，都可申请福费廷融资。

中国进出口银行只对金额在50万美元以上的交易承办福费廷业务。

3.关于付款方式

福费廷业务是集融资、结算为一体的金融服务，与其有关的付款方式是远期信用证、承兑交单、分期付款等延期付款方式。

4.关于票据

福费廷业务主要采用以进口商为出票人，以出口商为收款人，并由进口地银行予以担保的成套远期本票。福费廷业务也可以采用以出口商为出票人和收款人、以进口商为付款人，并由进口商承兑和进口地银行予以担保的成套远期汇票。

无论使用本票还是汇票，都应按进出口商约定的分期付款的次数和时间，由出票人出具相应的张数，一次性办理有关的承兑或保证手续，由出口商出售给融资商，然后由融资商按时分期向进口商做付款提示。

5.关于担保

福费廷业务所使用的票据加列进口地银行的保证，保证形式主要有三种：

（1）保付签字

进口地银行在票据上加注法文“Per Aval”字样并签字，即完成了保付签字，成为保付人同时也成为票据的主债务人。这种保证形式应用最为普遍。

（2）保函

为确定对各期票据的到期付款负有无条件的不可撤销的担保和经济赔偿责任，担保人出具以出口商为受益人的保函。在福费廷业务中，出口商要出具一份过户转让书，将其保函项下的权益转让给融资商。

因为保函只出具一份，它担保全部各期票据的到期付款，所以融资商在二级市场上转让一部分买断的票据时，不能同时交付保函，这不利于融资商在二级市场进行交易，因此保函形式应用较少。

（3）备用信用证

因为美国的银行法规不允许本国银行出具保函，所以美国进口商只能要求其往来的美国银行开立备用信用证代替保函，备用信用证担保等同于保函。

三、福费廷业务的特点

1.无追索权

在福费廷业务中，出口商将未到期的债权凭证出售给融资商的行为是一种卖断，融资商放弃了在票据到期不能兑现时，向出口商追索的权利。

2.融资期限以中期为主

福费廷业务的融资期限一般为1至5年，随着业务的发展，也出现了短期和长期融资，最短的是180天，最长的是10年。

3.利率固定

福费廷业务的利率根据进口商和担保银行的资信、期限长短、进口国的综合风险系数等决定，通常是LIBOR加一个附加率，利率确定后不再变动，这使得进出口商在交易开始时就知道成本总额。

4.属于批发性融资业务

福费廷业务主要是对成套设备、船舶、基建物资等资本性货物交易及大型项目交易的融资活动，因此融资金额较大，从10万美元至2亿美元不等，一般都在50万美元以上。

5.存在二级市场

福费廷融资商在买断了出口商的债权凭证后，可以在二级市场将其转卖给其他融资商，转卖的可以是一笔交易的全套单据，也可以是其中的一部分。

6.收取承担费

福费廷融资商承担了收取债款的一切责任和风险，相应地限制了其承做其他业务的能力，所以要向出口商收取承担费。

四、福费廷业务的当事人

福费廷作为一种出口融资方式，极大地推动了全球资本性货物贸易，这种业务之所以能够得到长足的发展，是因为它使各方当事人利益均沾。福费廷业务的当事人主要有出口商、进口商和融资商。

1.出口商

在福费廷业务中，出口商把有关结算的票据无追索权地出售给当地商业银行或其他金融机构，这些票据可能是其自己出具的汇票，也可能是进口商出具的本票。出口商申请办理福费廷业务具有积极作用，具体表现在：①可以提高其出口产品在国际市场上的竞争能力。出口商可以通过福费廷方式获得融资，所以在商务谈判中就能为进口商提供延期付款便利，从而提高了自身产品的国际竞争力。②可以转嫁风险。福费廷业务是无追索权的贴现，出口商将远期票据卖断给包买商的同时，也就把政治、金融、商业风险等全部转嫁给了包买商，这使得出口商敢与风险较高的国家做贸易，有利于开拓市场。③给成本核算和账务管理带来便利。一方面福费廷采用固定利率，出口商可以计算出融资成本，并将其计入合同价款，从而迅速核算出口成本；另一方面出口商可以提前取得现款，从而既解决了应收账款的资金占用问题，又避免了对应收账款的回收管理工作，而且减少了对国内银行的负债，有利于改善自身的财务状况。④可以提高融资效率。包买商是否受理此项业务主要取决于进口商或其担保人的资信情况，不需要对出口商信用状况进行审核，也无须出口商提供抵押物，所以对出口商来讲是一项手续简便、效率较高的融资形式。

2.进口商

在福费廷业务中，进口商是以出具本票或承兑出口商出具的汇票而承担票据到期付款责任的当事人。对进口商而言，由于使用福费廷业务，出口商把利息及其他费用计入货物价款使买价较高。但是，福费廷业务使进口商获得延期付款便利。

3.融资商

融资商是无追索权地买入出口商提交的票据，为出口商提供融资的商业银行或其他金融机构。在福费廷业务中，融资商在取得向进口商追讨票款权利的同时，也承担了进口商无法偿付的风险，但是这种风险是能够控制和转移的。一方面，通常融资商要求对其所买票据由进口方银行提供担保，而且特别注重对担保银行信用的审查，一般是一流银行提供保证，对经济发展水平较低的国家一般要求由国家银行担保，所以风险是可控的；另一方面，融资商在买进票据时，都要求担保行写明“PER AVAL”字样，即“银行保付”，因此这类票据在二级市场上流动性很好，将其无追索权卖出可转移风险。

任务四　福费廷业务处理

一、福费廷业务流程

福费廷业务流程如图8-3所示。

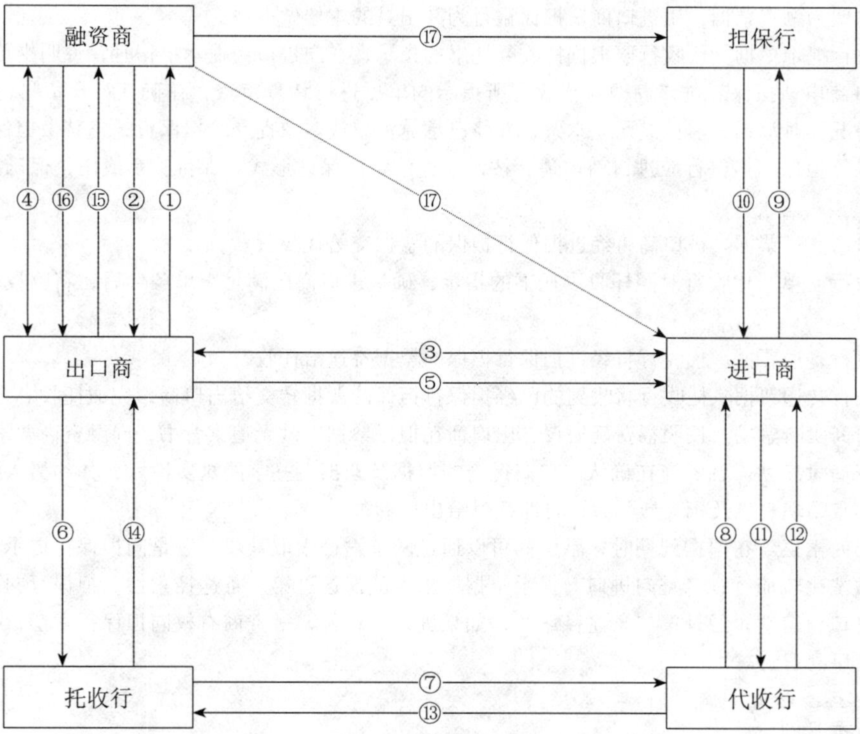

图 8-3　福费廷业务流程图

注：①出口商向融资商询价。出口商通过询价了解办理福费廷业务的有关费用、期限及相应的手续，以便核算成本，做好与进口商进行贸易谈判的准备。在询价时，须提供下列有关情况：合同金额、期限、币种；出口商简介、注册资本、资信材料、签字印鉴及其他有关情况；进口商详细情况、注册地点、财务状况、支付能力等；贷款支付方式、结算票据种类；开证行/担保行名称、所在国家及其资信情况；出口商品名称、数量及发运情况；分期付款票据的面额和不同到期日；有关进口国的进口许可和支付许可；有关出口项目的批准和许可；票据付款地点。

②融资商报价。福费廷融资商根据对基础交易、进出口商的资信等情况的了解，对该项福费廷业务的风险进行评估，从而做出初步报价，价格内容包括：贴现费、承担费、选择费和宽限期贴息等。这时的报价仅作为出口商核算成本的参考，并不具有约束力。

③进出口商签订贸易合同。在进行贸易谈判时，出口商向进口商明确将采用福费廷方式，并要求进口商提供担保银行。这必然增加进口商的进口成本，但可以获得延期和分期付款的便利，如果进口商同意即正式签订贸易合同。

④出口商与融资商签订福费廷协议。融资商在确认了担保银行及担保情况后，向出口商做出最终报价，双方正式签订福费廷协议（见样式8-6）。此时进入选择期，直至进出口商达成交易，出口商提交票据融资后结束。

⑤出口商发运货物。出口商要按照贸易合同的规定发运货物，并缮制规定的全套商业单据，如已约定以汇票作为融资票据，还要出具约定期限的若干张远期汇票。

⑥出口商交单。出口商将全套商业单据和远期汇票（如果有）交给当地托收行，委托其转递给进口地代收行。

⑦托收行寄送单据。托收行在向代收行寄送单据时，要根据出口商的指示，在发给代收行的托收委托书中明确其向进口商交付货运单据的条件。在福费廷业务下，交单条件根据情况不同有两种：一是以出口商出具的远期汇票为融资票据，要求进口商在汇票上做承兑并由担保银行做担保；二是以进口商出

具的远期本票为融资票据，由进口商请担保银行为其出具的本票做担保。

⑧代收行提示单据。代收行要根据托收委托书的指示，在向进口商提示单据时，说明交单条件。

⑨进口商申请担保。进口商要对代收行所提示的单据进行认真审查，在确认符合贸易合同规定后，依据不同情况，对汇票做承兑或开立本票，并将已承兑汇票或本票提交给担保行，请其做担保。

⑩担保行担保。担保行应进口商申请，按照事先约定的保证形式，保付签字或出具保函或开立备用信用证。

⑪进口商交付票据。进口商将经过担保行担保的票据交给代收行。

⑫代收行交单。代收行对照托收委托书的指示，确认进口商已满足交单条件后，将物权单据交给进口商。

⑬代收行寄送票据。代收行将经过担保行担保的票据寄送给托收行。

⑭托收行转递票据。托收行将收到的已经担保行担保的票据转交给出口商，完成托收。

⑮出口商卖断票据。按照福费廷协议，出口商在担保票据上做无追索背书，向融资商要求贴现。

⑯融资商付净款。融资商在确认出口商提交的票据及票据上签字的真实性后，如约买入票据，从票面金额中扣减贴现利息及相关费用后，将净款付给出口商。

⑰融资商索偿。在票据到期时，融资商可以通过两条途径索取款项：一是向担保行提示票据要求付款，这种做法比较流行；二是向进口商提示票据要求付款。通过第一条途径索偿，担保行向融资商偿付后，要向进口商追偿；通过第二条途径索偿，如果进口商拒付，融资商有权向担保行索偿，担保行偿付后，再向进口商追讨。

拓展思考8-1

如果融资商是一家大型商业银行，而且担保行是该银行境外的关联行，那么福费廷业务流程是不是会发生变化？

答：会发生变化。该商业银行既可作融资商也可作出口托收行，担保行既可做担保也可做进口代收，就不需单独找托收行和代收行了。

样式8-6　**中国进出口银行福费廷融资协议**

2013进出银（贴）字　第____号

出售方（以下简称甲方）：　　　　包买方（以下简称乙方）：

甲方为了加速资金周转，避免出口项目的外汇及利率的风险，特向乙方申请办理福费廷业务。为了明确甲、乙双方的经济责任及有关事项，经甲、乙双方协商，特签订本协议，双方共同遵守。

第一条　项目概况

进口商：

开证行：

保兑行：

出口项目：

合同金额：

交货期：

第二条　金额及货币：　　美元。（大写：　　　）

第三条　期限票据到期日：

交单有效期：

第四条　贴现费。根据乙方实际融资天数以一年360天为基础，贴现率为百分之________。按照对应收益率每半年折现一次的方法计算。

第五条　承担费。承担费率为________，按包买金额和实际承诺天数计算。

第六条　债务证明由甲方出具经信用证开证行或保兑行承兑的汇票。

第七条　甲方的责任与义务。甲方须在包买交单的有效期内向乙方提交下列经乙方认可的单据：

（一）经甲方背书转让的本协议第六条规定的汇票，背面填写：

Pay to the order of the Export-Import Bank of China，Head Office，Beijing

注明：

Without recourse

（二）商务合同副本，注明：

Copy conforms to the original 由甲方有权签字人签字。

（三）信用证及其修改副本，注明：

Copy conforms to the original 由甲方有权签字人签字。

（四）货运提单及商业发票副本，注明：

Copy conforms to the original 由甲方有权签字人签字。

（五）书面证明所提交的单据是真实的，单据上的签字合法、有效，并由甲方签字盖章。

第八条　乙方的责任及义务

乙方收到本协议第七条规定的单据，经审查同意后，将包买款项通过银行转账方式划到甲方在______银行开立的账户内，账户号为______。

第九条　违约处理

甲方若未按本协议第七条规定交单或中途撤单或提交的单据不真实，则须承担乙方因此而造成的全部经济损失。

第十条　其他

（一）本协议未尽事宜，由甲乙双方协商解决。

（二）本协议正本一式两份，双方各持一份，具有同等的效力。

甲方：	乙方：中国进出口银行
签字：	签字：
盖章：	盖章：
年　月　日	年　月　日

二、福费廷业务贴现净值计算

贴现率一般分为直接贴现率和半年复利贴现率。

1.按直接贴现率计算的直接贴现净值公式

$$NV=FV\times(1-R\times D/360)$$

其中，NV为贴现净值；FV为票据面值；R为年直接贴现率；D为贴现天数。

在福费廷业务中，融资商给予出口商的融资是对一套期限数年的票据所做的无追索权的贴现，贴现息的公式是：

$$贴现息=\frac{总贴现系数\times贴现率}{360}$$

NV=票面总金额-贴现息

总贴现系数等于每张票据的贴现系数之和，每张票据的贴现系数等于其票面金额乘以票据贴现天数。贴现率一般以欧洲金融市场利率为基础，依据进口商资信等级和进口国家信用风险程度等情况确定。

案例分析8-2

一套5张合计100万美元银行承兑汇票，每张汇票金额是20万美元，每张期限是180天，贴现率是8.25%，计算贴现息和贴现净值。

分析：计算结果见表8-1。

表8-1 **贴现息和贴现净值的计算表**

<table>
<tr><th></th><th>票面金额（美元）</th><th>贴现天数（天）</th><th>贴现系数</th><th></th></tr>
<tr><td>第一张</td><td>200 000</td><td>180</td><td>36 000 000</td><td rowspan="3">贴现息=$\frac{540\ 000\ 000\times 8.25\%}{360}$
=123 750（美元）</td></tr>
<tr><td>第二张</td><td>200 000</td><td>360</td><td>72 000 000</td></tr>
<tr><td>第三张</td><td>200 000</td><td>540</td><td>108 000 000</td></tr>
<tr><td>第四张</td><td>200 000</td><td>720</td><td>144 000 000</td><td rowspan="3">NV=1 000 000−123 750
=876 250（美元）</td></tr>
<tr><td>第五张</td><td>200 000</td><td>900</td><td>180 000 000</td></tr>
<tr><td>合计</td><td>1 000 000</td><td>2 700</td><td>540 000 000</td></tr>
</table>

2.按半年复利贴现率计算的半年复利贴现净值公式：

$$NV=\frac{FV}{\left(1+R\times\frac{182}{360}\right)^{N_1}\times\left(1+R\times\frac{183}{360}\right)^{N_2}\times\left(1+R\times\frac{STUB}{360}\right)}$$

其中，NV为贴现净值；FV为票据面值；R为半年复利贴现率；N_1为182天为一期的期间个数；N_2为183天为一期的期间个数；STUB为剩余天数。

案例分析8-3

某银行收到客户要求做无追索权贴现的一套银行承兑汇票6张，贴现率报价为7.5%，贴现日为2019年6月20日。6张汇票到期日和面值情况见表8-2：

表8-2 **汇票到期日和面值情况表**

到期日	FV面值（USD）
2019/12/20	1 000 000
2020/06/20	1 500 000
2020/12/20	1 000 000
2021/06/20	1 500 000
2021/12/20	1 000 000
2022/06/20	1 500 000

请计算该银行应付给客户多少贴现款。

按照半年复利贴现率计算的半年复利贴现净值公式为：

$$NV=\frac{FV}{\left(1+R\times\frac{182}{360}\right)^{N_1}\times\left(1+R\times\frac{183}{360}\right)^{N_2}\times\left(1+R\times\frac{STUB}{360}\right)}$$

分析和计算过程如下：

第一张远期汇票：贴现日2019年6月20日，第一张汇票付款到期日是2019年12月20日，期间包括183天，因此只包括1个183天的期间，即N_1为0，N_2为1，STUB为0；

第二张远期汇票：贴现日2019年6月20日，第二张汇票付款到期日是2020年6月20日，期间包括365天，因此包括1个182天的期间和1个183天的期间，即N_1为1，N_2为1，STUB为0；

第三张远期汇票：贴现日2019年6月20日，第三张汇票付款到期日是2020年12月20日，期间包括548天，因此包括1个182天的期间和2个183天的期间，即N_1为1，N_2为2，STUB为0；

第四张远期汇票：贴现日2019年6月20日，第四张汇票付款到期日是2021年6月20日，期间包括730天，因此包括2个182天的期间和2个183天的期间，即N_1为2，N_2为2，STUB为0；

第五张远期汇票：贴现日2019年6月20日，第五张汇票付款到期日是2021年12月20日，期间包括913天，因此包括2个182天的期间和3个183天的期间，即N_1为2，N_2为3，STUB为0；

第六张远期汇票：贴现日2019年6月20日，第一张汇票付款到期日是2022年6月20日，期间包括1 095天，因此包括3个182天的期间和3个183天的期间，即N_1为3，N_2为3，STUB为0；

把上述六张汇票的面值、贴现率、未到期的期数代入公式计算，贴现后的净值见表8-3：

表8-3　**贴现后净值表**

到期日	FV面值（USD）	R贴现率（%）	贴现后净值（USD）
2019/12/20	1 000 000	7.5	963 275.14
2020/06/20	1 500 000	7.5	1 392 127.86
2020/12/20	1 000 000	7.5	894 001.43
2021/06/20	1 500 000	7.5	1 292 013.31
2021/12/20	1 000 000	7.5	829 709.53
2022/06/20	1 500 000	7.5	1 199 098.48
合计			6 570 225.75

案例分析8-4

我国某出口公司欲向土耳其分批出口总额为25万美元的纺织品，但进口商却提出采用延期付款方式，这会给出口公司造成资金周转困难。为此，出口公司向当地中国进出口银行寻求帮助。中国进出口银行经过调查分析，认定该企业主营业务一直比较稳定，信用评级较高，决定向其推荐福费廷业务。出口公司接受银行建议，与进口商协商一致，采用了福费廷方式，致使这笔贸易得以顺利进行。

请分析三个问题：

（1）中国进出口银行为什么向出口公司推荐福费廷业务？

（2）福费廷业务对出口公司产生了哪些积极作用？

（3）中国进出口银行应该如何降低融资风险？

分析：（1）福费廷业务适用于分期付款的大宗贸易，本实例恰恰具有这一特点。因此中国进出口银行向出口公司推荐福费廷业务。

（2）总的来讲，此笔福费廷业务对该出口公司的积极意义在于：不仅获得了出口融资，而且消除了远期收汇风险。具体作用表现在：①通过福费廷融资，达到了即期收汇的目的，从而使应收账款货币化，增强了该企业资金的流动性。②在我国现行的进出口核销制度下，该企业可以提前办理出口核销和退税。③解除了远期收汇所面临的汇率、利率和信用等风险。

（3）中国进出口银行在为出口公司提供福费廷融资的同时，也承接了相应的风险。为降低风险，应做好以下工作：对担保银行进行审慎的资信调查。在福费廷业务中，融资商防范风险的有效途径之一就是要求进口方银行提供担保，所以中国进出口银行要广泛收集担保行信息，全面分析其信用状况，在此基础上，确定适当的信用额度，为避免出现漏洞，整个过程要在严密的操作规程和严格的审批制度指导下进行。通过外汇交易防范汇率风险。在整个融资期限内，中国进出口银行势必面临汇率风险，为此要做好汇率风险的转嫁工作，即通过外汇远期、外汇期权、外汇期货、货币互换等交易，达到固定收益、锁定成本的目的。认真审核票据和相关商业单据。中国进出口银行要对出口公司交来的票据及相关单据进行认真审核，包括对票据担保形式的完整性和准确性进行认真审核，一方面要确保买进的是真实、合格、完整、有效的票据，另一方面要确保相关单据能够成为当事人已履行基础合同的证明，以避免陷入商业纠纷。另外，由于各国票据法对票据当事人的权利与义务、对票据行为的法律效力的规定不尽相同，因此中国进出口银行有必要了解土耳其的票据法规，避免在出现问题时，因认识上的分歧而拖延问题的解决。

要点导图

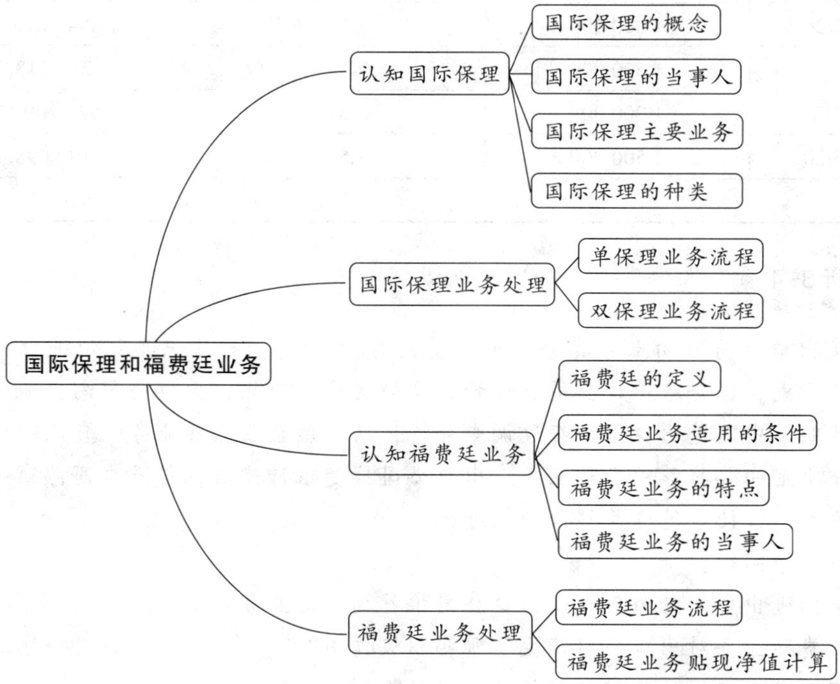

知识检测

1.简答题

(1) 在国际保理业务中，保理商能够提供哪些服务？

(2) 福费廷业务有哪些特点？

(3) 开展福费廷业务的原因有哪些？

(4) 试比较国际保理和福费廷的异同。

2.填空题

(1) 国际双保理业务有四个当事人，分别是：________、________、________、________。

(2) 保理业务有很多类型，根据保理商是否对出口商提供融资便利，可分为________和________；根据出口商是否将债权转让的事实通知进口商，可分为________和________。

(3) 福费廷业务的基本当事人是：________、________、________。

(4) 福费廷所使用的票据是：________或________。

(5) 福费廷业务适用于远期信用证、________和________付款方式。

3.单项选择题

(1) 国际保理是保理商对（　　）提供的一种贸易融资。

A.出口商　B.进口商　C.代收行　D.托收行

(2) 保理商对出口商提供的最高保障是（　　）。

A.已核准的信用额度　B.贸易货款全额

C.贸易货款的90%　D.贸易货款的70%

(3) 国际保理业务是（　　）。

A.综合性金融服务　B.单一的贸易融资

C.单一的国际结算方式　D.账务管理业务

(4) 我国第一家加入国际保理商联合会的银行是（　　）。

A.中国工商银行　B.中国建设银行　C.交通银行　D.中国银行

(5) 保理商调查的重点是（　　）。

A.出口商资信　B.进口商资信　C.商品市场行情　D.进口国政治制度

(6) 福费廷业务是（　　）。

A.一种向出口商提供的无追索权的贸易融资

B.一种短期贴现业务

C.一种向进口商提供的贸易融资

D.一种向出口商提供的有追索权的贸易融资

(7) 福费廷业务所使用的票据要由（　　）提供担保。

A.进口商　B.进口国银行　C.出口商　D.出口国银行

(8) 在福费廷业务中，出口商在票据上加注“Without Recourse”，表明（　　）。

A.进口商已承兑　B.进口国银行已担保

C.出口商已承兑　D.出口商拒绝追索

（9）在下列对福费廷业务的阐述中，正确的是（　　）。

A.进口商间接承担了贴现息　　B.更像出口信贷中的买方信贷

C.费用很低　　D.融资商对出口商有追索权

（10）在福费廷业务中，使用最多的是（　　）。

A.进口商出具的远期本票　　B.出口商出具的远期汇票

C.进口商出具的即期本票　　D.出口商出具的即期汇票

4.多项选择题

（1）国际保理业务所提供的服务包括（　　）。

A.贸易融资　　B.销售分户账管理

C.应收账款的催收　　D.信用风险控制与坏账担保

（2）国际保理业务对出口商的积极作用体现在（　　）方面。

A.加速资金周转　　B.降低汇率风险

C.简化账务管理　　D.降低出口商品的成本

（3）福费廷业务主要适用于（　　）贸易。

A.资本性货物　　B.一般消费品　　C.零售　　D.大宗

（4）福费廷业务中的融资商可以通过（　　）降低风险。

A.进口国银行担保　　B.在二级市场转让票据

C.外汇交易　　D.审慎的资信调查

（5）福费廷业务采用的是（　　）。

A.固定利率　　B.浮动利率　　C.一般贴现　　D.无追索权贴现

5.判断题

（1）国际保理业务只是一种简单的国际结算方式。（　　）

（2）出口保理商对已核准信用额度以外的交易金额不承担必须付款的责任。（　　）

（3）国际单保理业务的主要当事人有出口商、进口商、出口保理商。（　　）

（4）国际保理业务所提供的是综合性金融服务，其核心内容是通过收购出口商的应收账款债权方式为出口商提供短期贸易融资。（　　）

（5）提供买方信用担保是国际保理服务项目之一，这种担保的前提是出口商出售给保理商的是正当的、无争议的债务请求权。（　　）

（6）办理一般贴现业务的商业银行或其他金融机构对远期票据的债权人有追索权，而福费廷业务的融资商对远期票据的债权人无追索权。（　　）

（7）在福费廷业务中，出票人要根据约定的分期付款的次数和时间，出具成套票据，而不是一张票据。（　　）

（8）福费廷融资商所买断的票据不需要一流的银行提供担保。（　　）

（9）在进行贸易磋商时，出口商要向进口商明确将采用福费廷方式，并取得一致意见。（　　）

（10）在福费廷业务中，使用进口商出具的本票比使用出口商出具的汇票更方便。（　　）

技能训练

1.案例分析

（1）以保理服务为后盾开拓国际市场

中国台湾地区的美利达工业股份有限公司是世界知名自行车制造商之一。该公司成立于1972年，产品出口遍布亚欧各国。由于自行车行业技术发展已经成熟，竞争非常激烈，因此不得不满足客户的赊账需求。赊账销售最让公司担心的就是客户的坏账。公司曾使用信用保险来解除坏账之忧。然而在发生坏账时，公司仍然要承担至少20%的贷款损失，而且办理的手续比较复杂、环节多。公司通过与FCI成员公司Chailease金融公司接触，开始了解并使用保理服务。保理服务提供的客户资信资料以及全套的账务管理服务使该公司节约了人力，特别是保理的费用比信用保险低多了。该公司的经理表示，他们现在可以从容面对竞争，放心拓展新客户了。结合案例，分析国际保理有什么优点。

（2）出口商应如何利用国际保理控制风险

我国内地某出口商就出口电视机到香港地区向某保理商申请100万美元信用额度。保理商在调查评估进口商资信的基础上批准20万美元的信用额度。出口商遂与我国香港进口商签订23万美元的出口合同。发货后出口商向保理商申请融资。保理商预付16万美元。到期日进口商以货物质量有问题为由拒付（理由是该批货物与以前所购货物为同一型号，而前批货物有问题）。进口保理商以贸易纠纷为由免除坏账担保责任。出口商认为对方拒付理由不成立，并进一步了解到对方拒付的实际理由是我国香港进口商的下家土耳其进口商破产，货物被银行控制，我国香港进口商无法收回货款。因此，出口商要求我国香港进口商提供质检证明，未果。90天赔付期过后，进口保理商仍未能付款。出口商委托进口保理商在我国香港起诉进口商。但进口保理商态度十分消极，仅凭我国香港进口商的一家之辞就认同存在贸易纠纷，结果败诉。结合案例，分析出口商如何利用国际保理业务防范赊销风险。

（3）银行应如何控制福费廷业务风险

F银行与甲公司签订了福费廷协议。20××年10月，F银行收到W国A银行N国分行开来的180天远期信用证一份，金额为413 000美元，受益人为该行客户甲公司，装运期为20××年11月15日。20××年11月4日，甲公司发货后，通过F银行将货运单据寄交开证行，以换取开证行A银行N国分行担保的远期承兑汇票。20××年12月，甲公司将包买所需单据包括“无追索权”背书的A银行承兑汇票提交F银行包买。次年2月，W国A银行突然倒闭，A银行N国分行于同年3月停止营业，全部资金被N国政府冻结，致使F银行垫款无法收回，利益严重受损。结合案例，分析F银行如何防范福费廷业务的风险。

2.综合实训

（1）实训项目：国际保理业务处理。

实训目的：掌握国际保理业务处理过程。

实训步骤：模拟角色：出口商、出口保理商、进口保理商、进口商。

实训资料：随着国际纺织品市场竞争的日益加剧，从我国进口纺织品的国外公司不断提出对我方不利的贸易条件。多年来一直采用信用证方式结算的英国A公司，突然提出采用赊销（O/A）的付款方式，这使我国纺织品出口公司B感到进退两难。放弃这单生意，失去的不仅仅是一个合作良好的贸易伙伴，而且可能是一个区域的市场占有率；接受这一结算条件，又会带来一定的收汇风险和资金周转困难。无奈之下，B公司向当地中国进出口银行进行咨询，寻求解决办法。中国进出口银行根据实际情况，决定向其提供保理服务。中国进出口银行应如何做这笔国际保理业务？

实训成果：第一，B公司填写中国进出口银行提供的《出口信用额度申请书》。申请书内容主要包括：出口商业务情况；交易背景资料；申请的额度情况，包括币种、金额及类型等。

第二，中国进出口银行于当日选择英国一家进口保理商C，因C与中国进出口银行同为国际保理商联合会（FCI）的成员，中国进出口银行通过FCI的电子数据交换系统将有关情况通知进口保理商C，请其对A公司进行信用评估。

第三，进口保理商C根据所提供的情况，在对A公司及进口商品的市场行情进行调查的基础上，为A公司初步核准一定信用额度，并于第5个工作日将有关条件及报价通知中国进出口银行。（按照FCI的国际惯例规定，进口保理商应最迟在14个工作日内答复出口保理商）

第四，中国进出口银行将被核准的A公司的信用额度以及自己保理的报价通知B公司。

第五，B公司接受中国进出口银行的报价，与其签订《出口保理协议》，并与A公司正式达成交易合同。

第六，中国进出口银行与进口保理商C签订国际出口保理协议，即向进口保理商C正式申请信用额度，进口保理商C于第3个工作日回复中国进出口银行，通知其信用额度批准额、有效期等。

第七，B公司按合同发货后，将正本发票、提单、原产地证书、质检证书等单据寄送A公司，将发票副本及有关单据副本（根据进口保理商C要求）交中国进出口银行。同时，B公司还向中国进出口银行提交《债权转让通知书》和《出口保理融资申请书》，用于将应收账款转让给中国进出口银行和向中国进出口银行申请资金融通。

第八，中国进出口银行按照《出口保理协议》向B公司提供相当于发票金额80%的融资。

第九，中国进出口银行在收到副本发票及单据的当天，将发票及单据的详细内容通过电子数据交换系统通知进口保理商C，进口保理商C于发票到期日前若干天开始向进口商催收。

第十，发票到期后，A公司向进口保理商C付款，进口保理商C将款项付与中国进出口银行，中国进出口银行扣除融资本息及有关保理费用后，将余额付给B公司。

（2）实训项目：福费廷业务处理。

实训目的：掌握福费廷业务处理过程。

实训步骤：模拟角色：出口商、出口保理商、进口保理商、进口商。

实训资料：

山西太原重型机械设备制造公司（以下简称A公司）在2020年4月拟向孟加拉国SAML公司（以下简称B公司）出口0.4m^3、0.6m^3抓岩机100台。该种设备的市场为买方市场，市场竞争激烈，A公司面临如下情况：

第一，B公司资金紧张，但在其国内融资成本很高，希望A公司给予分期付款便利，每半年等额付款一次，2年付清。A公司对资金需求也较大，在各银行的授信额度已基本用满。

第二，B公司规模不大，信用状况一般。虽然B公司同意采用信用证方式结算，开证行为Uttara Bank Limited，该银行在孟加拉国排名12，但孟加拉国的许多银行的信用不是很好。

第三，用美元结算货款，A公司预计人民币在未来一年内可能升值，面临较大汇率风险。

第四，A公司财务经理王萍与中国××进出口银行北京分行联系，希望做福费廷业务。A公司与中国××进出口银行达成了福费廷协议，并在商业谈判中成功将融资成本计入 $0.4m^3$、$0.6m^3$ 抓岩机价格。

实训成果展示：

出口商向包买商做福费廷业务询价，签订福费廷协议。

第一步：山西太原重型机械设备制造公司财务经理王萍根据本公司、进口商和交易事项的相关信息填写福费廷融资申请书。

提交给中国××进出口银行北京分行的资料：

①山西太原重型机械设备制造公司的情况介绍及营业执照；

②山西太原重型机械设备制造公司向孟加拉国SAML公司出口意向书；

③拟交货情况及进口许可证办理情况；

④孟加拉国SAML公司的情况介绍。

填写的福费廷融资申请书见表8-4：

表8-4

中国××进出口银行北京分行

福费廷融资申请书

出口商作为申请人

致：中国××进出口银行北京分行 我公司向贵行申请福费廷融资，项目有关情况如下：	
一、出口商情况	
1.公司名称	山西太原重型机械设备制造公司
2.注册（办公）地址：	中国山西省太原市万柏林区西矿街35号
3.法定代表人姓名及职务：	王顺启董事长
4.组织机构代码	1401910057
5.何时获得出口权：	1999年7月
6.何时取得该项目的投/议标：	
7.另有哪些机构参与投/议标：	
8.联系人：	王萍

续表

9.电话：	（0351）65899×× 139035499××
10.传真：	（0351）65899××
二、进口商情况	
1.公司名称	SAML
2.注册（办公）地址：	Chittagong East Block 155
3.电话：	630460
4.传真：	630460
5.法定代表人名称：	Msaml
6.业主的经营、资产和信用情况	机械设备的进出口，资产5亿美元，国际评信机构给定的信用等级BBB
三、商务合同的有关情况（待定）	
1.合同签订时间（预计）：	2020年5月中旬
2.合同生效时间：	2020年5月底
3.合同使用法律：	中华人民共和国法律
4.争议仲裁机关名称及地点：	山西省太原市中级人民法院　山西省太原市迎泽区府西街1号
四、国内供货情况	
1.设计单位名称：	山西太原重型机械设备制造公司
2.该设计单位的类似设计经历有：	该产品是本公司自主研发设备
3.国内主要供货厂家：	山西太原重型机械设备制造集团公司子公司
4.出口商品国产化程度：	100%
5.非国产化部分供货情况：	
6.出口商品和/或技术在国内运行情况	稳定、好
7.出口商品和/或技术出口历史及运行情况	稳定、好
五、商务合同的有关情况	
1.项目可行性分析概要（包括换汇成本回收期、未来市场预测、同业分析、进口国政府的行业政策等，如是BOO、BOT项目，则需附上PPA合同或燃料供应合同或与最终用户的销售合同）：	
2.出口可行性分析概要（包括技术安全性、换汇成本、经济效益预测）：	
技术成熟稳定，换汇成本在合理范围内，经济效益好，利润率为13%。	
六、其他需要说明的情况	
进口许可实行备案制，不属于限制进口； 由Uttara Bank Limited开立承兑信用证，在洽谈中，签订合同后10日内开立信用证	

我们知道，中国××进出口银行及其分支机构所做的任何表示，将以本申请书所述之情况为依据，内容的任何改变都可能意味着中国××进出口银行及其分支机构提出的融资报价和其他条件将无效或不适用。

中国××进出口银行及其分支机构依据本申请书所做的任何表示，只是为协助我们决定是否继续签订福费廷融资协议，而并非中国××进出口银行及其分支机构所做出的融资承诺。

签字人：王萍　　　　　　　　　　申请单位盖章：

职务：财务经理

日期：2020年4月18日

第二步：中国××进出口银行北京分行审核山西太原重型机械设备制造公司所提交的资料。

中国××进出口银行北京分行根据资料，对以下内容进行审查：

1.山西太原重型机械设备制造公司和SAML公司的资信情况及经营情况是否良好；

2.山西太原重型机械设备制造公司出口商品的范围是否属于正常贸易；

3.合同的延付期限是否在90天以上，交货情况及付款到期日；

4.合同金额是否在50万美元以上；

5.开证行资信情况；

6.信用证支付条件应是可转让、无条件和不可撤销的；

7.票据种类应为远期银行承兑汇票。

第三步：询价。

中国××进出口银行北京分行审查同意后，将项目情况整理出一份概要，内容包括：出口商、进口商的名称，出口商品的名称，数量，交货期，合同金额，延付期限，开证行的名称，票据种类，支付条款等，寄孟加拉国银行询价。经比较、还价，选择最优惠的条件，作为向出口商报价的基础。

第四步：测算成本。

根据孟加拉国银行的报价情况，中国××进出口银行对拟做福费廷业务的项目进行效益测算。按半年复利贴现法（一年以360天为级数），确定承担费率。

第五步：做福费廷融资报价。

中国××进出口银行北京分行2020年4月23日做出无责任的福费廷报价，贴现率为8%，承担费按月收取，费率为1.5%。

第六步：山西太原重型机械设备制造公司接受报价，双方签订福费廷协议。

中国××进出口银行福费廷融资协议

2020××银（贴）字第59号

出售方：（以下简称甲方）　　　　　　　包买方：（以下简称乙方）

山西太原重型机械设备制造公司　　　　　中国××进出口银行北京分行

甲方为了加速资金周转，避免出口项目的外汇及利率风险，特向乙方申请办理福费廷业务。为了明确甲、乙双方的经济责任及有关事项，经甲、乙双方协商，特签订本协议，双方共同遵守。

第一条　项目概况（进口商）：

开证行：Uttara Bank Limited

保兑行：无

出口项目：出口0.4m³、0.6m³抓岩机100台

合同金额：5 000 000美元

交货期：2020年6月10日

第二条　金额及货币：5 000 000美元（大写：FIVE MILLION USD）

第三条　期限票据到期日：每张票据有效期6个月

交单有效期：2020年6月30日前

第四条　贴现费。根据乙方实际融资天数以一年360天为基础，贴现率为8%，按照对应收益率每半年折现一次的方法计算。

第五条　承担费。承担费率为1.5%，按包买金额和实际承诺天数计算，于票据包买日一次收取。

第六条　债务证明由甲方出具经信用证开证行承兑的汇票。

第七条　甲方的责任与义务。甲方须在包买交单的有效期内向乙方提交下列经乙方认可的单据：

（一）经甲方背书转让的本协议第六条规定的汇票，背面填写：

Pay to the order of the XX Import and Export Bank of China，Head Office，Beijing

注明：

Without recourse

（二）商务合同副本，注明：

Copy conforms to the original 由甲方有权签字人签字。

（三）信用证及其修改副本，注明：

Copy conforms to the original 由甲方有权签字人签字。

（四）货运提单及商业发票副本，注明：

Copy conforms to the original 由甲方有权签字人签字。

（五）书面证明所提交的单据是真实的，单据上的签字合法、有效，并由甲方签字盖章。

第八条　乙方的责任及义务

乙方收到本协议第七条规定的单据，经审查同意后，将包买款项通过银行转账方式划到甲方在中国××进出口银行北京分行开立的账户内，账户号为12YY68991。

第九条　违约处理

甲方若未按本协议第七条规定交单或中途撤单或提交的单据不真实，则须承担乙方因此而造成的全部经济损失。

第十条　其他

（一）本协议未尽事宜，由甲、乙双方协商解决。

（二）本协议正本一式两份，双方各执一份，具有同等的效力。

甲方：山西太原重型机械设备制造公司	乙方：中国××进出口银行北京分行
签字：王顺启	签字：李鸣
盖章：	盖章：
2020年4月24日	2020年4月24日

履行福费廷融资协议，收回票据款。

第一步：出口商交单，填写债权转让申请书。

山西太原重型机械设备制造公司2020年6月1日发货，2020年6月10日财务经理王萍将下列单据提交中国××进出口银行北京分行：

①经山西太原重型机械制造公司做转让背书、开证行已承兑的汇票；

②商务合同及信用证副本；

③提单、商业发票副本以及信用证所要求的相关单据；

④确认所提供的文件及签字是真实有效的书面证明；

⑤其他有关资料。

山西太原重型机械制造公司财务经理王萍填写“债权转让通知书”。

债权转让通知书

致：中国××进出口银行北京分行

根据贵行与我公司双方于2020年4月24日共同签署的2020××银（贴）字第59号《福费廷融资协议》，我公司于2020年4月25日与孟加拉国SAML（进口商名称）签订了第（202000156）号商务合同，并于2020年6月1日装运了该合同项下货物100台（数量）500万美元（总金额）$0.4m^3$、$0.6m^3$抓岩机（品名）。发票号码为202000156C。我公司同意将上述发运货物的应收票据的债权转让给贵行，并同意贵行有权行使一切票据权利。

山西太原重型机械制造公司

2020年6月10日

王萍（签字盖章）

第二步：票据包买商做无追索权贴现。

2020年6月10日，中国××进出口银行北京分行经办员李俊收到山西太原重型机械设备制造公司财务经理王萍交来的汇票以及其他单证。

经办员李俊对汇票进行审核，汇票已由Uttara Bank Limited承兑，并且山西太原重型机械设备制造公司向该行做了无追索权的转让背书。

汇票以及其他相关单证符合2020××银（贴）字第59号《福费廷融资协议》条款规定。

李俊按照福费廷协议计算了从4月24日到6月10日的承担费。

$5\ 000\ 000 \times 1.5\% \times 47 \div 360 = 9\ 792$（美元）

李俊按照福费廷协议条款规定计算了贴现利息。

四张汇票的面额均为1 250 000美元，到期日分别为2020年12月1日、2021年6月1日、2021年12月1日和2022年6月1日。据半年复利计算贴现净值公式得：

第一张汇票的贴现净值为：$1\ 250\ 000 \div (1+8\% \times 183 \div 360) = 1\ 201\ 153.1$（美元）

第二张汇票的贴现净值为：$\dfrac{1\ 250\ 000}{(1+8\% \times 182 \div 360) \times (1+8\% \times 183 \div 360)} = 1\ 154\ 461.6$（美元）

第三张汇票的贴现净值为：$\dfrac{1\ 250\ 000}{(1+8\% \times 182 \div 360) \times (1+8\% \times 183 \div 360)^2} = 1\ 109\ 348.1$（美元）

第四张汇票的贴现净值为：$\dfrac{1\ 250\ 000}{(1+8\% \times 182 \div 360)^2 \times (1+8\% \times 183 \div 360)^2} = 1\ 066\ 225.2$（美元）

贴现净值合计：1 201 153.1+1 154 461.6+1 109 348.1+1 066 225.2 =4 531 188（美元）

贴现净值扣除承担费后的余额：4 531 188 – 9 792 = 4 521 396（美元）

李俊把4 521 396美元转入山西太原重型机械设备制造公司美元账。

第三步：汇票到期日中国××进出口银行北京分行经办人李俊提示承兑行付款。

模块九　国际非贸易结算

学习目标

知识目标：

1. 了解非贸易结算的事项；
2. 掌握非贸易结算的主要方式；
3. 熟悉国家有关外汇管理的政策制度。

技能目标：

能处理非贸易结算业务。

引例　**收款人账户行错误而无法解付**

20××年10月13日，上海A银行某支行有一笔美元汇出，汇款通过其分行营业部办理，分行经办人员在审查时发现汇款申请书中"收款人账户行"一栏只填写了"The Hongkong and Shanghai Banking Corp.Ltd.（汇丰银行）"，而没有具体的城市名和国家（或地区）名。为此，经办人员即以电话查询该支行的经办人员，后者称是中国香港汇丰银行，城市名称应该是香港。分行经办人员即以汇丰银行香港分行作为收款人账户行向海外账户行发出了付款指令。事隔多日，汇款人到支行查询称收款人告知迄今尚未收到该笔款项，请查阅于何日汇出。分行营业部当即再一次电联海外账户行告知收款人称尚未收到汇款，请复电告知划付日期。账户行回电称，该笔汇款已由收款银行退回，理由是"收款人不是本行客户"而无法解付。这时，汇出行又仔细查询了汇款申请书，看到收款人的地址是新加坡，那么收款人账户行应该是新加坡的汇丰银行而不是中国香港的汇丰银行，在征得汇款人同意后，重新通知其海外账户行将该笔汇款的收款银行更改为"The Hongkong and Shanghai Banking Corp.Ltd.，Singapore"，才最终完成了这笔汇款业务。

分析：在此案例中涉及汇款人、收款人、汇出行、汇出行的关系行、收款人账户行等多个关系人。在本案例中，由于汇出行与收款人账户行不是关系行，所以汇出行通过其海外账户行进行转汇。汇出行受理汇款时要仔细审核汇款申请书内容，收款人地址填写必须清楚且详细，收款人的账户行（解付行）必须正确无误。汇出行必须把付款指示发给转汇行（如果有）并明确告知其解付行，或汇出行把付款指示发给解付行，不能把解付行搞错。本案例就是因解付行错误造成汇款无法解付而退汇。

任务一　认知国际非贸易结算

一、国际非贸易结算的定义

国际非贸易结算（International Non-trade Settlement）是国际贸易结算的对称，是指以货币结清国际进出口贸易货款以外的债权债务。

二、国际非贸易结算的项目

1.个人汇款

个人汇款包括境内居民个人汇出、汇入款项和在本国境内的非居民个人汇入和汇出款项。

2.国际运输收支

国际运输收支包括本国境内的铁路、民航、海运部门的收入和本国居民在运输方面的支出。

3.邮电费收支

邮电费收支包括本国境内邮电部门的外汇收入和向境外邮电部门支出的外汇。

4.银行经营服务收支

银行经营服务收支包括本国境内银行经营外汇业务收入，如手续费、邮电费、利息和海外分支机构上缴的利润以及相应各项业务的外汇支出。

5.保险费收支

保险费收支包括本国境内保险公司进行国际经营的外汇收入，如保费、分保费和佣金等，保险赔款支出以及对境外保险公司相应的外汇支出和获取境外保险赔款。

6.图书、电影等文化往来收支

7.旅游外汇收支

8.机关、事业单位、团体等的外汇经费支出

机关、事业单位、团体等的外汇经费支出包括我国使领馆等汇出的经费和外国驻我国使领馆等汇入的经费以及企业利润汇出汇入。

任务二　国际非贸易结算业务处理

国际非贸易结算主要方式有外币兑换、国际汇款、国际信用卡和旅行支票。

一、外币兑换

1.外币兑换业务概念及相关规定

外币兑换业务（Foreign Currency Exchange）是指自由兑换货币的兑入和兑出业务。外币兑换是外汇银行或特许经营机构对个人客户提供的一项柜台服务，包括买入外币、卖出外币和将一种外币兑换成另一种外币的业务。在我国是指各外汇银行和特许经营机构为客户提供的将外汇兑换成人民币和将某外汇兑换成其他外汇的服务，以及将人民币兑换成外汇的业务。

目前我国开展兑换业务的币种有欧元、英镑、美元、瑞士法郎、新加坡元、瑞典克朗、丹麦克朗、挪威克朗、日元、加拿大元、澳大利亚元、菲律宾比索、泰国铢、新西兰

元、韩元、俄罗斯卢布、印度尼西亚卢比、马来西亚林吉特18种外国货币及港币、澳门元、新台币共21种货币。

2.境内外个人结汇业务

无论境内个人还是境外个人，也无论何种事项的结汇，每人每年凭本人有效身份证件可结汇等值5万美元（含）。其中"每年"指一个公历年度，从1月1日至12月31日。对于超过每年等值5万美元年度总额的结汇，按照以下方式处理：

（1）对于境内个人。境内个人经常项目项下非经营性结汇超过年度总额的，凭本人有效身份证件及以下证明材料在外汇银行办理：①捐赠：经公证的捐赠协议或合同，捐赠须符合国家规定；②赡养费：直系亲属关系证明或经公证的赡养关系证明、境外给付人相关收入证明，如银行存款证明、个人收入纳税凭证等；③遗产继承收入：遗产继承法律文书或公证书；④保险外汇收入：保险合同及保险经营机构的付款证明，投保外汇保险须符合国家规定；⑤专有权利使用和特许收入：付款证明、协议或合同；⑥法律、会计、咨询和公共关系服务收入：付款证明、协议或合同；⑦职工报酬：雇佣合同及收入证明；⑧境外投资收益：境外投资外汇登记证明文件、利润分配决议或红利支付书或其他收益证明；⑨其他：相关证明及支付凭证。

（2）对于境外个人。境外个人经常项目项下非经营性结汇超过年度总额的，凭本人有效身份证件及以下证明材料在银行办理：①房租类支出：房屋管理部门登记的房屋租赁合同、发票或支付通知；②生活消费类支出：合同或发票；③就医、学习等支出：境内医院（学校）收费证明；④其他：相关证明及支付凭证。

3.境内个人购汇业务

（1）境内个人当年累计购汇金额不超过等值5万美元的，出示本人有效身份证件、完整填写购汇申请书后，即可用人民币按当日公布牌价换得外汇。本人无法亲自办理的，可委托直系亲属代为办理，但需提供委托人和代办人的身份证件、亲属关系证明、委托授权书。所购外汇资金可当时提现等值10 000美元，其余资金可转存本人汇户存款，可以对外支付（汇款、汇票、旅行支票）或存入国际卡。

（2）境内个人当年累计购汇超过等值5万美元的，除提供本人有效身份证件外，还要提供标有明确真实费用金额的相应需求凭证（购汇项目与所需材料对应表见表9-1），经银行审核后可按实际所需外汇金额购买。若本人无法亲自办理的，可委托他人代为办理，但需提供委托人和代办人的身份证明、委托授权书。所购外汇资金可当时提现等值10 000美元，其余资金可对外支付（汇款、汇票、旅行支票）或存入国际卡。

4.境外个人购汇业务

（1）境外个人当日累计购汇不超过等值500美元（含）的，凭本人有效身份证件直接办理。

（2）境外个人如果曾经结汇或持境外发行的银行卡在国内银行的ATM办理过人民币取款，则可凭"本人有效身份证件和原结汇凭证"或"本人有效身份证件和境外银行卡在ATM上的取款凭条"，将未用完的人民币换回外币，但兑回申请日至原结汇凭证（包括外卡在ATM的取款凭条）标明的结汇日期不得超过24个月。

（3）境外个人在境内取得的经常项目合法人民币收入，凭本人有效身份证件和有交易额的相关证明材料（含税务凭证，如按我国规定无须纳税的，可不提供税务凭证）可办理购汇。相关证明材料包括境内公司雇佣合同、收入明细和税务凭证。

表9-1　　购汇项目与所需材料对应表（境内个人当年累计购汇超过等值5万美元）

<table>
<tr><th colspan="2">购汇项目</th><th>所需材料</th></tr>
<tr><td rowspan="5">自费留学（包括所有自费出境学习、培训的人士）</td><td>自费留学人员购买第一学年或学期的学费（扣除奖学金部分）时</td><td>因私护照及有效签证的原件和复印件、境外学校出具的录取通知书、费用证明（如无法提供录取通知书及费用证明原件的，可提供传真件或网上下载件，下同）</td></tr>
<tr><td>自费留学人员购买第一学年或学期的生活费时</td><td>因私护照及有效签证的原件及复印件、境外学校出具的录取通知书、学校/使馆或政府出具的生活费费用证明</td></tr>
<tr><td>自费留学人员购买第二学年或学期以后的学费时</td><td>因私护照及有效签证复印件、相应年度或学期的费用证明</td></tr>
<tr><td>自费留学人员购买第二学年或学期以后的生活费时</td><td>因私护照及有效签证复印件、学生证等在读证明、学校/使馆或政府出具的生活费费用证明</td></tr>
<tr><td>须缴纳一定金额人民币保证金后才能取得留学签证的</td><td>因私护照、境外学校出具的录取通知书、学费证明、学校/使馆或政府出具的生活费费用证明、身份证或户口簿</td></tr>
<tr><td>境外就医</td><td colspan="2">因私护照及有效签证原件及复印件；境内医院出具的证明附医生意见以及境外医院出具的费用证明</td></tr>
<tr><td>境外培训</td><td colspan="2">因私护照及有效签证（或签注）原件及复印件；境外培训费用证明</td></tr>
<tr><td>缴纳境外国际组织会费</td><td colspan="2">境外国际组织缴费通知、身份证或户口簿</td></tr>
<tr><td>境外邮购</td><td colspan="2">广告或订单等收费凭证、身份证或户口簿</td></tr>
<tr><td>境外直系亲属救助</td><td colspan="2">有关部门或公证机构出具的亲属关系证明、有关救助的相关证明材料；本人身份证或户口簿</td></tr>
<tr><td>境外咨询</td><td colspan="2">书面申请；本人真实身份证明；合同（协议）、发票（支付通知）、税务凭证</td></tr>
<tr><td>其他服务贸易费用</td><td colspan="2">书面申请；本人真实身份证明；合同（协议）、发票（支付通知）、税务凭证</td></tr>
<tr><td>货物贸易及相关费用</td><td colspan="2">书面申请；本人真实身份证明；进口货物报关单、合同（协议）、发票（支付通知）</td></tr>
<tr><td>其他非持信用卡在境外消费或支出的补购外汇</td><td colspan="2">书面申请；本人身份证明；境外经常项下的消费或支出的有关证明材料。个人应在返回境内后2个月内在银行办理</td></tr>
</table>

（4）境外个人转让所购境内商品房取得的人民币资金欲购汇汇出的，客户需持证明材料：①购汇申请书；②商品房转让合同；③房屋权属转让的完税证明文件，到商品房所在地国家外汇管理局外汇管理部审核，外汇银行凭外管局审批件办理购汇和汇出手续。

5.个人存取外币现钞的规定

（1）个人提取外币现钞当日累计等值1万美元以下（含）的，可以在外汇银行直接办理；超过上述金额的，凭本人有效身份证件、提钞用途证明等材料向外汇银行所在地外汇管理局事前报备。外汇银行凭本人有效身份证件和经外汇管理局签章的《提取外币现钞备案表》为个人办理提取外币现钞手续。

（2）个人向外汇储蓄账户存入外币现钞，当日累计等值5 000美元以下（含）的，可以在外汇银行直接办理；超过上述金额的，凭本人有效身份证件、经海关签章的《中华人民共和国海关进境旅客行李物品申报单》或本人原存款银行外币现钞提取单据在外汇银行办理。外汇银行应在相关单据上标注存款银行名称、存款金额及存款日期。

6.外汇银行为个人办理结售汇业务的流程

（1）通过个人结售汇系统查询个人结售汇情况；

（2）按规定审核个人提供的证明材料；

（3）在个人结售汇系统上逐笔录入结售汇业务数据；

（4）通过个人结售汇系统打印“结汇/购汇通知单”，作为会计凭证留存备查。

7.非贸易结算项目企事业单位结汇购汇业务

（1）境内机构凡已经开立过经常项目外汇账户的，如需开立新的经常项目外汇账户，可持开户申请书、营业执照（或社团登记证）和组织机构代码证直接到外汇银行办理开户手续；凡未开立过经常项目外汇账户的，应持营业执照（或社团登记证）和组织机构代码证先到外汇管理局进行机构基本信息登记。

（2）境内机构外汇账户的限额。境内机构经常项目外汇账户保留外汇的限额，按上年度经常项目外汇收入的80%与经常项目外汇支出的50%之和确定。对于上年度没有经常项目外汇收支且需要开立账户的境内机构，开立经常项目外汇账户的初始限额，调整为不超过等值50万美元。

（3）服务贸易结、售付汇规定。

①境内机构经常项目下的外汇收入除经批准可以保留外，应当在外汇银行办理结汇。需由外汇管理局审核收汇真实性的主要业务为：被国家外汇管理局列为B类和C类的、超过等值20万美元以上（不含）的非贸易及单方面转移等其他经常项目项下外汇结汇，具体包括其承包工程收汇、旅游收汇、捐赠收汇、技术服务和咨询服务收汇、货运及其他收汇等。

②对境外机构支付等值5万美元以下（含），对境外个人支付等值5 000美元以下（含）服务贸易项下费用的，境内机构和个人凭合同（协议）或发票（支付通知书）办理购付汇手续；超过上述限额的，需要由外汇管理局审核其真实性。

③境内机构和个人通过互联网等电子商务方式进行服务贸易项下对外支付的，可凭网络下载的相关合同（协议）、支付通知书，加盖印章或签字后，办理购付汇手续。

④对法规未明确规定审核凭证的服务贸易项下的售付汇，等值10万美元以下（含）的由外汇银行审核，等值10万美元以上的由所在地外汇管理局审核。

⑤国际海运企业（包括国际船舶运输、无船承运、船舶代理、货运代理企业）支付国际海运项下运费及相关费用，可直接到外汇银行购汇；货主根据业务需要，可直接向境外运输企业支付国际海运项下运费及相关费用。

二、国际汇款

非贸易汇款有信汇、电汇、票汇三种传统方式和西联汇款和速汇金两种创新方式。在实务中，信汇方式很少被采用。传统汇款方式是通过银行作为中介实现汇款，西联汇款是由美国西方联合金融服务公司（以下简称西联）在中国境内与中国邮政及中国农业银行合作推出的国际汇款业务。在英国，西联还与银行、邮局、超市等合作提供汇兑服务。西联汇款是通过专用的全球计算机网络，以美元或英镑现钞交易，转账在十几分钟内即可完成，境外收款人只需提供有效身份证件即可取现，境内收款人凭有效身份证件和密码取现。速汇金国际有限公司与中信银行、交通银行及中国工商银行联手以较低的手续费和更多的交易币种与西联竞争。它们都适用于非贸易类中小额国际个人电子汇款服务，可以在5~15分钟内完成向世界上185个国家和地区任何一个地方的汇款。

1.汇入汇款

（1）汇入汇款的业务处理。汇入汇款是境外亲戚、朋友、受聘公司或其他机构将可兑换货币汇入给境内个人的业务。该业务主要适用于在境外有合法外汇收入或其他有汇入款需要的境内个人，包括在境内的外国人。

客户汇入汇款时，应在当地外汇银行开立一个活期外汇储蓄账户，然后将账号、户名（标准汉语拼音）和开户行名称、地址、SWIFT CODE告知境外汇款人。

如果境外汇入款与客户指定的汇入账户的货币不同，如：境外汇入款是加拿大元，而客户所开账户是美元账户，银行将按照当日牌价折算成美元入账。如果境外汇入的是人民币，不能折算成外币入账；如果境外汇入的是外币，银行也可按客户指令和外汇管理局有关规定折算后汇入人民币账户。

如果汇出行与汇入行互开往来账户，款项一般可全额汇达。如果汇出行与汇入行无账户关系，则必须通过另一家或几家银行作转汇行，每家转汇行在做转汇业务时，都会从汇款额中扣收一笔转汇费，最终所收汇款金额少于原汇出金额。

（2）我国对汇入汇款账户的管理规定。①开户规定。按照外汇管理局对个人外汇账户进行管理的规定，外汇银行为个人开立外汇账户时，应区分境内个人和境外个人。②账户按交易性质分为外汇结算账户、外汇储蓄账户、外汇资本项目账户。

知识链接9-1

外汇结算账户是指个人对外贸易经营者、个体工商户按照规定开立的用以办理经常项目项下经营性外汇收支的账户。

①个人在银行开立外汇储蓄账户时应当出具本人有效身份证件，所开立账户户名应与本人有效身份证件记载的姓名一致。

②个人外汇储蓄账户资金境内划转的规定。本人账户间的资金划转，凭有效身份证件办理；个人与其直系亲属账户间的资金划转，凭双方有效身份证件、直系亲属关系证明办理；境内个人和境外个人账户间的资金划转按跨境交易进行管理。

③本人外汇结算账户与外汇储蓄账户间资金可以划转，但外汇储蓄账户向外汇结算账户的划款限于划款当日的对外支付，不得划转后结汇。

案例分析9-1　　汇款解付延误

20××年6月1日，王先生去A银行上海分行查询1 000美元个人汇款到账情况。王先生告知A银行该款项是通过美洲银行纽约分行汇划的。美洲银行是A银行总行在纽约的账户行，A银行上海分行的柜员查询汇入汇款登记簿并未发现该笔汇款。经多次联系美洲银行，得知美洲银行纽约分行误将该笔汇款汇入A银行的宁波分行账户。最终A银行宁波分行以异地联行划付给上海分行后解付给王先生，前后延误60天。

分析：汇出行柜员按规定程序处理业务，这种差错是可以避免的。为避免这种差错的发生，汇款申请人一定要仔细填写汇款申请书，详细填写收款人的账号、地址、联系方式；受理银行柜员要仔细审核汇款申请书，准确无误地把汇款申请书的内容录入汇出汇款登记，并将相关信息打印供汇款人核对并签字。本案例中收款人地址、开户行搞错，可以推断出汇出行柜员未按规定程序办理业务，导致了汇款无法及时解付给收款人，给收款人带来不便和损失。

2. 汇出汇款

汇出汇款指的是个人自有外汇汇出，即汇款人以自有的现汇账户、现钞账户的资金或持有的外币现钞，委托外汇银行办理汇出境外的业务。该业务适合所有合法自有外汇收入，不需要向银行购汇的汇款，在外汇管理局指定的范围内汇出境外。汇款人可以是境内居民或非居民（外国人）。

（1）境内居民外汇汇出境外用于经常项目支出的规定。①外汇储蓄账户内外汇汇出境外当日累计等值5万美元以下（含）的，凭本人有效身份证件在外汇银行办理；超过上述金额的，凭经常项目项下有交易额的真实性凭证办理。②手持外币现钞汇出当日累计等值1万美元以下（含）的，凭本人有效身份证件在外汇银行办理；超过上述金额的，凭经常项目项下有交易额的真实性凭证、经海关签章的“中华人民共和国海关进境旅客行李物品申报单”或本人原存款银行外币现钞提取单据办理。

（2）非居民经常项目外汇汇出境外的规定。①外汇储蓄账户外汇汇出，凭本人有效身份证件办理。②手持外币现钞汇出，当日累计等值1万美元以下（含）的，凭本人有效身份证件办理；超过上述金额的，还应提供经海关签章的“中华人民共和国海关进境旅客行李物品申报单”或本人原存款银行外币现钞提取单据办理。

三、国际信用卡

信用卡是由银行或信用卡公司向其客户提供小额消费信贷的一种信用凭证。持卡人可凭卡向发卡单位及其附属机构存取款及转账和凭卡在特约商户消费。

1. 信用卡类型

根据不同的标准，信用卡可以分为不同类型。

（1）根据发卡机构不同，可以分为银行卡（Bank Card）和非银行卡（Non-bank Card）。银行卡是银行发行的；非银行卡是卡公司等非银行机构发行的，如运通卡、大来卡、JCB卡等。

（2）根据清偿方式不同，可以分为贷记卡（Credit Card）和借记卡（Debit Card）。

（3）根据发卡对象的不同，可以分为单位卡和个人卡。

（4）根据持卡人的信誉、地位、收入、财产等资信情况不同，可分为普通卡、金卡和白金卡。

2.国际主要信用卡机构

国际上主要有维萨卡国际组织（VISA International）、万事达卡国际组织（MasterCard International）及美国运通国际股份有限公司（America Express）、大来信用卡有限公司（Diners Club）、JCB信用卡公司（JCB）三家专业信用卡公司。在各地区还有一些地区性的信用卡组织，如欧洲的EUROPAY、我国的银联等。

（1）维萨卡国际组织。维萨卡国际组织是目前世界上最大的信用卡和旅行支票组织，其前身是1900年成立的美洲银行信用卡公司。1974年，美洲银行信用卡公司与西方国家的一些商业银行合作，成立了国际信用卡服务公司，并于1977年正式改为国际组织，成为全球性的信用卡联合组织。维萨卡无论是发卡数量还是交易额都居世界首位。

（2）万事达卡国际组织。万事达卡国际组织是全球第二大信用卡国际组织，管理总部设在美国纽约，总处理中心设在圣路易斯市。1966年美国加州一些银行成立了银行卡协会（Interbank Card Association），并于1970年启用Master Charge的名称及标志，统一了各会员银行发行的信用卡名称和设计，于1978年再次更名为现在的MasterCard。万事达卡国际组织并不直接发卡，MasterCard品牌的信用卡是由参加万事达卡国际组织的金融机构会员发行的。万事达卡国际组织于1988年进入中国，目前规模较大的商业银行都是其会员。

（3）美国运通公司。美国运通公司是目前美国最大的信用卡公司之一。该公司建立于1850年，最初业务主要是以旅游为中心的相关业务，1946年进入信用卡领域，1958年开始发行运通卡。经过多年的发展，它已成为世界最大的一家独立经营信用卡业务的公司。美国运通卡以43种货币发行（包括由银行及其他认可机构所发行的卡），美国运通公司的总部设在纽约，信用卡总处理中心在盐湖城。

（4）大来信用卡公司。大来信用卡公司创始于1950年，是世界上最大，也是最早的信用卡公司之一，总部设在美国芝加哥市。根据业务发展需要，大来信用卡公司将全球分为五大业务区：亚太区、北美区、南美区、欧洲区和非洲区。中国于1983年开始开办大来信用卡业务。

（5）JCB信用卡公司。JCB是目前日本最大的信用卡公司。1961年日本信用卡株式会社作为日本第一家专门的信用卡公司宣告成立。从成立至今，其一直是日本最大的信用卡公司。JCB在世界各国积极地推进JCB卡的发行。到目前为止，JCB卡已经在190多个国家和地区发行。

3.信用卡业务操作

（1）基本当事人。基本当事人有四个：①发卡行：发行信用卡的银行或机构；②持卡人：使用信用卡的客户；③特约商户：特约单位，是与发卡人（或代办行）签订协议、受理持卡人使用指定的信用卡进行购物或支付费用的服务性单位；④代办行：受发卡人的委托，负责某一地区内特约商户结算工作的银行。

（2）免息期。从银行记账日（也称账单日）至发卡银行规定的还款到期日之间为免息还款期。信用卡在用于透支消费等非现金交易（即直接用卡支付或网上转账，而不是提取现金）时，享有20~50天（有的是25~56天）的免息期待遇，即在规定的还款日之前全额归还欠款，将免收利息。如果没能全额还款，则不享受免息期待遇，即银行收取全部透支金额利息，而且要罚息。透支现金不享有免息待遇。

（3）循环信用。信用卡有一个信用额度，是银行授予持卡人的最高可透支限额。随着卡的透支使用，信用额度做相应的递减；随着欠款的归还，卡的信用额度也做相应的恢复。

（4）最低还款额。信用卡产生透支，而在还款到期日时无力全额偿还欠款，则可偿还最低还款额，一般为透支额的10%。最低还款额的标准在信用卡对账单上标明。最低还款额的含义是向银行表明并非恶意透支，只是暂时没有偿还能力。偿还最低还款额无损于个人信用。如果没有全额偿还欠款，则不享受免息期待遇；如果在还款到期日没有偿还最低还款额，会被银行罚息。

（5）约定还款。信用卡可以指定一个储蓄账户作为约定还款账户，银行会在还款到期日自动从约定还款账户内扣款来归还信用卡欠款。约定还款账户可以是同一银行活期储蓄存折、借记卡或准贷记卡。只要在还款到期日，约定还款账户内有足够的余额来归还信用卡欠款，则享有信用卡免息待遇。

（6）信用卡消费。持卡人去特约商户消费时，其收银员需要对信用卡进行仔细审核。审核无误后，收银员填写一式四联的签购单，并将信用卡相应信息压印在签购单上。核对持卡人签字和信用卡预留签字相符后，收银员把信用卡连同签购单的第一联交还持卡人。特约商户汇总当日（或一周）多笔签购单做一笔总计单，一式三联，然后编制进账单并将签购单和总计单的相应联次送交当地代办行向其索款。代办行收到特约商户送来的信用卡单据后，认真审查以下内容：进账单和总计单填写的内容是否正确、齐全；进账单和总计单净金额是否相符，手续费是否计算正确；签购单的内容、联次是否齐全、有效等。

审查无误后，代办行从发卡行在代办行开设的备用金账户支款，将扣除相应手续费后的净款支付给特约商户。然后代办行根据总计单，编制信用卡备用金账户，借记报单，一式两联，将其中一联连同总计单的“发卡行存根联”和签购单的“发卡行存根联”寄送国外发卡行。发卡行按总计单金额汇款存入备用金账户并向持卡人收取相应的款项。

（7）信用卡取现。当持卡人到代办行柜台凭信用卡提取现金时，代办行应认真审查以下内容：①信用卡的真伪，包括检查防伪标识、名称和图案等是否与规定相符；②该卡是否属于已委托代办的信用卡；③该信用卡的卡号是否被列入委托行通知的“注销名单”；④该信用卡是否在有效期内；⑤持卡人要求提取的现金是否在取款限额之内；⑥持卡人的护照或身份证姓名是否与信用卡姓名一致。

审查无误后，经办人员用压印机将信用卡正面凸出的内容压在一式三联的专用取现单上，并且按照持卡人所需金额加上相应的手续费填写在取现单有关栏内，交持卡人当面签字。如果持卡人签字和信用卡预留签字相符，经办人员即把现金支付给持卡人，并且把信用卡连同取现单的“持卡人存根联”交还持卡人。如果持卡人要求支取的现金超过了最高用款限额，代办行必须先用电传与委托行联系，取得授权后方可办理兑付。兑付时将委托行批复的号码填入取现单，联系中发生的费用可向委托行收取。代办行每天将所有的取款单金额总计起来，与国外发卡行进行清算。

（8）信用卡挂失、补办和注销。信用卡遗失后，持卡人可以及时通过银行的客户服务专线或口头挂失，然后向代办银行办理正式书面挂失手续，并支付相应的挂失手续费。持卡人首先填写“信用卡挂失申请书”，写明持卡人姓名、信用卡种类、信用卡号码、信用卡有效期以及持卡人的护照或身份证号码等并签字。代办行立即将持卡人的姓名、信用卡号码等以电报或电传通知委托行办理挂失止付，并及时通知各代办行和特约商户停止受理挂失的信用卡，并且将“信用卡挂失申请书”寄送委托行。持卡人在挂失的同时可以申请换卡。持卡人可持本人信用卡、身份证件至银行办理注销手续。

四、旅行支票

旅行支票（Traveler's Check）是由银行或公司为方便旅游者安全携带和使用而发行的一种定额支票，专供旅行者在途中购买物品、支付旅途费用。由于它没有指定的付款地点，一般也没有日期限制，可以在全世界大部分地区使用，所以受到旅行者的欢迎，在国际旅游业中使用相当普遍。1891年4月25日，美国运通公司发行了全球第一张旅行支票。

1.旅行支票特点

（1）面额固定。旅行支票是一种固定面额的支票，购买者可以根据自己的需要来选择购买。

（2）兑取方便。旅行支票一般不受时间和地区的限制，世界各地广泛接受。发行机构为了扩大旅行支票的流通，往往在世界各大城市和旅游地特约许多代兑机构，持票人不但可在发行机构的代理行兑取票款，而且可以在酒店、餐厅、商场等付账或购物。

（3）使用安全。旅行支票在购买时需在发行银行柜台预留签字，使用时需要复签。兑付行只有在两者一致的情况下才可付款。因此，旅行支票在遗失或被窃时不易被冒领，可以去银行办理挂失补偿手续，办理退款或补发新的旅行支票，比携带现金安全。

知识链接9-2

美国运通公司旅行支票的各种币别和面额见表9-2。

表9-2 美国运通公司旅行支票的各种币别和面额

币别	面额					
美元	20	50	100	—	500	1 000
欧元	—	50	100	200	500	—
港元	20	50	100	200	—	—
加拿大元	20	50	100	—	500	—
日元	—	—	10 000	20 000	50 000	—
英镑	20	50	100	200	500	—

2.旅行支票代售

旅行支票代售是指银行代旅行支票签发机构出售旅行支票的业务。代售行向客户收取款项后，将旅行支票出售给客户，同时将款项付给旅行支票签发机构。

旅行支票的签发机构在世界各地都有代售机构，我国的大部分银行都办理代售旅行支票业务。国内单位或个人购买旅行支票，代售行一般按购买金额的一定百分比收取手续费记入本行中间业务收入账户，各银行收取手续费不等，但最高一般不超过支票金额的1%。我国银行目前出售的旅行支票币种主要为美元、日元、欧元、瑞士法郎、英镑和加拿大元等。

出售旅行支票时，银行要求购买者：①提供有效签证和护照；②缴付购买旅行支票所需的外汇款项和手续费；③填写购买合约，填写其姓名、护照号码、地址，并签名；④当面在旅行支票初签位置上签名。

3.旅行支票使用

我国银行目前兑付的旅行支票主要有VISA、Master、Citicorp和美国运通公司等旅行支票，持票人可以在银行营业网点兑付旅行支票。

银行兑付旅行支票的业务过程：

（1）兑付银行要求持票人提供护照和购买合同。

（2）银行需要鉴别支票的真伪，同时审核支票的币别、金额、支付范围和有效期。有的银行规定有效期，如一年、半年等，要注意审核。同一银行开出的旅行支票票面花纹相同，但币别和金额不同，应注意识别。

（3）有的支票列有支付范围，如限制在出票国境内支付等。

（4）兑付银行应核对持票人的初签和复签是否一致，这是兑付支票的关键环节，也是签发行检验兑付行是否正确履行付款手续的唯一依据。旅行支票的复签必须在取款时当面签署，以便使兑付行准确确定持票人的身份，做到安全兑付。

凡有下列情况之一者，银行一般不予办理兑付：①没有初签的旅行支票；②转让的旅行支票；③规定了有效期但已逾期的旅行支票；④限制在英镑区、法郎区或其他有限制兑付条款的旅行支票。

兑付行兑付旅行支票后，应及时向境外银行办理托收。在托收委托书上，兑付行应详细列明旅行支票的付款行行名、面额、张数、起讫号码并加计总金额。

案例分析9-2

20××年12月6日，北京市甲公司财务人员到某银行的北京分行营业部要求兑付9张旅行支票，每张支票面值1 000美元，出票人是美国运通公司。北京分行营业部的工作人员审核后发现这些支票与运通公司的票样相比，印刷粗糙，票面金额、徽标等没有凹凸感；复签底线也不是由小写字母组成，而是一条直线；票面在荧光灯下泛白色，没有水印。经仔细审核，工作人员确认这些支票是伪造的，予以没收。经查，这些伪造的支票是B公司转让给甲公司用于抵债的，甲公司准备兑付后还银行贷款。分析应如何吸取甲公司被骗的教训。

分析：为避免受骗，使用旅行支票时要仔细鉴别真伪。一要核对初签与复签是否一致。因为在出售旅行支票时一个非常重要的环节是要买受人当面初签，以便日后使用时进行核对。二是到银行查询。不具备鉴别旅行支票真伪能力的机构不要贸然接受旅行支票，应到银行进行真伪查询后再接受。银行对旅行支票以及外币现钞目前还没有验钞设备，依靠人工经验鉴别，对客户提供鉴别服务。

4.旅行支票的挂失和补偿

旅行支票一旦遗失或被窃，购买者可立即通过旅行支票签发机构设在世界各大城市的24小时服务电话与其补偿中心取得联系，通知被窃的支票号码、金额等有关情况。然后购买者按补偿中心的指引到就近的代售行办理挂失手续，填写旅行支票挂失表格。购买者向代售行提供原购买合约与身份证件，经代售行核对无误，并向补偿中心取得授权后，即可获取新的购买合约和新的旅行支票。但如果购买者无法提供原购买合约，或申请超过限额，或遗失的旅行支票未初签，或遗失前已经复签的，不能办理补偿。

要点导图

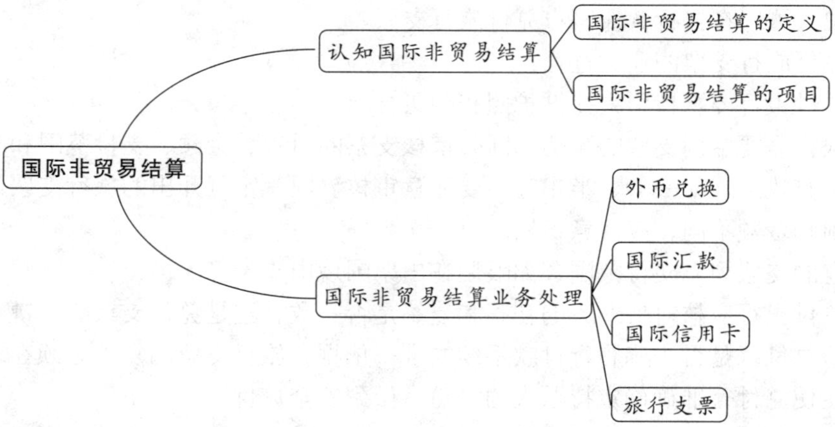

知识检测

1. 简答题

（1）什么是非贸易结算？非贸易结算有哪些方式？

（2）外币兑换有哪些规定？

（3）如何办理国际汇出汇款和汇入汇款？

（4）如何使用国际信用卡结算？

（5）如何使用旅行支票？

2. 填空题

（1）个人汇款包括境内居民个人向________汇出款项和在本国境内的非居民个人________款项。

（2）国际非贸易结算的主要方式有外币兑换、________、________、旅行支票。

（3）外币兑换业务是指自由兑换货币的________业务。

（4）非贸易汇款有信汇、电汇、票汇三种方式，常用方式为________、________两种。

（5）外汇银行为个人开立外汇账户时，应区分________和境外个人。

（6）个人外汇账户按交易性质分为________、________和外汇资本项目账户。

（7）汇出汇款指个人自有外汇汇出，即汇款人以自有的________、________的资金或持有的外币现钞，委托外汇银行办理汇出境外的业务。

（8）信用卡是由银行或信用卡公司向其客户提供________的一种信用凭证。

（9）从银行记账日（也称账单日）至发卡银行规定的还款到期日之间为________。

（10）________是由银行或公司为方便旅游者安全携带和使用而发行的一种定额支票，专供旅行者在途中购买物品、支付旅途费用。

3.单项选择题

（1）国际非贸易结算主要方式不包括（　　）。

A.外币兑换　　B.国际汇款

C.国际信用证　　D.旅行支票

（2）按照中国现行外汇管理条例，关于结汇说法正确的是（　　）。

A.境内个人与境外个人实行不同政策

B.无论何种缘由年内结汇一律不超过等值5万美元（含）

C.非经营性外汇结汇每人每年凭本人有效身份证件可结汇等值5万美元（含）

D.非经营性外汇结汇每人每年结汇不准超过等值5万美元（含）

（3）个人提取外币现钞当日累计等值1万美元以下（含），按现行外汇管理条例（　　）。

A.可以在外汇银行直接办理

B.凭本人有效身份证件办理

C.凭提钞用途证明等材料办理

D.外汇银行凭本人有效身份证件和经外汇管理局签章的《提取外币现钞备案表》为个人办理提取外币现钞手续

（4）境内企事业单位经常项目下非贸易结算项目开设账户应符合（　　）。

A.到外汇管理局进行机构基本信息登记后持开户申请书、营业执照（或社团登记证）和组织机构代码证直接到外汇银行办理开户手续

B.持开户申请书、营业执照（或社团登记证）和组织机构代码证直接到外汇银行办理开户手续

C.直接到外汇银行办理开户手续

D.首先到外汇管理局进行机构基本信息登记

（5）境内个人汇出汇款用于经常项目支出时，符合现行外汇管理制度的规定的是（　　）。

A.从外汇储蓄账户内汇出境外当日累计等值5万美元以下（含）的，直接去银行办理

B.从外汇储蓄账户内汇出境外当日累计等值5万美元以上凭经常项目项下有交易额真实性的凭证去银行办理

C.外币现钞汇出当日累计等值1万美元以下（含）的，在外汇银行办理

D.外币现钞汇出当日累计等值1万美元以上的，凭经常项目项下有交易额真实性的凭证去银行办理

4.多项选择题

（1）国际非贸易结算项目包括（　　）。

A.个人汇款、图书、电影等文化往来收支，旅游外汇收支

B.国际运输收支，邮电费收支

C.银行经营服务收支，保险费收支

D.机关、事业单位、团体等的外汇经费支出

（2）在我国，外币兑换业务是各外汇银行和特许经营机构为客户提供的（　　）业务。

A.外汇兑换成人民币　　B.一种外汇兑换成另一种外汇

C.人民币兑换成外汇　　D.人民币兑换成人民币

(3) 依照我国现行外汇管理条例，境内个人当年累计购汇金额不超过等值5万美元的，下列做法正确的有（　　）。

A.出示本人有效身份证件　　B.完整填写购汇申请书

C.用人民币按当日公布牌价兑换外汇　　D.可委托直系亲属代为办理

(4) 外汇银行为个人办理结售汇业务时，应该（　　）。

A.通过个人结售汇系统查询个人结售汇情况

B.按规定审核个人提供的证明材料

C.在个人结售汇系统上逐笔录入结售汇业务数据

D.通过个人结售汇系统打印“结汇/购汇通知单”，作为会计凭证留存备查

(5) 旅行支票具有的特点包括（　　）。

A.面额大，携带方便　　B.兑取方便

C.使用安全　　D.面额固定，支付不便

技能训练

1.案例分析

旅行支票诈骗案

奥姆斯，男，28岁，中东某国人，自20××年3月起的2年内，先后8次用伪造的巴基斯坦护照和沙特阿拉伯护照非法进入中华人民共和国境内。其间在北京市某银行的外币兑换所，采取模仿旅行支票上原所有人签名的手段，先后10次用已挂失的36张美国运通公司发行的支票进行诈骗，诈骗金额达3.6万美元。

分析应如何防范这类诈骗。

2.综合实训

实训项目：国际汇兑业务处理。

实训目的：掌握汇出汇款和解付汇款的业务处理过程。

实训步骤：模拟角色：汇款人、汇出行、解付行（汇入行）、收款人。

实训资料：2020年5月19日，客户张某到开户行A银行太原分行营业部查询1 000美元的个人汇款到账情况。据客户张某告知是通过富国银行汇款的，富国银行纽约分行是A银行总行的账户行。但是A银行太原分行营业部查询了汇入汇款记录，未发现该笔汇款。A银行总行经多次查询富国银行纽约分行，方知纽约分行将该笔汇款误入该银行某省分行的账户，最终由该省分行以异地联行划付方式汇至A银行，太原分行营业部解付给收款人，前后共延误60天。

实训要求：结合上述资料，分析汇款业务中的当事人有哪些？哪家银行处理业务存在失误？如何避免这类失误？A银行太原分行营业部按照我国外汇管理有关规定如何解付款项？

主要参考文献

[1] 庞红，尹继红，沈端年. 国际结算 [M]. 6版. 北京：中国人民大学出版社，2019.

[2] 苏宗祥，徐捷. 国际结算 [M]. 7版. 北京：中国金融出版社，2020.

[3] 原擒龙. 国际结算与贸易融资案例分析 [M]. 北京：中国金融出版社，2010.

[4] 李国莉. 国际结算 [M]. 2版. 北京：化学工业出版社，2008.

[5] 靳生. 国际结算 [M]. 北京：中国金融出版社，2007.

[6] 徐进亮. 国际结算惯例与案例 [M]. 北京：对外经济贸易大学出版社，2007.

[7] 王斌义，顾永才. 国际贸易实务实训 [M]. 北京：首都经济贸易大学出版社，2007.

[8] 梁琦. 国际结算 [M]. 北京：高等教育出版社，2005.

[9] 国家外汇管理局网站. http://www.safe.gov.cn/.

[10] 中国人民银行网站. http://www.pbc.gov.cn/.

[11] 中国银行网站. http://www.boc.cn/.

[12] 智盛信息技术股份有限公司国际结算教学实训平台. http://www.zsyun.com.cn.